Verflixt!

Das große Humboldt Gedächtnistraining

www.humboldt.de

So urteilt die Zeitschrift »test« über dieses Buch:

»Der Schwerpunkt: ein unterhaltsames Trainingsprogramm für Gedächtnis, Wissen, Wahrnehmung, Kreativität. Für Jugendliche und Erwachsene, für ältere und alte Menschen geeignet, auch für in ihrer Wahrnehmung beeinträchtigte.

Beurteilung:
Sehr abwechslungsreich, schön aufgemacht und besonders gut gegliedertes Buch mit einem 30-Tage-Training. Berücksichtigt werden auch gymnastische Übungen, Ernährungstipps, Entspannung und Atmung; sehr gut umsetzbare Alltagsstrategien – ein Lesevergnügen, kam bei den Testenden mit Abstand am besten an!«

Bestes Buch von 22 getesteten Büchern zum Thema!

Verflixt!

Das große Humboldt Gedächtnistraining

von Ursula Oppolzer

10 Jahre Verflixt: Die große Geburtstagsausgabe

Verlegt bei Humboldt

humboldt

Der RatgeberVerlag

humboldt-Paperback (ht) 4080

Die Autorin:
Ursula Oppolzer, Studium der Psychologie und Biologie, ist erfolgreiche Sachbuchautorin (u.a. das Humboldt-Buch »Brain Fitness«) und war viele Jahre Dozentin in der Erwachsenenbildung (Schwerpunkt: Seminare für Senioren). Seit einigen Jahren arbeitet sie im Schuldienst in Wilhelmshaven.

Für Eva Böing, Ellen Schmidt und die Teilnehmer meines Nordhorner Gedächtniskurses.

Anregungen, Fragen oder Kritik bitte an den Verlag oder an: Ursula Oppolzer
E-Mail: ursulaoppolzer@gmx.de

Diese Bücher der Autorin sind im Humboldt Verlag erschienen:
Super lernen, Tipps und Tricks von A–Z (ISBN 3-89994-867-X)
Verflixt, das darf ich nicht vergessen! (ISBN 3-89994-884-X)
Verflixt, das darf ich nicht vergessen! Band 2, Buch + CD (ISBN 3-89994-889-0)
Das große Brain-Fitness-Buch (ISBN 3-89994-020-2)
Verflixt, wer war's? – Gedächtnistraining für Kinder (ISBN 3-89994-039-3)
Verflixt – 100 Gedächtnisspiele (ISBN 3-89994-065-2)

Wichtiger Hinweis:
In diesem Buch sind die beiden Erfolgsbände »Verflixt, das darf ich nicht vergessen« Band 1 und Band 2 zusammengefasst. Der Originalausgabe von Band 2 (ISBN 3-89994-889-0) liegt eine CD mit Gedächtnisübungen bei.

Autorin und Verlag bedanken sich bei Stiftung Warentest für die sehr gute Bewertung dieses Buches!

Limitierte Jubiläums-Sonderausgabe

Die im Praxisteil verwendeten Symbole werden auf Seite 8 erklärt.
Die Cartoons, Schemazeichnungen und Vignetten im Innenteil stammen von Peter Kaste.
Die Zeichnung auf Seite 150 im 2. Teil des Buches stammt von Katja Reichert.
Weitere Abbildungen stellte die Autorin zusammen.

humboldt ist ein Imprint der Schlüterschen Verlagsgesellschaft mbH & Co. KG,
Hans-Böckler-Allee 7, 30173 Hannover
www.schluetersche.de

Druck: Artpress Druckerei GmbH, A-6600 Höfen
www.artpress.at
Printed in Austria

ISBN 978-3-89994-080-0

www.humboldt.de

Inhalt

Vorwort

Wie es zu diesem Buch kam

»Schreiben Sie doch ein Buch«, sagte eine ältere Dame in meinem Seniorengedächtniskurs, als wir gerade wieder einmal herzlich über die witzigen Einfälle lachten. Ich schaute verdutzt! War das nun Spaß oder Ernst? Allseits zustimmendes Nicken, und dann ergänzte ein Herr: »Wir haben soviel Freude bei diesen Spielen. Es wäre doch schön, wenn andere daran teilhaben könnten. Viele ältere Menschen trauen sich nicht, sich zu diesen Kursen anzumelden, weil sie sich nicht vorstellen können, was wir hier machen und wieviel Spaß wir dabei haben. Wenn Sie ein Buch schreiben mit unseren Übungen, dann kann der einzelne erst einmal zu Hause ›trainieren‹ und hat dann sicher auch Lust, in eine Gruppe zu gehen, um gemeinsam mit anderen die grauen Gehirnzellen zu aktivieren!« Ich war zunächst überrascht, doch je mehr ich darüber nachdachte, desto entschlossener wurde ich. Auf dem Markt gab es kaum interessante Bücher für ein unterhaltsames Seniorentraining, obwohl die ältere Generation in unserer Gesellschaft immer stärker vertreten ist.

★

Gedächtnistrainingskurse für jedermann werden oft von den Senioren nicht besucht, weil sie fürchten, den Anforderungen nicht gewachsen zu sein. Die Anforderungen sind jedoch gar nicht das Problem. Das Problem liegt überwiegend in

der Schnelligkeit. Die *Gedächtnisfähigkeit* älterer Menschen ist grundsätzlich nicht besser oder schlechter, ja, was das Langzeitgedächtnis angeht, oft sogar besser. Dafür läßt das *Kurzzeitgedächtnis* im Alter nach, was mit den langsamer ablaufenden Stoffwechselvorgängen zu tun hat.
Das bedeutet, daß ein älterer Mensch mehr Zeit zum Lernen braucht und öfter wiederholen sollte.
Auch läßt die Sehfähigkeit nach, so daß es (trotz Brille) anstrengend wird, eine kleine Schrift zu entziffern.
Wenn diese Gegebenheiten berücksichtigt werden, sind die Erfolge eingeplant.
Die Erkenntnis allein, daß Gedächtnistraining mit zunehmendem Alter für Geist und Körper immer wichtiger wird, holt die meisten Menschen jedoch genausowenig hinter dem Ofen hervor wie die Erkenntnis, daß körperliche Aktivitäten Kreislauf und Wohlbefinden verbessern.
Entscheidend ist die konkrete Motivation. Bei aller Theorie und Wissenschaftlichkeit wird oft das Wichtigste vergessen: **Freude und Begeisterung.**
Wenn uns etwas Spaß macht, sind wir mit ganzem Herzen dabei; Körper, Geist und Seele bilden dann eine harmonische Einheit. Alltagsprobleme, negative Gedanken, körperliches Mißempfinden treten in den Hintergrund, wenn wir uns für etwas begeistern und uns intensiv damit beschäftigen.

Zu diesem Buch

Dieser Band bietet Ihnen ein systematisches 30-Tage-Training. Methodische Anleitungen zur Denk- und Gedächtnisschulung, didaktisch wertvolle Wiederholungsschleifen und Merkstrukturen sowie Vergnüglich-Unterhaltsames kombinieren die verschiedenen Lerntechniken auf ideale Weise, um Phantasie, Konzentrations- und Gedächtnisleistung sowie Motivation und Kreativität zu aktivieren.

Zur leichteren Orientierung wurden im Praxisteil folgende Symbole eingeführt:

Immer wiederkehrende Symbole im Praxisteil:

Zeitspiele

Wissensfragen

Gedächtnistraining

Rätsel + Scherzfragen

Phantasietraining

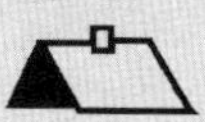
Ordnungsaufgaben

Gedichtergänzung + Dichterraten

Wörterkette + Satzkette

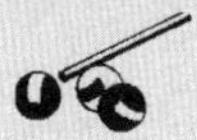
Billardspiel

Wörtersuche + Satzsuche Fehlersuche + Reime

Kreativität + Formen

Buchstabenspiele

Bildbeschreibungen

Denkaufgaben

Diese Symbole erleichtern Ihnen auch die Wiederholung ganz bestimmter Übungen, wenn Sie noch einmal gezielt spezielle Gedächtnisfunktionen trainieren wollen.

★

Dieses Buch enthält auch einen allgemeinen Informationsteil. Hier erfahren Sie die Ursachen der Vergeßlichkeit und was Sie effektiv dagegen unternehmen können.
Die Funktionsweise unseres Gehirns und die Grundgesetze des Denkens werden ebenso besprochen wie bewährte Strategien und Tricks zur Aktivierung Ihrer »grauen Zellen« im Alltag.

Ich hoffe, daß dieses Buch Sie oft zum Schmunzeln oder Lachen verführt, Sie zu weiteren kreativen Ideen anregt und ermutigt.

»Lachen ist die beste Medizin.«

Ich wünsche mir, daß neben geistigem und körperlichem Wohlbefinden vor allem die Freude Ihr Leben bestimmt.
Dieses Buch versteht sich als aktiver Beitrag zur Erweiterung Ihrer Gedächtnis- und Denkpotentiale. Wenn Sie es systematisch durcharbeiten und die wertvollen Ratschläge berücksichtigen, wird das Erfolgserlebnis nicht lange auf sich warten lassen!

In diesem Sinne viel Erfolg wünschen

Autorin und Verlag

I »Was Hänschen nicht lernt, lernt Hans nimmermehr?«

Lernen und Gedächtnis im Laufe des Lebens

»Hans lernt nimmermehr.« Dieser Satz, so oft gehört, hat sich in vielen Köpfen älterer Menschen festgesetzt, entmutigt sie oder dient als Alibi, sich in späteren Jahren nicht mehr mit neuen Dingen zu beschäftigen. Deshalb halte ich es für wichtig, diesen Spruch einmal unter die Lupe zu nehmen.

Was will dieser Spruch aussagen? Was stimmt, und was stimmt nicht?

Was Hänschen nicht lernt . . .

Es ist richtig, daß uns im Erwachsenenalter selten soviel Zeit zum Lernen zur Verfügung steht wie in der Kindheit.
Richtig ist sicher auch, daß die positiven und negativen Erfahrungen der Kindheit sich stark einprägen und dem späteren Leben oftmals eine bestimmte Richtung geben.
Wörtlich ist der Spruch jedoch nicht zu nehmen:

»Hans« lernt genausogut wie »Hänschen«, nur anders!

Ein Kind lernt spielend, und seine Phantasie hilft ihm, seine Wahrnehmungen und Erfahrungen als Bilder zu speichern.
Es bezieht alles Gelernte auf seine Person, bringt es mit sich selbst in Verbindung, da die Welt des Erwachsenen ihm ja noch weitgehend unbekannt ist.
Wenn Sie ein vierjähriges Kind fragen: »Was ist ein Stuhl?« wird es antworten: »Ein Stuhl ist etwas, auf das ich mich setzen kann.«
Das Kind verbindet Gegenstände mit Tätigkeiten. Es lernt handelnd.
Die Antwort des Erwachsenen auf die gleiche Frage lautet: »Ein Stuhl ist ein Möbelstück.«
Der Erwachsene abstrahiert. Seine Phantasie ist nicht mehr gefragt. Es ist in unserer Gesellschaft ein Zeichen von Wissenschaftlichkeit, möglichst abstrakt und unverständlich zu formulieren.
Dabei ist unser Gehirn, das des Erwachsenen ebenso wie das des Kindes, besonders gut ausgerüstet für das Aufnehmen von Bildern und für handelndes Lernen (zum Thema Phantasie s. a. S. 175f.).
Der Erwachsene geht aufgrund seiner Kenntnisse und Erfahrungen anders an einen neuen Lernstoff heran als ein Kind, aber lernt er nun besser oder schlechter?

Dazu ein paar grundlegende Tatsachen:

- Einen altersbedingten biologischen Abbau des Gehirns gibt es nicht.

- Es gibt kein altersbedingtes Nachlassen der Lernfähigkeit. Entscheidend ist das geistige Training.
- Ältere Menschen benötigen für die Aneignung neuen Lernstoffes mehr Zeit, machen dafür aber weniger Fehler.

Der einzige Unterschied in der Lernfähigkeit jüngerer und älterer Menschen liegt in der Schnelligkeit, da alle Stoffwechselvorgänge mit zunehmendem Alter langsamer ablaufen.
Wie schnell wir sind, hängt jedoch nicht nur vom Alter ab, sondern ganz besonders von der Kondition, das heißt von regelmäßigem Training. Das gilt für die Muskeln ebenso wie für den Kopf.

»Der Anfang ist die Hälfte des Ganzen!«

(ARISTOTELES)

Haben Sie ein gutes Gedächtnis?

Die meisten Menschen beantworten diese Frage nur sehr zögernd oder mit einem deutlichen Nein.
Dabei sind die Gedächtnisschwächen sehr verschieden: Der eine klagt über ein mangelhaftes Zahlengedächtnis, während der andere mit Namen Schwierigkeiten hat, usw.
Ein provozierender Satz lautet:
»Es gibt kein schlechtes Gedächtnis, es gibt nur Interesse oder Desinteresse.«
Wenn ein Mann z.B. behauptet, ein schlechtes Gedächtnis zu besitzen, und gleichzeitig sämtliche Fußballergebnisse vom letzten Wochenende weiß, oder eine Frau über ihr Gedächtnis klagt, aber alle Verehrer ihrer Freundinnen beim Vor- und Zunamen nennen kann, dann wird klar, daß die Gedächtnisleistung sehr abhängig ist von unserem Interesse und der damit verbundenen Aufmerksamkeit.

Tatsachen, die mit starken Gefühlen verbunden sind, ob positiv oder negativ, werden meist sofort fest gespeichert, während uns die unauffälligen, alltäglichen Dinge, die wir uns merken m ü s s e n, oft Probleme bereiten.
Um zu verstehen, warum wir manche Dinge sofort behalten und andere mehrfach wiederholen müssen, damit wir sie abrufen können, ist es wichtig, sich eine Vorstellung von unserem Gedächtnis und den Abläufen beim Lernvorgang zu machen.

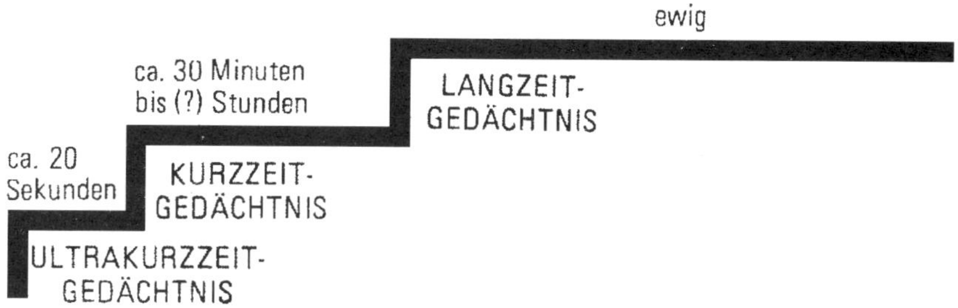

Drei Stufen des Gedächtnisses

Jede Information, die wir aufnehmen, muß drei Stufen »erklimmen«, um im Langzeitgedächtnis für immer gespeichert zu werden.
Ständig stürmt eine Flut von Reizen auf uns ein, und jeder trifft seine individuelle Auswahl.

> Jeder Mensch sieht die Welt anders!
> Jeder sieht, was er denkt!

Es hängt von Ihrem Interesse und Ihrer Aufmerksamkeit ab, ob Sie bei einem Einkaufsbummel auf bestimmte Autotypen achten oder auf die neuen Modefarben in den Schaufenstern oder auf die Gesichter, die Ihnen entgegenkommen.
Wenn Sie alles gleichzeitig aufnehmen und speichern würden, gäbe es im Gehirn sicher einen Zusammenbruch.
Alle aufgenommenen Informationen kreisen zunächst ca. 20 Sekunden als elektrische Schwingungen im Ultrakurzzeitge-

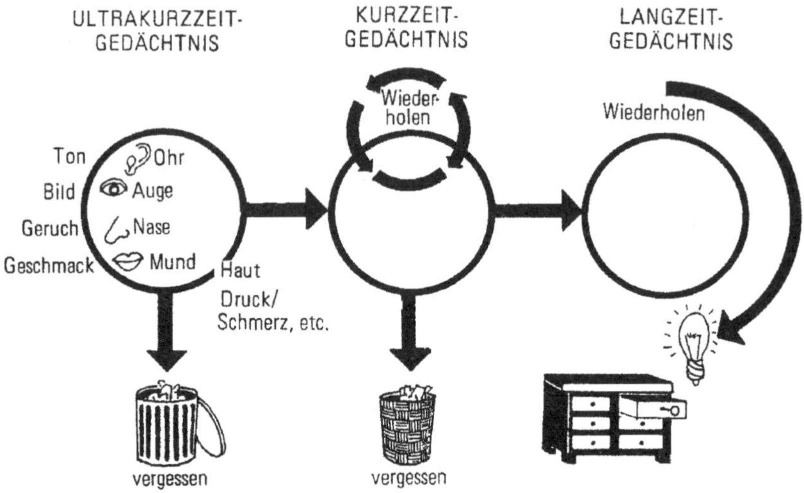

dächtnis *(UZG)*. Stellen wir in dieser Zeit eine Gedankenverbindung her, finden wir also einen »Aufhänger«, so wird die Information weitergeleitet an das Kurzzeitgedächtnis *(KZG)* und in einen chemischen Stoff umgewandelt, der dann ins Langzeitgedächtnis *(LZG)* gelangt und dort für immer gespeichert wird. Anhand eines einprägsamen Bildes lassen sich die Vorgänge noch einmal verdeutlichen:

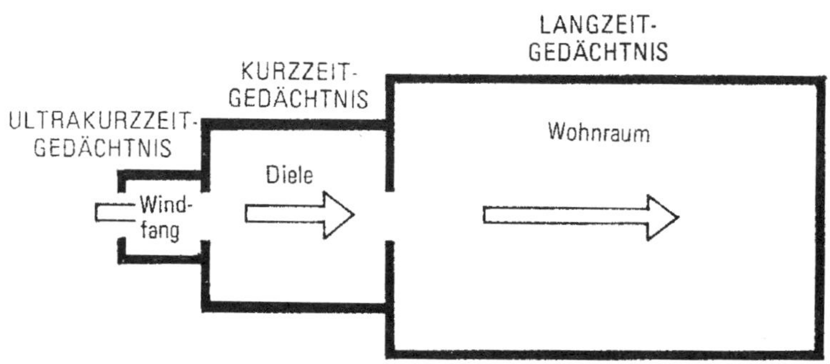

Betrachten wir das UZG als den Windfang eines Hauses, das KZG als Diele und das LZG als Wohnzimmer. Fremde werden bereits an der Tür abgewiesen oder höchstens im Windfang abgefertigt. Bekannte lassen wir in die Diele, und Freunde dürfen es sich im Wohnzimmer gemütlich machen.

Unser Gehirn verhält sich ähnlich.

Aus fremden, unbekannten Informationen werden die ausgewählt, die interessant erscheinen, um sie im UZG näher zu betrachten. Erinnern sie uns an etwas, oder halten wir sie für sehr wichtig, kommen sie ins KZG. Uns unwichtig erscheinende Dinge werden abgewiesen, gehen verloren, werden also vergessen. Im Kurzzeitgedächtnis wird produziert wie in einer Fabrik. Wird der Arbeitsprozeß gestört, z. B. durch Lärm, oder drängen zu viele neue Informationen aus dem UZG nach, lassen wir uns also nicht genug Zeit, dann wird der Vorgang unterbrochen. Wieder gehen die Informationen verloren, werden vergessen. Erst, wenn sie im LZG gespeichert sind, können sie nicht mehr verlorengehen. Trotzdem ist auch hier ein »Vergessen« möglich. Vielleicht sind die Informationen nicht richtig eingeordnet worden, nicht da »abgelagert«, wo wir sie später suchen. Unordnung erschwert das Finden. Eine andere Erklärung dafür, daß wir etwas gut Gelerntes nicht abrufen können, liegt darin, daß die Informationen zu »weit« weg sind.

Das Gehirn macht es auch in diesem Fall wie eine gute Hausfrau: Dinge, die oft benutzt werden, liegen griffbereit, während der Skipullover, der nur zum Wintersport gebraucht wird, in einem Koffer auf dem Boden aufbewahrt wird.

Wenden Sie gelerntes Wissen regelmäßig an, ist es auch immer da, wenn Sie es brauchen. Haben Sie jahrelang z. B. kein Französisch mehr gesprochen, fällt Ihnen zunächst kaum etwas ein.

Wie oft haben Sie schon gesagt:
»Es liegt mir auf der Zunge.«

Sie wußten, daß Sie es gelernt hatten, aber Sie konnten es nicht sagen. Manchmal dauert es nur Sekunden oder Minuten und manchmal Tage, bis der »Groschen fällt«; oft in Situationen, in denen wir überhaupt nicht mehr daran denken.
Wenn es Tage dauert, war die Information gut »versteckt«, und Ihr Gehirn hat die ganze Zeit gesucht, während Sie anderen Beschäftigungen nachgegangen sind. Das »Nichtdrandenken« führt eher zum Erfolg als das krampfhafte Suchen, denn dabei kann es zu Denkblockaden kommen (wie auch bei Prüfungen); die Zugangswege werden versperrt.

★

Wenn Sie sich vorstellen, daß unser Gehirn mindestens 5000mal so viele Zellen hat wie die Stadt Hamburg Zimmer, es jedoch kein Straßenverzeichnis und Adreßverzeichnis für das Gehirn gibt, dann wird klar, wie schwierig es sein kann, eine Information wiederzufinden, und wie wichtig es ist, richtig zu organisieren und einzuordnen.
Sogenannte *»Schlüsselbegriffe«,* unter denen wir etwas abspeichern, helfen uns später, Informationen gezielt abzurufen.
Und noch etwas wird deutlich: *Wiederholungen sind unbedingt erforderlich,* um schneller und sicherer den richtigen Weg zu finden.

> Gedächtnistraining sorgt dafür, daß keine »Straßen«, sprich Nervenbahnen, blockiert sind, daß möglichst viele Informationen sofort gezielt abrufbar sind und neuer Stoff »ordnungsgemäß« gespeichert werden kann.

Mit zunehmendem Alter läßt das Kurzzeitgedächtnis nach, d. h., die Stoffwechselvorgänge verlangsamen sich und damit auch der Vorgang der Umwandlung einer Information in einen chemischen Stoff.

Je länger der »Arbeitsprozeß« des Kurzzeitgedächtnisses dauert, desto störanfälliger wird er. Neue Informationen drängen nach, und Umweltreize sorgen dafür, daß der Vorgang unterbrochen, die Nachricht vergessen wird.
Das Langzeitgedächtnis hingegen wird immer besser, Erinnerungen aus der Kindheit werden oft so deutlich, als wäre es erst gestern gewesen.

Der ältere Mensch beschäftigt sich in der Regel mehr mit der Vergangenheit und speichert nicht mehr so viele Informationen wie in der Schulzeit oder im Berufsalltag (längeres KZG!). Der Berufsstreß, der zu vielen Denkblockaden geführt hat und ganze Erinnerungsbereiche unzugänglich gemacht hat, ist nun vorbei. Das alles führt zu einem besseren Langzeitgedächtnis. Wichtig für den älteren Menschen ist es also, sein Kurzzeitgedächtnis in Schwung zu bringen mit möglichst vielen geistigen Aktivitäten.

Die Lernfähigkeit verringert sich im Alter nicht!

Die Lerngeschwindigkeit ändert sich, und ein Stoff muß öfter wiederholt werden, bis er im LZG gespeichert wird.

★

Das Lernen im Alter wird außerdem stark beeinflußt von Stimmungen, vom Selbstvertrauen und von den vorhandenen Interessen.

Wenn körperliche Veränderungen auftreten und man nicht mehr in der Lage ist, so schnell wie früher den Alltag zu meistern, kommt es oft zu einer kritischen Betrachtung der eigenen Person und schließlich zu Unsicherheit. Man traut sich vieles nicht mehr zu, und das wirkt dann wie eine sich selbst erfüllende Prophezeiung.

Wenn ein Mensch überzeugt davon ist, daß »Hans« nicht mehr lernt, was »Hänschen« nicht gelernt hat, wird er tatsächlich Schwierigkeiten mit dem Lernen und dem Gedächtnis haben.

In jüngeren wie in älteren Jahren ist es wichtig, an sich selbst und an seine Fähigkeiten zu glauben, das Leben und das Lernen positiv zu betrachten.

Von der Wichtigkeit der rechten Gehirnhälfte

Schauen wir uns das Gehirn einmal näher an.

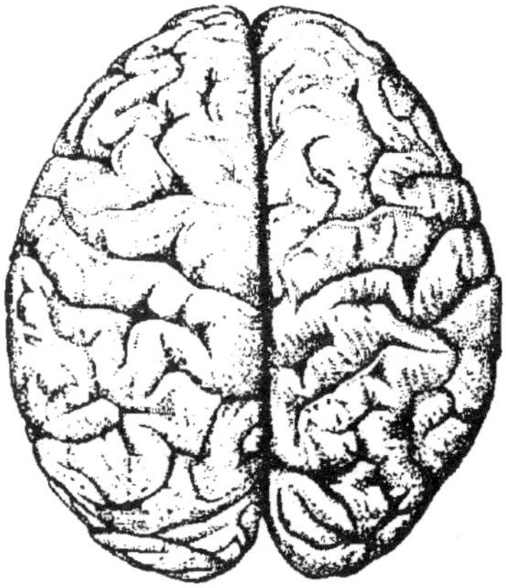

Linke rechte Gehirnhälfte

Es erinnert uns an eine *Walnuß* mit einer Einkerbung in der Mitte. Es gibt also eine linke und eine rechte Hirnhälfte, die verschiedene Aufgaben zu erfüllen haben.

Linke Rechte
Gehirnhälfte

Linke	Rechte
Sprache	Körpersprache
Ratio/Logik	Intuition/Gefühl
Regeln/Gesetze	Kreativität
Analyse	Zusammenhänge
→ Detail	→ Überblick
Wissenschaft	Kunst – Musik – Tanz
linear – Schritt für Schritt	ganzheitlich
Zeit	Raum

Wenn wir uns dazu ein Bild machen, wird es vielleicht verständlicher.

Herr Links *Herr Rechts*

Stellen Sie sich unser Gehirn als ein Büro vor, das in der Mitte geteilt ist und links und rechts befindet sich jeweils ein Schreibtisch.
Die beiden Herren, die an den Schreibtischen arbeiten, nennen wir Herrn Links und Herrn Rechts.

Arbeitsplatzbeschreibung für Herrn Links:

Er kann in *Worten* denken, sprechen, lesen und schreiben.
Er analysiert Dinge, d. h., er geht *Schritt für Schritt* vor, so daß er immer mehr ins *Detail* kommt. Dabei kann er immer nur eins nach dem anderen machen, er muß sich also konzentrieren (d. h., seine Energie auf einen Punkt zusammenziehen).
Er kann *rechnen* und *wissenschaftlich vorgehen.*
Er ist für die *Logik* zuständig, also für Schlußfolgerungen, die man aus gewissen Daten, Fakten ableiten kann. Er erstellt *Regeln,* erkennt Gesetzmäßigkeiten und will sich auch an solche halten. Damit ist seine Einstellung konservativ.
Er gibt den Dingen einen *Namen,* er etikettiert.
Er ist für die Planung in der *Zeit* verantwortlich.

Arbeitsplatzbeschreibung für Herrn Rechts:

Er kann wortlos denken: Er denkt in *Bildern.*
Er vergleicht.
Er erstellt Denk-Bilder und *Denkmodelle.*
Er will den Überblick. Regeln kümmern ihn kaum.
Deshalb kann er auch *kreativ* sein.
Er handelt oft *spontan, intuitiv!*
Seine Logik ist nicht faßbar.
Für ihn muß etwas nicht entweder A oder Nicht-A sein!
Er ist für die Wahrnehmung und Vorstellung von dreidimensionalem *Raum* zuständig.
Er hilft uns, uns im Raum zu orientieren, aber auch, unsere inneren Räume zu registrieren und zu deuten.

★

Die Aufgabenverteilung in den beiden Gehirnhälften zeigt, wie wichtig das Training speziell der oft vernachlässigten rechten Gehirnhälfte für ein ganzheitliches Erkennen und damit für die Gedächtnisleistung sein kann.
(Spezielle Übungen hierzu finden Sie ab Seite 175f.)

Das sollten Sie wissen, bevor das Gedächtnistraining beginnt:

- **Wenn Sie stets zu bestimmten Zeiten Ihr Gedächtnis trainieren, stellt sich Ihr Gehirn automatisch darauf ein, und Sie müssen sich nicht erst überwinden.**

- **Denken Sie daran, daß Ihr Gehirn »warmlaufen« muß wie ein Motor, um dann voll leistungsfähig zu sein.**
- **Wenn Sie Ihre Übungen immer am selben Platz machen, unterstützen Sie ebenfalls Ihre Lernbereitschaft.**
- **Suchen Sie sich einen angenehmen Platz, an dem Sie sich sehr wohl fühlen – um so entspannter Sie sind, desto besser ist Ihr Gedächtnis.**

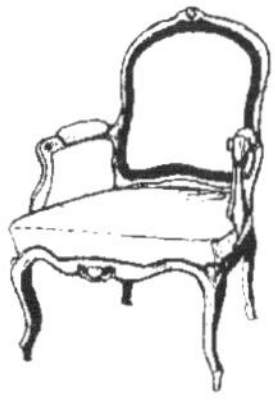

- **Durch leises »Vorsichhinsprechen« wird besser gespeichert.**

- **Die »Eselsbrücke« unterstützt das Behalten durch Verknüpfungen.**
- **Trainieren Sie so oft wie möglich Ihr Vorstellungsvermögen, Ihre Phantasie.**

II »Einen Vorsprung im Leben hat, wer da anpackt, wo die anderen erst einmal reden«

30 x 10 Minuten spielend trainieren

Unterhaltsames Trainingsprogramm für einen Monat

Bevor Sie beginnen, spielend Ihr Gedächtnis und Ihre Konzentration zu trainieren, legen Sie bitte Bleistift und Papier zurecht, und stellen Sie einen Wecker mit Sekundenzeiger vor sich hin.

Wenn Sie einen Cassettenrecorder besitzen, können Sie manche Übungen auf Band sprechen, anstatt sie aufzuschreiben.

Wichtig ist, daß Sie regelmäßig, das heißt täglich, trainieren. Das, was für Ihren Körper gut ist (10 Min. Gymnastik pro Tag), ist für Ihr Gehirn mindestens ebenso wichtig. So, wie ein Muskel schlaff wird, wenn Sie ihn nicht benutzen, so werden die Gehirnzellen träge, wenn man sie nicht fordert (wohlgemerkt: fordert, nicht überfordert!). Überlegen Sie auch vorher, zu welcher Tageszeit Ihnen das Lösen der Aufgaben am meisten Freude machen wird und wann Sie wahrscheinlich 10 bis 15 Minuten ungestört sind, es sei denn, Sie wollen die Übungen mit Freunden oder Bekannten gemeinsam bearbeiten.

Viele Köche verderben hier n i c h t den Brei, sondern regen zu weiteren Gedankengängen an, sorgen für Überraschungen und vor allem für eine heitere Atmosphäre, in der sicher oft gelacht wird.

Ein Tip: Tragen Sie Ihre Antworten mit Bleistift ein, dann können Sie die Lösungen ausradieren und später wiederholen.
Oder nehmen Sie zum Notieren der gefundenen Lösungen und benötigten Zeiten einen Zettel – noch besser ein Extra-Heft.
Bei späteren Wiederholungen können Sie dann vergleichen und sich an Ihrem Erfolg freuen.

Und noch etwas, bevor es losgeht:
Die Aufgaben sind unterschiedlich schwer und kommen aus den verschiedensten Gebieten. Wenn Ihnen Fragen zu leicht erscheinen, schauen Sie auf die Uhr, und machen Sie daraus ein Schnelligkeitsspiel.
Wenn Ihnen eine Aufgabe mal zu schwer sein sollte, freuen Sie sich an dem, was Sie bereits gewußt haben, und legen Sie das

Buch ein Weilchen aus der Hand. Vielleicht hilft auch ein Blick ins Lexikon oder Wörterbuch.
Für den »Notfall« enthält das Buch im Anhang einen Lösungsteil (vgl. S. 180ff.). Es kann also nichts schiefgehen!

»Es ist nicht wichtig, viel zu wissen,
es ist wichtig,
es mit Freude zu erwerben
und lachend zu genießen.«

So, und nun frisch ans Werk:

»Wer wagt, gewinnt!«

1. Übung: Wörtersuche

Als erstes nehmen Sie das Wort Freude und schreiben es senkrecht einmal von oben nach unten und rechts davon von unten nach oben. So ergeben sich Anfangs- und Endbuchstaben für b e l i e b i g lange Wörter. Schauen Sie auf die Uhr, und beginnen Sie mit der Ergänzung der Buchstaben.
Z. B.: F... reud... E

- F ______________________ E
- R ______________________ D
- E ______________________ U
- U ______________________ E
- D ______________________ R
- E ______________________ F

Wenn Sie Lust haben, können Sie noch ein weiteres Wort für diese Übung nehmen, vielleicht
a) Konzentration
b) Langzeitgedächtnis

(Lösung s. S. 180)

Später bei einem zweiten Durchgang der Übungen können Sie variieren, indem Sie z. B. zusammengesetzte Wörter einsetzen wie Fachschule oder eine bestimmte Zeit vorgeben (z. B. 5 Min.), in der Sie möglichst viele Wörter finden.

2. Übung: »Reimen soll ich nun, da gibt's viel zu tun.«

Zeit: 2 Minuten
Welche Wörter reimen sich auf:

- Stadt ______________________
- Haus ______________________
- Stock ______________________
- Hammer ______________________
- Schnee ______________________

Vielleicht haben Sie Lust, mit diesen Wörtern ein kleines Gedicht zu machen, z. B.:
Ich gehe durch die Stadt,
die so viele Häuser hat.
usw.

(Lösung s. S. 180)

3. Übung: Dichtersuche

Können Sie noch Gedichte aus Ihrer Schulzeit, dann wird diese Aufgabe kein Problem für Sie sein.
Versuchen Sie herauszufinden, wie die Gedichte heißen und von welchem Dichter sie jeweils geschrieben wurden.

a) »...
ein Birnbaum in seinem Garten stand;
und kam die goldene Herbsteszeit
und die Birnen leuchteten weit und breit,
...«

b) »Ans Haff nun fliegt die Möwe
Und Dämmrung bricht herein.
Über die feuchten Watten
Spiegelt der Abendschein.«

Fallen Ihnen die anderen Strophen auch noch ein?

(Lösung s. S. 180ff.)

4. Übung: Bildbeschreibung

Schauen Sie sich das Gemälde »Das Schlafzimmer des Künstlers in Arles« von VINCENT VAN GOGH so genau an, daß Sie es beschreiben können.

Dann blättern Sie um und beantworten die vier Fragen.

Fragen:

1. Wie viele Türen hat das Zimmer?
2. Was steht auf dem Tisch?
3. Wie viele Bilder hängen an der Wand?
4. Was hängt links neben dem Fenster?

5. Übung: Gedächtnistraining

Versuchen Sie sich folgende fünf Begriffe zu merken, indem Sie sich die einzelnen Gegenstände mit geschlossenen Augen vorstellen.
Sie können dabei in Gedanken mit einem dicken Pinsel die Gegenstände mit bunter Farbe an eine weiße Wand malen. Morgen prüfen Sie dann, ob sie noch alle fünf Begriffe wissen.

- SCHMETTERLING
- HANDSCHUH
- SCHNEEBESEN
- ENTEN
- BRUNNEN

Rätsel:
Was kann man halten, nachdem man es gegeben hat?

(Lösung s. S. 182)

Zwei befreundete Psychiater treffen sich.
»Wie geht es Dir?« fragt der eine.
»Ganz ordentlich! Ich habe einen steinreichen Patienten, denk Dir nur, einen mit Gedächtnisschwund.«
»Aber hör mal, was ist daran Besonderes?«
»Aber ja! Einer mit Gedächtnisschwund zahlt alles doppelt!«

»Was wir von der Sonne lernen sollten: Wenn sie kommt, dann strahlt sie.«

1. Übung: »Alles, was wir lieben«

Diesmal beginnen Sie mit einer Wörterkette, d. h., der letzte Buchstabe des ersten Wortes ist der Anfangsbuchstabe des zweiten Wortes, usw. **Zeit:** 2 Minuten

Thema: Alles, was wir lieben

Z. B.: Musik – Kavaliere . . .

____

____

2. Übung: Billardspiel

Bei diesem Spiel geht es um Ihre Phantasie, nicht darum, die folgenden Farben auswendigzulernen.

Sie beginnen mit einer weißen Billardkugel, die Sie in Gedanken vor sich auf den Tisch legen.

Dann nehmen Sie aus einem großen Korb eine rote Kugel und legen sie links neben die weiße Kugel. Eine blaue Kugel legen Sie anschließend rechts außen hin. Dann kommt links neben die rote Kugel eine gelbe Kugel und schließlich ganz rechts eine grüne Kugel.

Können Sie die Kugeln vor Ihrem geistigen Auge sehen, dann klappen Sie dieses Buch zu und schreiben die Reihenfolge der Kugeln von links nach rechts auf.

Dieses »Billardspiel« wird in Zukunft öfter wiederholt, um die Phantasie zu trainieren und die rechte Gehirnhälfte in Schwung zu bringen.

Wer mehr wissen möchte zu diesem Thema, kann im Kapitel III (S. 148ff.) nachlesen.

3. Übung: Wörtersuche

Der Spruch von CURT GOETZ liefert die Anfangsbuchstaben zu dieser Wörtersuche mit vier Buchstaben. Schauen Sie auf die Uhr, und notieren Sie die Zeit, damit Sie später bei einem zweiten Versuch vergleichen können.

W I T Z   K O M M T   A U S   D E M   V E R S T A N D

A ______________________________

L ______________________________

D ______________________________

H U M O R   A U S   D E M   H E R Z E N

A ______________________________

U ______________________________

S ______________________________

(Lösung s. S. 182)

4. Übung: Buchstabensuche

In dieser Übung geht es darum, im folgenden Text möglichst schnell alle »H« und »h« zu unterstreichen und zu zählen.
Zeit läuft:

»Im Berliner Salon der Frau Mimi von Schleinitz sagte ein Verehrer zu Heinrich Heine, sein Name allein sei schon Poesie in seiner Alliteration. Der Physiker Helmholtz warf ein: Was bedeutet Heinrich Heine im Vergleich zu der Aufschrift, die jahrelang meine Briefe zierte: Hochwohlgeboren Herrn Hofrat Hermann Helmholtz, Heidelberg, Heumarkt?«

(Lösung s. S. 182)

5. Übung: Seien Sie kreativ

Die fünf gezeichneten Kreise sind gedacht als Vorlage für fünf runde Bilder. Was kann man aus einem Kreis alles machen? Z. B.: ein Gesicht

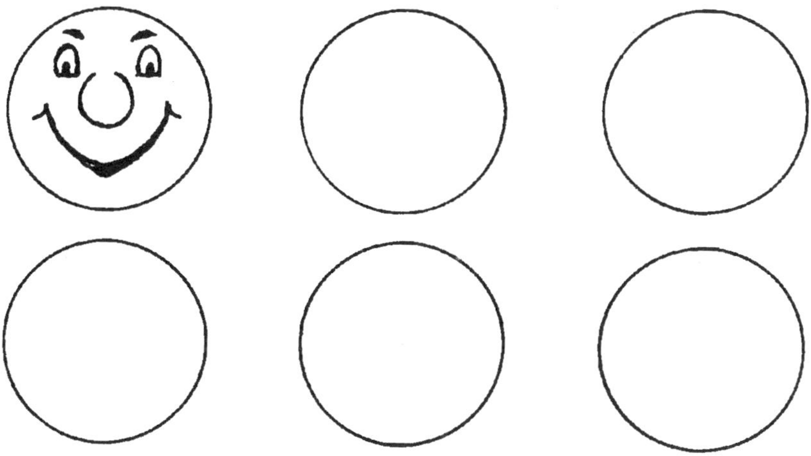

Scherzfragen

- Wo wächst der beste Wein?
- Wer fischt besser, die Sachsen oder die Engländer?
- Welcher Ring ist nicht rund?
- Welcher Fisch ist der höflichste?
- Welcher Bart wird nie gestutzt?

(Lösung s. S. 182)

»Der verlorenste aller Tage ist der, an dem man nicht gelacht hat«.

»Wer sich heute freuen kann, soll nicht bis morgen warten.«

1. Übung: Buchstaben schütteln

Die Buchstaben des Wortes »Reisen« sollen so geschüttelt werden, daß neue Wörter entstehen, wie z. B.:

Nie – Riese ______________________________

Wollen Sie es noch einmal probieren mit dem Wort: Rosenstrauch?

____

____

____

(Lösung s. S. 182)

2. Übung: Wissensfragen

a) Wie lange könnte ein Mensch mit dem Sauerstoff atmen, den ein PKW auf 500 km verbraucht?

b) Wieviel ca. 5jährige Jungbäume müßte man pflanzen, um die Leistung einer hundertjährigen Buche zu ersetzen?

c) Welcher Pilz sieht aus wie ein Schwamm, hat aber den Namen eines Tieres?

d) Welcher Schmuck besteht aus altem Baumharz?

e) Wie heißen die Gebrüder Grimm mit ihren Vornamen?

(Lösung s. S. 183)

3. Übung: Gedächtnistraining

Schauen Sie sich den Holzschnitt eine Minute genau an, und merken Sie sich die Einzelheiten. Wer ist der Künstler?

____

(Lösung s. S. 183)

Wenn Sie glauben, sich alles gemerkt zu haben, rechnen Sie folgende Aufgaben:

2 x 14 = _______

3 x 17 = _______

4 x 16 = _______

5 x 19 = _______

6 x 18 = _______

So, nun decken Sie das Bild ab; schreiben Sie bitte auf, an was Sie sich erinnern:

____

____

____

4. Übung: »Ordnung« in der Früh', spart Zeit und Müh'.«

Dies ist eine Aufzählung von 20 Pflanzen, die nach bestimmten Gesichtspunkten geordnet werden können. Finden Sie 5 Gruppen zu je 4 Pflanzen.

Ulme – Rittersporn – Löwenzahn – Wacholder – Schnittlauch – Basilikum – Ahorn – Huflattich – Tanne – Hahnenfuß – Kiefer – Esche – Vergißmeinnicht – Sonnenblume – Eibe – Kornblume – Eiche – Majoran – Enzian – Petersilie

Prägen Sie sich die Begriffe gut ein!

(Lösung s. S. 183)

5. Übung: Gedankenspaziergang

Stellen Sie sich vor, wie Sie in Gedanken mit dem Zug in eine fremde Stadt fahren, dort am Bahnhof aussteigen und einen Bummel machen. Damit Sie ohne Schwierigkeiten zum Bahnhof zurückfinden, merken Sie sich Ihren Weg:
Bahnhof – Zebrastreifen – Kaufhaus – Park – Café – Kirche – Brücke – Post

Morgen gehen Sie den Weg noch einmal!

Rätsel:
Ich rede ohne Zunge,
ich schreie ohne Lunge,
ich nehme teil an Freud' und Schmerz,
und habe doch kein fühlend Herz.

(Lösung s. S. 183)

»Ein Optimist ist ein Mensch, der alles halb so schlimm findet oder doppelt so gut.«

»Wer ein schlechtes Gedächtnis hat, wird nicht darum herumkommen, seine Fehler zu wiederholen!«

1. Übung: Wörterkette

Diesmal werden zusammengesetzte Hauptwörter gesucht, die eine Kette bilden, d. h., der zweite Teil des Wortes bildet den Anfang des neuen Wortes.
z. B. Hausmeister – Meisterkoch – Kochtopf ...
20 Wörter sollen eine Kette ergeben, d. h., zum Schluß muß sich der Kreis wieder schließen. Das letzte Wort muß mit ... haus aufhören, damit Sie wieder zum Hausmeister kommen.

Hausmeister – ______________________________

____

______________________________-haus

2. Übung: Gedichtergänzung

Das Gedicht »Fink und Frosch« ist nicht mehr vollständig. Versuchen Sie, die richtigen Reime zu finden. –
Wissen Sie, von wem das Gedicht geschrieben wurde?

Fink und Frosch
Im Apfelbaume pfeift der Fink
sein pinke ...
Ein Laubfrosch klettert mühsam nach
bis auf des Baumes ...
und bläht sich auf und quakt: »Jaja!
Herr Nachbar, ick bin och noch ... !«
Und wie der Vogel frisch und süß
sein Frühlingslied erklingen ...,

gleich muß der Frosch in rauhen Tönen
den Schusterbaß dazwischen ...
»Juchheija, heija!« spricht der Fink
»Fort flieg' ich ... !«
Und schwingt sich in die Lüfte hoch.
»Wat«, ruft der Frosch. »Dat kann ick ... !«
Macht einen ungeschickten Satz,
fällt auf den harten Garten ...,
ist platt, wie man die Kuchen backt,
und hat für ewig ausge ...
Wenn einer, der mit Mühe kaum
geklettert ist auf einen ...
schon meint, daß er ein Vogel wär',
so irrt sich ...

(Lösung s. S. 183)

Wer nach dieser Reimfindung noch etwas für seine rechte Gehirnhälfte tun möchte, versuche einmal, in Gedanken einen »Film« dieses Gedichtes zu drehen und sich morgen an die Hauptwörter (Apfelbaum, Laubfrosch, Nachbar, Frühlingslied, Schusterbaß, Garten, Kuchen usw.) zu erinnern und sie aufzuschreiben. – Viel Erfolg!

3. Übung: Wissensfragen

a) Was bedeutet das Wort »Tohuwabohu«, und wo kommt es her?
b) Was ist ein »Adamsapfel«? Warum nennt man ihn so?
c) Was ist ein »Salomonisches Urteil«?
d) Was bedeutet: Das A und O einer Angelegenheit. Warum ausgerechnet **A** und **O**?
e) »Ich weiß, daß ich nichts weiß.« Wer hat diesen Satz gesagt?

(Lösung s. S. 184)

4. Übung: Gedächtnistraining

Auf dem Bild sind 10 Gegenstände zu sehen. Sie haben ca. 30 Sekunden Zeit, sich alles genau anzuschauen, dann decken Sie das Bild bitte ab.

Rechenaufgaben:

2 x 19 = ______

3 x 16 = ______

4 x 17 = ______

5 x 18 = ______

6 x 13 = ______

Wenn Sie die Rechenaufgaben gelöst haben, schreiben Sie auf, an welche Gegenstände Sie sich noch erinnern:

____

____

5. Übung: Bildhafte Redewendungen

Welche Redewendungen fallen Ihnen ein, wenn Sie folgende Zeichnungen betrachten?
Zunächst ein Beispiel:

(1) Jemandem einen Korb geben

(2) ______________________

____

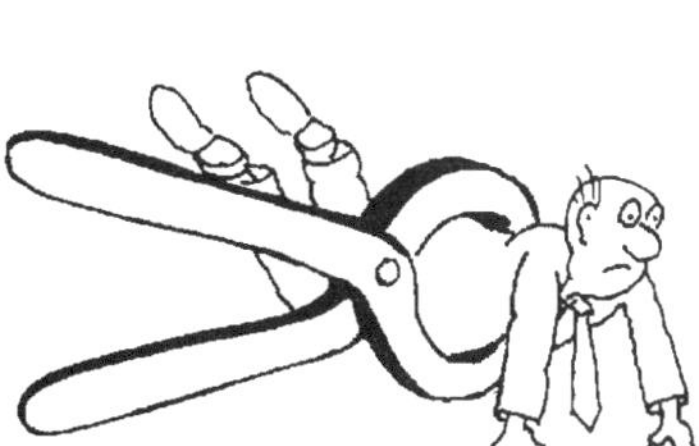

③ ______________________

____

④ ______________________

____

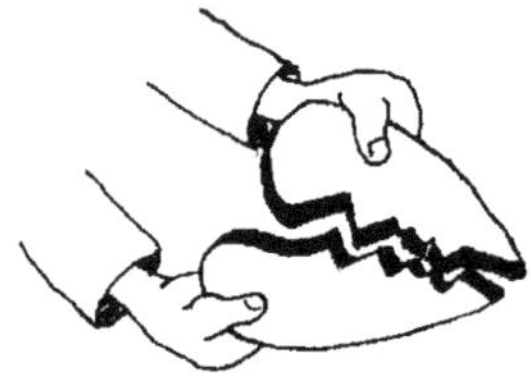

Wie viele Pflanzen vom 3. Tag (Übung 4) wissen Sie noch?

Können Sie den Spaziergang vom Bahnhof durch eine fremde Stadt noch einmal gehen (vgl. 3. Tag, 5. Übung)?

Denkaufgabe: *Falschmünzer*
Drei Dosen enthalten je zwei Münzen. Eine enthält zwei Pfennige, eine zwei Groschen und eine einen Pfennig und einen Groschen. Alle drei Dosen sind falsch beschriftet. Wenn Sie immer nur eine Münze auf einmal herausnehmen dürfen, wie oft müssen Sie dann zugreifen, um alle Dosen richtig beschriften zu können?

(Lösungen s. S. 184)

Ein Professor in einer Vorlesung mit Medizinstudenten: »Sie sehen, meine Damen und Herren, ich halte in jeder Hand ein Gehirnmodell, in der rechten ein männliches und in der linken ein weibliches. Sie sehen eindeutig, daß das männliche Gehirn größer ist als das der Frau. Was folgern Sie daraus?«
Eine Studentin meldet sich: »Ich folgere daraus, daß es nicht auf Quantität ankommt, sondern auf Qualität.«

»Wer seine Phantasie trainiert, schult auch sein Gedächtnis.«

1. Übung: Phantasie ist gefragt

Was fällt Ihnen bei folgenden Zeichnungen ein? Äußern Sie sich möglichst spontan!

Wenn Sie Ihrer Phantasie freien Lauf gelassen haben, nun ein Witz zu diesem Thema:

Kommt ein junger Mann mit Zwangsvorstellungen zu einem berühmten Psychiater. Die Untersuchung beginnt mit einem Test. Der Arzt zeichnet einen waagerechten Strich auf das Papier und fragt den Patienten: »Was fällt Ihnen dazu ein?« – »Das ist ein Seil, auf dem eine nackte Frau steht.«

Der Arzt zeichnet ein Viereck und schaut den Patienten fragend an. »Das ist ein Zimmer, in dem sich ein Pärchen auszieht.« Der Arzt schüttelt bedenklich den Kopf und zeichnet einen Kreis. »Und was sehen Sie nun?« – »Das ist eine Baumkrone und oben drauf sitzt ein Satyr, der gerade eine Nymphe verführt.«

»Das ist ja unglaublich«, ruft der Psychiater entsetzt, »Sie sind wirklich ein schwerer Fall«.

»Ja, was kann ich denn dafür«, verteidigt sich der Patient, »wenn Sie all diesen Schweinkram zeichnen.«

2. Übung: ABC-Speisekarte

Stellen Sie sich eine alphabetisch angeordnete Speisekarte vor, auf der es vom Aal in grüner Soße bis hin zum Zander in Meerrettichsoße alles gibt. Sie müssen nicht komplette Menüs erfinden, sondern nur die Hauptspeise.

Alles, was man essen kann, von A bis Z:

3. Übung: Formen behalten

Schauen Sie sich die Zeichnungen ca. 30 Sekunden genau an, dann klappen Sie das Buch zu und zeichnen die Zeichnungen auf einem Blatt Papier nach.

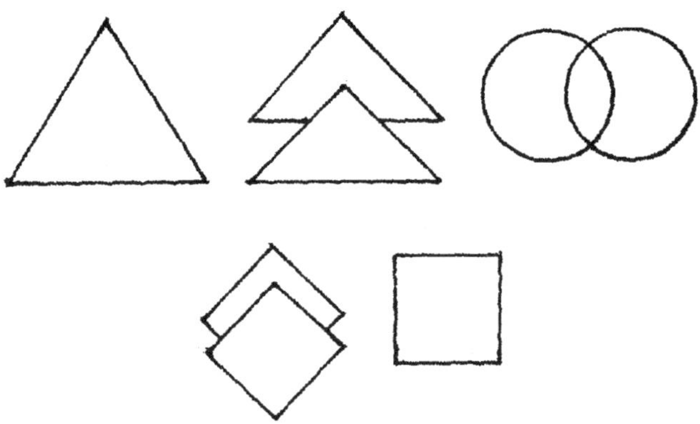

4. Übung: Einsetzübung

Lesen Sie das Gedicht, indem Sie möglichst schnell die fehlenden Buchstaben einsetzen.

Ph_nt_asie
W_r durch die W_lt reist, ph_nt_siel_s,
W_rd die Enttä_sch_ng leider nie l_s:
Dem ist die Schw__z nicht k_hn gen_g,
D_e Ste_erm_rk nicht gr_n gen_g,
D_s ew_ge R_m nicht alt g_nug,
Sp_tzb_rg_n selbst n_cht k_lt gen_g.
Ne_p_l ist n_cht a_m g_n_g,
U_d C_pri i_m nicht w_rm genug,
M_rs__lle ist nicht v_rd_rbt genug
P_mpe_i nicht z_rsch_rbt genug,
P_r_s ist i_m ni_ht t_ll genug
K_rzum, die W_lt n_cht v_ll g_nug
V_n W_nd_rn, d_e es l_hn_n w_rd_n.
S_ch Rei_em_hs_l aufz_b_rd_n.
Ze_g ihm, du m_c_st ihn ni_ht z_fr__d_n.
Den P_rth_non, die P_ram_d_n,
Ja, l_ßt ihn l_d_e_s Za_b_r w_hl_n:
Was w_rd er h_img_k_hrt erz_hl_n?
D_ß üb_ra_l die b_se W_lt
Ihn um s__n g_t_s G_ld g_pr_llt.

Versuchen Sie, sich die genannten Städte einzuprägen.

(Lösung s. S. 184f.)

Übrigens, wie heißen die Hauptwörter aus dem Gedicht »Fink und Frosch« von gestern (vgl. 4. Tag, 2. Übung)?

Erinnern Sie sich noch an die bildhaften Redewendungen von gestern (vgl. 3. Tag, 5. Übung)?

5. Übung: Billardspiel

Erinnern Sie sich noch? Hier geht es auch um Ihre Phantasie. In Gedanken legen Sie verschiedenfarbige Kugeln vor sich hin und merken sich die Reihenfolge.
Sie beginnen wieder mit einer weißen Kugel und legen rechts daneben eine lila Kugel und noch einmal ganz rechts eine rosa Kugel. Anschließend legen Sie links von der weißen Kugel eine schwarze Kugel und ganz links außen dann eine blaue Kugel. Zum Schluß schieben Sie zwischen die lila und die rosafarbene Kugel eine gelbe Kugel.
Schlagen Sie nun das Buch zu, und schreiben Sie die Reihenfolge der Kugeln von links nach rechts auf.

Rätsel:
Von fremdem Licht ist geschmückt mein Gesicht,
und ohne dies Licht siehst Du nicht mein Angesicht.

(Lösung s. S. 185)

»Wir sollten die frohen Gesichter, die uns im Leben begegnen, zu Meilensteinen an der Straße unserer Erinnerungen machen.«

1. Übung: Wörterkette zum Thema: Pflanzen und Tiere

Diesmal sollen Wörter aus dem Bereich Lebewesen so aneinandergereiht werden, daß die beiden letzten Buchstaben die beiden ersten Buchstaben des nächsten Wortes werden (20 Wörter).
Die Kette muß sich wieder schließen, d. h., das letzte Wort muß mit den Anfangsbuchstaben des ersten Wortes enden.
Z. B.: Elefanten – Enzian – An . . .

2. Übung: Dichterraten

Von welchen Dichtern stammen die folgenden Zeilen?

a) Es rauscht kein Wald, es schlägt im Mai
Kein Vogel ohn' Unterlaß;
Die Wandergans mit hartem Schrei
Nur fliegt in Herbstesnacht vorbei,
Am Strande weht das Gras.

b) Sein Blick ist vom Vorübergehn der Stäbe
so müd geworden, daß er nichts mehr hält;
ihm ist als ob es tausend Stäbe gäbe
und hinter tausend Stäben keine Welt.

(Lösung s. S. 185f.)

Können Sie vielleicht das eine oder andere Gedicht noch auswendig? Wenn nicht, schauen Sie doch im Lösungsteil (S. 180ff.) nach, und lernen Sie wieder einmal ein Gedicht. Wichtig ist jedoch, daß Sie dabei in Gedanken einen »Film« drehen, damit nicht nur die linke, sondern auch die rechte Gehirnhälfte Arbeit bekommt.

3. Übung: Original und Fälschung

Original:

»Aha, so sieht also euer Fitneßtraining aus!«

Finden Sie zehn Unterschiede, und merken Sie sich, was bei der Fälschung anders ist.

Fälschung:

(Lösung s. S. 186)

4. Übung: Gedankenverbindungen der Phantasie

Malen Sie Bilder! Verbinden Sie jeweils zwei Begriffe so miteinander, daß ein Bild entsteht, und malen Sie dieses Bild in Ihrer Phantasie an eine weiße Wand oder an eine schwarze Tafel. Wichtig ist wieder, daß Sie Ihre Vorstellungskraft stärken und gleichzeitig in kurzer Zeit 10 Begriffe speichern.
Z. B. Perlen – Kuchen
Stellen Sie sich z. B. vor, wie Sie einen Marmorkuchen anschneiden und im dunklen Schokoladenteil zwei weiße glitzernde Perlen sichtbar werden, oder beißen Sie in Gedanken herzhaft in ein Stück Kuchen. Es macht »krch«. Sie haben Perlen im Mund.

- Rosen – Schornstein
- Waffel – Achterbahn
- Schnecke – Autobahn
- Bett – Frosch
- Keller – Goldklumpen

5. Übung: Buchstabensalat

Im folgenden Text sind 15 Lebensmittel versteckt, die es in möglichst kurzer Zeit zu finden gilt. Schauen Sie auf die Uhr!

kjhgfdtrgbteenghbvfdcxdeimnbhgdhuhngfdrebutterlokfgdgftr
beismkjhuhonigbvcxdfxysdfgaertdsmkjhureisheufglimnbvhji
uhgftmilchnbvcxderfkaffeeztguilokömnbölmguhtejklimehlm
nvgbdjhugfdesalzihjkerolwurstfgtekäsekitaxü

(Lösung s. S. 186)

Seien Sie kreativ:
Zeichnen Sie Bilder aus den 5 Dreiecken!
Was kann man daraus alles machen?
Z. B.

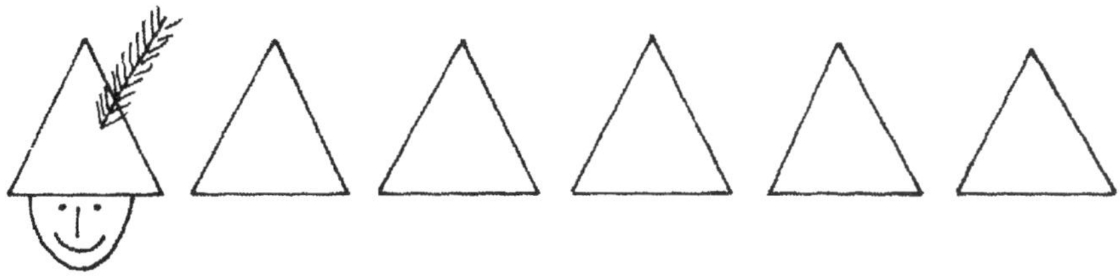

Können Sie die Formen von gestern malen (vgl. 5. Tag, 3. Übung)?

Scherzfragen:

a) Es ist kein Baum und hat doch viele Blätter?
b) Welcher Fall tut gut?
c) Was fällt durch die Fensterscheiben, ohne sie zu zerbrechen?
d) Was sind Früchte des Zorns?
e) Welche Köpfe sind leer am meisten wert?

(Lösung s. S. 187)

»Wer lacht da? Bei Gott, ich glaub, ich war es selbst!«

(Lessing: »Emilia Galotti«)

»Wenn man viel hineinzustecken hat,
so hat der Tag 100 Taschen.« (NIETZSCHE)

1. Übung: Satzfindung

Bei diesem Spiel nehmen Sie ein beliebiges Wort, z. B. »Mann«. Die Buchstaben dieses Wortes bilden die Anfangsbuchstaben der Wörter eines Satzes:

M A N N
Meine Anna nörgelt nicht!

Versuchen Sie es mal mit den Wörtern:

- Wort ______________________
- Witz ______________________
- Verstand ______________________
- Spiel ______________________
- Liebe ______________________

2. Übung: Gedächtnisspiel

Stellen Sie sich die folgenden 10 Begriffe so deutlich vor, als wären sie fotografiert.

- Handtuch
- Decke
- Klavier
- Griff
- Fingerhut
- Mantel
- Fenster
- Rasen
- Ofen
- Buch

Haben Sie alle Bilder gespeichert?

Dann machen Sie folgende Übung:

Sagen Sie alle Zahlen von 3 bis 30, die durch drei teilbar sind oder eine drei enthalten.

Schreiben Sie die Begriffe auf, an die Sie sich noch erinnern:

3. Übung: Wörtersuche

Hier geht es darum, in 3 Minuten möglichst viele Wörter zu finden, die das Wörtchen »am« enthalten, wie z. B.: Beamte oder Amsel

(Lösung s. S. 187)

4. Übung: Wissensfragen

a) Wie heißt Aschenputtel in Amerika?
b) Was bedeutet der Name Rapunzel (2 Bedeutungen)?
c) Wie heißt die Stammutter unserer Hausgans?
d) Was ist ein Heimchen?
e) Pythagoras nannte ihn den König der Gewürze?

(Lösung s. S. 187)

5. Übung: Elefantenspiel

Kennen Sie den Witz von dem Prüfling, der etwas über Elefanten erzählen soll, aber nur auf Würmer vorbereitet ist?
Dieser »schlaue« Prüfling findet eine Lösung:
Der Elefant hat einen **Rüssel.**
Der **Rüssel** erinnert mich an einen **Regenwurm.**
Der **Regenwurm** ...
Überlegen Sie bitte mal, wie diese Geschichte weitergehen könnte.
Das letzte Wort des Satzes ist der Anfang des nächsten Satzes.
Zeit: 3 Minuten.

Erinnern Sie sich an die »gemalten« Bilder, an die Gedankenverbindungen von gestern (vgl. 6. Tag, 4. Übung)?

Rätsel:
Es ist an jedem Berg zu sehen,
es trägt uns selbst den Berg hinan,
bestimmt uns der Berge Höhen,
gibt uns des Abgrunds Tiefe an.
Vergebens sucht man's bei dem Fische,
auch Schnecken, Muscheln haben's nicht.
Dagegen gibt es wenig Tische
und Stühle, denen es gebricht.

(Lösung s. S. 187)

»Am schönsten ist der Erfolg, der nicht so willig kommt wie eine zahme Hauskatze, sondern den man zwingen und beherrschen lernen muß wie ein wildes Pferd.«

(Peter Ustinov)

8. TAG

»Das Leben besteht aus vielen kleinen Münzen, und wer sie aufzuheben weiß, hat ein Vermögen.« (JEAN ANOUILH)

1. Übung: Wörtersuche

Suchen Sie Wörter, die das Wort »Star« enthalten, am Anfang, in der Mitte oder am Ende.
z. B. Film<u>star</u>, Ba<u>star</u>d
Zeit: 3 Minuten

____

____

2. Übung: Phantasieübung

Stellen Sie sich folgende Begriffe in Ihrer Phantasie so deutlich vor, als wollten Sie sie malen. Packen Sie jeweils zwei Begriffe in ein Bild:

- Leuchtturm – Schlange
- Brille – Tasse
- Hocker – Eisenbahn
- Fenster – Mülleimer
- Hand – Zauberstab

3. Übung: ABC-Reime

Diesmal geht es darum, Zweizeiler zu finden mit allen Buchstaben des Alphabets.
Die erste Zeile enthält Wörter mit dem gleichen Anfangsbuchstaben, die zweite Zeile ist beliebig.

Beispiel:
Am Anfang arbeiten Ameisen,
die waren ganz leise.
Bäcker backten Butterkuchen,
den mußte man erst suchen.
Christian charakterisiert Christiane charmant,
das ist doch allen bekannt.

4. Übung: Wissensfragen

a) Welchen Namen trug das Schwert Siegfrieds?
b) Wer schrieb das Deutschlandlied?
c) Welchen großen Kinoerfolg hatte HANS ALBERS in der Rolle eines Barons?
d) Kennen Sie die 12 Apostel?
e) Seit wann gibt es die Glühlampe? (Erfinder?)

(Lösung s. S. 187)

5. Übung: Gaunerzinken

Mit diesen Geheimzeichen weisen sich angeblich »Gauner« auf Gefahren bzw. günstige Gelegenheiten hin. Prägen Sie sich diese Zeichen gut ein, und wenn Sie glauben, sich in dieser Sprache auszukennen, decken Sie die Zeichnungen ab.

Fragen zur Übung 5:

a) Wie sieht das Zeichen aus, das auf Prügel-Gefahr hinweist?
b) Was bedeutet der leere Kreis?
c) Wie ist das Zeichen für »Achtung, bissiger Hund?
d) Zeichnen Sie »Hier gibt es Geld«!
e) Was bedeutet die »Katze«?

Denkaufgabe:

Die folgende Zahlenfolge ist die einzige ihrer Art. Können Sie herausfinden, was so besonders an ihr ist?

8 3 1 5 9 0 6 7 4 2

(Lösung s. S. 187)

> *Im Spielzeugladen:*
> *»Ist das Spielzeug nicht zu kompliziert für ein Kind?« zweifelt die Kundin.*
> *»Oh nein, es bereitet Ihr Kind rechtzeitig auf das Leben vor. Wie man es auch zusammensetzt, es ist immer falsch!« erwidert die Verkäuferin.*

*»Es ist nicht genug zu wissen,
man muß es auch anwenden,
es ist nicht genug zu wollen,
man muß es auch tun.«*

1. Übung: Konzentrationsspiel

Der folgende Text wurde von einer sehr schlechten »Sekretärin« geschrieben. Sie hat nur Kleinbuchstaben verwendet, keine Leertaste benutzt, dafür aber ab und zu die Sternchentaste.
Lesen Sie den Text möglichst flüssig, und zählen Sie dabei die Sternchen.

einsthabendiekerlsaufdenb*umengehoc*t,beha*rtundmitböservi
sage.dannh*tmansieausdemurw*ldgelocktunddiew*ltasphaltier
tunda*fgesto*ktbiszurdreißigsteneta*e.dasaßensienun,denflö*en
entflohn,inzentralgeheiztenrä*men.dasitzensienunamtele*on,un
desherrschtnochgenauderselbet*n,wieseinerzeitaufdenbäu*en.

____

(Lösung s. S. 187)

Wissen Sie noch die Bilder Ihrer Phantasieübung (vgl. 8. Tag, 2. Übung)?

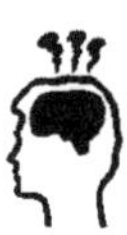

2. Übung: Kofferpacken

Das Spiel »Kofferpacken« wird normalerweise in einer Gruppe gespielt. Hier ist es etwas abgewandelt.
Packen Sie in Ihren Phantasiekoffer 10 Gegenstände, d. h., denken Sie sich 10 Dinge aus, die Sie auf eine Reise mitnehmen würden, und versuchen Sie, sich die Reihenfolge zu merken. Am Ende der heutigen Übungen schreiben Sie auf, wieviel noch in Ihrem Koffer drin ist.

3. Übung: Punkt, Punkt, Komma, Strich ...

Diese Zeichen sind jeweils der Anfang eines Bildes. Der Maler hat viermal angefangen und nicht vollendet. Lassen Sie Ihrer Phantasie freien Lauf, und zeichnen Sie weiter.

Beispiel:

a)

c)

b)

d)

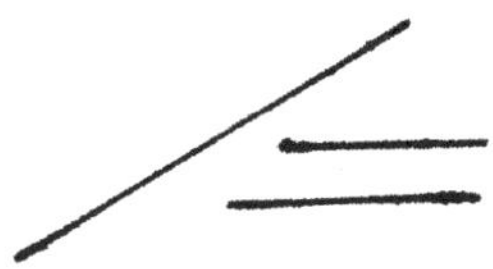

4. Übung: Teekessel

So ähnlich wie beim Teekesselraten, wie Sie es vielleicht aus Ihrer Kindheit kennen, suchen Sie nun für einen Begriff mehrere Verwendungsmöglichkeiten.

Z. B. Fuchs – Der Fuchs im Wald
- Der Schmetterling mit Namen Fuchs
- Der Mensch, ein schlauer Fuchs
- Die Politikerin Anke Fuchs
- Das Pferd mit rotem Fell
- Das noch nicht voll berechtigte Mitglied einer Studentenverbindung

- Fassung: ______________________________
- Feld: ______________________________
- Flügel: ______________________________

Wenn Sie Lust haben, können Sie noch eine Zeitübung anhängen. Suchen Sie in 3 Minuten möglichst viele zusammengesetzte Wörter mit Fassung, Feld und Flügel:

____

____

____

(Lösung s. S. 188)

5. Übung: Billardspiel

Bitte stellen Sie sich wieder folgende Kugeln in Ihrer Phantasie vor, schlagen Sie dann das Buch zu, und schreiben Sie die Reihenfolge der Kugeln von links nach rechts auf.

Sie fangen an mit einer weißen Kugel; rechts daneben legen Sie eine gelbe Kugel, dann links eine blaue Kugel und noch einmal ganz links eine schwarze Kugel. Jetzt kommt eine grüne Kugel ganz nach rechts, und die letzte rote Kugel schieben Sie zwischen Weiß und Gelb.
Wer noch weitermachen will, schiebt eine lila Kugel zwischen Blau und Schwarz und legt ganz links außen noch eine rosa Kugel.

Was ist noch in Ihrem Koffer (vgl. Übung 2)?

Scherzfragen:

a) Was ist das? Wenn die Kuckucksuhr 12mal schlägt und zur gleichen Zeit das Fenster zufliegt?
b) Aus welchen Gläsern kann man nicht trinken?
c) Welcher Wurm hat menschliche Gestalt?
d) Es hat zwei Eingänge, und wenn man mit den Füßen schon draußen ist, ist man erst richtig drinnen.
e) Was ist ein eisenhaltiges Abführmittel?

(Lösung s. S. 188)

Ein Mensch betrachtete einst näher
die Fabel von dem Pharisäer,
der Gott gedankt voll Heuchelei
dafür, daß er kein Zöllner sei.
»Gottlob!« rief er in eitlem Sinn,
»daß ich kein Pharisäer bin!«

»Ein Gedanke kann nicht erwachen, ohne andere zu wecken.«

1. Übung: Pflanzensuche

Sie haben 2 Minuten Zeit, um möglichst viele Pflanzen zu suchen, in deren Namen ein Tier versteckt ist,
z. B. Löwenzahn

____

____

(Lösung s. S. 188)

2. Übung: Gedichteraten

Wieder sollen Sie raten, aus welchen Gedichten die folgenden Zeilen stammen und von wem die Gedichte sind:

a) Verschneit liegt rings die ganze Welt,
ich hab nichts, was mich freuet,
verlassen steht der Baum im Feld,
hat längst sein Laub verstreuet.

b) Des Zauberers sein Mägdlein saß
in ihrem Saale rund von Glas;
sie spann bei hellem Kerzenschein,
und sang so glockenhell darein.

c) Lieblich war die Maiennacht,
Silberwölkchen flogen,
ob der holden Frühlingspracht
freudig hingezogen.

(Lösung s. S. 188)

3. Übung: Gedächtnisübung

Schauen Sie sich den Holzschnitt von LUDWIG RICHTER 1 Minute genau an, und merken Sie sich Einzelheiten.
Dann rechnen Sie folgende Aufgaben:

7 x 13 = ______

5 x 17 = ______

6 x 8 = ______

9 x 19 = ______

4 x 16 = ______

Jetzt decken Sie bitte das Bild ab.
Schreiben Sie auf, an welche Einzelheiten des Bildes Sie sich erinnern können:

____

____

4. Übung: Wörtersuche

Diesmal suchen wir Wörter mit der Silbe »komm«. Die Silbe »komm« kann sowohl am Anfang des Wortes, in der Mitte oder am Ende stehen.
Z. B.: Kommandant

____

____

____

(Lösung s. S. 189)

5. Übung: Buchstabensalat

Im folgenden »Buchstabensalat« sind 10 Länder versteckt; es gilt, sie möglichst schnell herauszufinden.

ztfghtrsitalienmhgfcdislandkjloplöpzhfgpolenmnbhvgkouhn
hungtrdfcxsperunjkmungarnbhjujxxxcdfdsawerfbacghölkoiurjk
hlenglandcvfcdrefzuhtkanadanmjnvcukolaerdfaerdchinamjmuin
vfgtrsyaindienölokuhzgftviranbvgftspanienmkjuhgcder

Was ist noch in Ihrem Koffer von gestern (vgl. 9. Tag, 2. Übung)?

Rätsel:
Vor über 400 Jahren kam ich über den großen Teich. Ein königliches Kollegium genoß mich sehr, während sich wiederum der Fiskus an meinem Verbrauch erfreute. Am Ende löse ich mich in Luft auf. Gedacht wird meiner in einem Museum in Bünde.

(Lösungen s. S. 189)

»Das Beste, was ich Ihnen empfehlen kann«, spricht der Doktor streng: »Keinen Alkohol mehr, Rauchen aufstecken, Diät halten und früh ins Bett!«
Nachdenklich blickt der Patient durchs Fenster: »Und das Zweitbeste?«

»Lerne nur das Glück ergreifen, denn das Glück ist immer da.«

1. Übung: Geburtstagsgeschenke

Was verschenken Sie zum Geburtstag? Alle Begriffe, die Sie in 2 Minuten finden, sollen **dreisilbig** sein.

2. Übung: Einkaufsspiel

Sie gehen in Gedanken einkaufen und stellen sich ganz genau vor, wie Sie in den Laden gehen und diese 10 Dinge in Ihren Einkaufskorb legen.

1. Taschenlampe
2. Tageszeitung
3. rotes Nähgarn
4. Baumwollsocken
5. Waschpulver
6. ein Päckchen Reißnägel
7. Geschenkpapier
8. Schuhcreme
9. Blumenstrauß
10. Taucherbrille

Schließen Sie das Buch, und schreiben Sie auf, was Sie in Ihrem Einkaufskorb haben.

3. Übung: Original und Fälschung

Schauen Sie sich die Fälschung und das Original genau an, und suchen Sie 10 Unterschiede, die Sie sich dann genau einprägen.

Original:

»Nach 30jähriger Betriebszugehörigkeit geht sie jetzt in Rente. Dies war ihr letzter Wunsch!«

Fälschung:

(Lösung s. S. 189)

4. Übung: Geheimsprache

Im folgenden Text haben einige Buchstaben eine andere Bedeutung, und es geht nun darum, so schnell wie möglich den Text richtigzustellen.

ELS UN BORLUN DES SPUOL EN DOR TEGOSIRDNANG WER, GOUSTROUCHO BOZUOHANGON ZWUSCHON VORSCHUODONERTUGON DUNGON ZA FUNDON; FREGTO OUNO GESTGOBORUN FINTENO: »WOLCHOR ANTORSCHUOD BOSTOHT ZWUSCHON MUR AND OUNOR TESCHONAHR?« DOR DUCHTOR ENTWIRTOTO: DUO TESCHONAHR ORUNNORT ANS EN DUO ZOUT. SUO LESSON ANS DOU ZOUT VORGOSSON.

(Lösung s. S. 189f.)

5. Übung: Wörtersuche

Diesmal suchen Sie jeweils eine Tätigkeit in Zusammenhang mit vier Begriffen.

Beispiel:

Handtuch
Blick
Ball
Speer } Zu diesen vier Begriffen paßt die Tätigkeit: werfen

Suchen Sie nun zu folgenden Begriffen die passende Tätigkeit:

a)	b)	c)
Hof	Uhr	Blätter
Bank	Nase	Kurse
Stellung	Maschen	Entscheidung
Kurs	Käse	Schleier
______	______	______

(Lösung s. S. 190)

Wissen Sie noch die Länder von gestern (vgl. 10. Tag, 5. Übung)?

Rätsel:

Wohlan erratet mich:
Ein Siebteil von mir selbst bin ich
und habe links und habe rechts
noch drei des nämlichen Geschlechts.
Rechts strahlt mir hohes Himmelslicht
und Lunas freundliches Gesicht;
doch beut im ärmlichen Gewand
ein müder Sklave mir die Hand.
Links rollt der Donner um und an,
doch mutig steht ein freier Mann
und ein maskiertes Angesicht;
was dem im Kopf steckt,
weiß ich nicht. (Johann Peter Hebel)

(Lösung s. S. 190)

»Ist die Welt außer Dir nicht so, wie sie sein sollte, so schaff Dir selber eine Welt, die Dich anlacht.«

»Das schönste Geschenk an den Menschen ist die Fähigkeit zur Freude.«

(VAUVENARGUES)

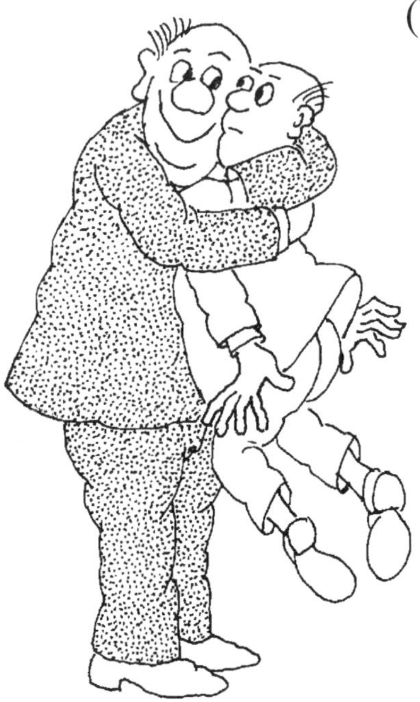

1. Übung: Gedächtnistraining

Schauen Sie einmal aus Ihrem Fenster, und versuchen Sie, sich dieses Bild sehr genau einzuprägen, so als wollten Sie es malen. Dann setzen Sie sich wieder an Ihren Tisch und schreiben auf, an was Sie sich erinnern.

Eine Übung, die Sie täglich durchführen können ohne Papier und Bleistift: Schauen Sie die Menschen, die Ihnen auf Ihrem Spaziergang entgegenkommen, sehr genau an, und wenn sie vorüber sind, versuchen Sie, sich zu erinnern, z. B. an Haare, Kopfbedeckung, Mantel, Tasche …

Natürlich haben Sie dabei keine Kontrolle, ob es richtig ist, aber Sie werden merken, wie Ihr Blick immer genauer und um wieviel bewußter Ihr Sehen im Laufe der Zeit wird.
Wenn Sie keinen Spaziergang machen können, gibt es noch eine andere Möglichkeit. Sie schlagen eine Zeitschrift auf und prägen sich das Bild gut ein, dann schlagen Sie das Heft zu und schreiben auf, was Sie sich gemerkt haben.
Mit dieser Gedächtnisübung können Sie auch Wartezeiten wie z. B. beim Arzt, beim Friseur usw. sinnvoll verkürzen.

2. Übung: Wissensfragen

a) Wie nennt man die Zähleinheiten in der Akustik?
b) Welche Säure dient zur Herstellung von Backpulver?
c) Was sind Putten?
d) Wie nennt man die Entlohnung der Abgeordneten?
e) Im Jahre 1802 wurde Nikolaus Franz Niembsch, Edler von Strehlenau geboren. Unter welchem Namen ist er als Dichter bekannt?

(Lösung s. S. 190)

3. Übung: ABC-Geschichte

Heute möchte ich Sie bitten, eine kleine Geschichte zu schreiben, in der jeder Satz mit einem anderen Buchstaben anfängt, und zwar in alphabetischer Reihenfolge.
Beispiel:
Am Mittwoch gingen Berta und Paul in die Stadt.
Beim Bäcker gab es einen 3-m-Stollen.
Christkind und Weihnachtsmann kamen ja nun bald.

D ______________________________
E ______________________________
F ______________________________
G ______________________________
H ______________________________
I ______________________________
J ______________________________
K ______________________________
L ______________________________
M ______________________________
N ______________________________
usw.

4. Übung: Ordnungsspiel

Ordnen Sie folgende Begriffe in 4 Gruppen. Zeit läuft:
Rock – Jacke – Mantel – Koffer – Kleid – Korb – Regenschirm – Ring – Pullover – Handtasche – Bluse – Brosche – Hose – Kette – Weste – Haarspange

______________ ______________

______________ ______________

______

(Lösung s. S. 190)

Versuchen Sie nun, sich die 16 Begriffe zu merken.

5. Übung: Reimvollendung

Bei dem folgenden Gedicht fehlen die Reime. Vervollständigen Sie das Gedicht, und wenn Sie Lust haben, dann lernen Sie es doch auswendig. Wie heißt das Gedicht? Wer ist der Dichter?

Ganz unverhofft, an einem Hügel,
sind sich begegnet Fuchs und ...
»Halt«, rief der Fuchs, »du Bösewicht!
kennst du des Königs Ordre ...?
Ist nicht der Friede längst verkündigt,
und weißt du nicht, daß jeder ...,
der immer noch gerüstet geht? –
Im Namen seiner Ma ...,
geh her und übergib dein Fell!«
Der Igel sprach: »Nur nicht so ...!
Laß dir erst deine Zähne brechen,
dann wollen wir uns weiter ...«
Und alsogleich macht er sich rund,
schließt seinen dichten Stachel ...
und trotzt getrost der ganzen Welt,
bewaffnet, doch als Friedens ...

Was haben Sie gestern in Gedanken eingekauft (vgl. 11. Tag, 2. Übung)?

Denkaufgabe:
Wenn man die Köpfe und Beine aller Hühner zusammenzählt, die ein Landwirt auf seinem Hof hat, erhält man die Zahl 228. Wieviel Hühner gibt es auf dem Hof?

Silbenrätsel:
Die letzten beiden seien Dir beschieden,
die letzten drei sind großes Glück hienieden,
mit allen vier im traulichen Verein
wirst Du der Weiseste der Weisen sein.

(Lösungen s. S. 190)

»Wo ein Begeisterter steht, ist der Gipfel der Welt.«

(Eichendorff)

»Man sollte die Welt so nehmen, wie sie ist, aber nicht so lassen.« (SILONE)

1. Übung: verdrehte Städte

Bei den folgenden Städtenamen sind die Buchstaben durcheinandergeraten. Es gilt herauszufinden, um welche Städte es sich handelt.

Z. B. ZAMNI = Mainz

- LEIK ____________________
- BAHGRUM ____________________
- RERUFT ____________________
- NAJE____________________
- WECHSIRN ____________________
- VONNHERA ____________________
- LELAH ____________________
- BEGZRUWUR ____________________
- EMBERN ____________________
- LOBZENK ____________________

(Lösung s. S. 190)

2. Übung: Doppeldeutigkeit

Tiernamen sind oft Schimpfnamen.
Wir suchen jedoch Begriffe, die Tiernamen enthalten oder Tiernamen, die im übertragenen Sinn gebraucht werden, z. B. Rabenvater oder morgens einen »Kater« haben.
Zeit: 3 Minuten

____

____

(Lösung s. S. 191)

3. Übung: Gedächtnistraining

Prägen Sie sich folgende 12 Bilder gut ein.
Zeit: 30 Sekunden

Jetzt rechnen Sie wieder:

3 x 19 = ______

4 x 26 = ______

5 x 18 = ______

6 x 17 = ______

7 x 13 = ______

Schreiben Sie auf, an was Sie sich erinnern.

4. Übung: Formen merken

Betrachten Sie folgende Formen 20 Sekunden so genau, daß Sie sie zeichnen können, ohne ins Buch zu schauen.

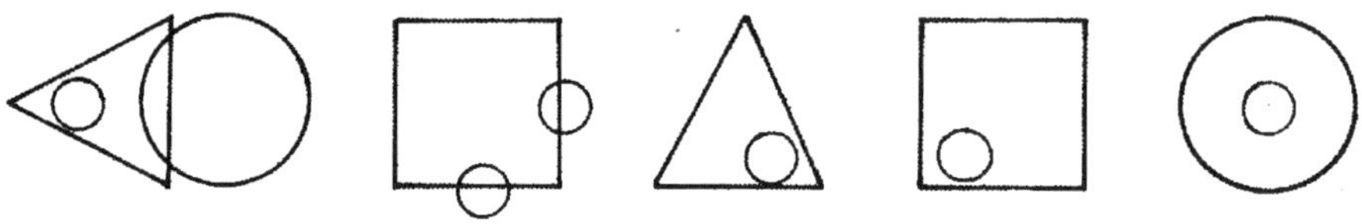

5. Übung: Geschichten erzählen

Machen Sie aus den Begriffen der dritten Übung eine kleine Geschichte. Die Reihenfolge ist gleichgültig.
Wichtig ist, daß Sie Ihrer Phantasie freien Lauf lassen und daß Sie morgen noch alle 12 Begriffe wissen.

Erinnern Sie sich an die Begriffe, die Sie gestern geordnet haben (vgl. 12. Tag, 4. Übung)?

Denkaufgabe:
Das Zifferblatt einer Uhr soll durch gerade Linien, die nicht durch den Mittelpunkt laufen müssen, so in 3 Teile zerlegt werden, daß auf jeden Teil 4 Ziffern entfallen, deren Summe jedesmal die gleiche ist.

(Lösung s. S. 191)

Die Großmutter bringt die Enkelin zu Bett. »Nicht wahr, Oma«, spricht das Kind, »unten sind wichtige Leute zu Gast?«
»Woher weißt du das denn?«
»Mutti lacht über Vatis Witze.«

»Bejahe den Tag, wie er Dir geschenkt wird.« (SAINT-EXUPÉRY)

1. Übung: Wörterkette

Diese Wörterkette, bei der zusammengesetzte Wörter so aneinandergereiht werden, daß der zweite Teil des ersten Wortes zum ersten Teil des zweiten Wortes wird, steht unter dem Motto: »Kaufhaus«.
Ca. 15 Wörter bilden einen Ring, d. h., das letzte Wort muß mit -hosen enden, damit der Anfang wieder Hosenrock ist.

Hosenrock – Rockbügel – . . .

____

____

____ -hosen

2. Übung: Phantasietraining

Zahlen werden zu Bildern!
Eine 1 sieht einem T ähnlich, und wenn Sie an »Te« ein »e« anhängen, ergibt sich Tee.
Stellen Sie sich nun vor, wie Sie mit Genuß eine Tasse aromatischen Tee trinken, nachdem Sie als erster zu einem verabredeten Treffen erschienen sind.
Versuchen Sie nun, sich bei den nächsten beiden Zahlen ebenfalls ein Bild zu machen.
Vielleicht denken Sie bei der Zahl 2 an Ihre Brille oder an das Sternzeichen Zwilling.
Bei der Zahl 3 können Sie sich einen Dreibeinhocker vorstellen oder ein Dach.

- 4 = ______________________
- 5 = ______________________
- 6 = ______________________
- 7 = ______________________
- 8 = ______________________
- 9 = ______________________
- 10 = ______________________

(Lösung s. S. 191)

3. Übung: Versteckspiel

Suchen Sie Wörter, in denen Tiernamen versteckt sind, ohne daß der Begriff mit dem Tier zu tun hat.
Z. B. Wesel oder prasseln

____

____

____

(Lösung s. S. 191)

4. Übung: Liederraten

Wie heißen die Lieder, aus denen die folgenden Strophen stammen? Von wem ist die Melodie bzw. der Text?

a) Die schönste Jungfrau sitzet dort oben wunderbar,
ihr goldnes Geschmeide blitzet, sie kämmt ihr goldenes Haar.
Sie kämmt es mit goldenem Kamme und singt ein Lied dabei;
das hat eine wundersame gewaltige Melodei.

b) Die Bächlein von den Bergen springen,
die Lerchen schwirren hoch vor Lust;
was sollt' ich nicht mit ihnen singen
aus voller Kehl' und frischer Brust?

c) Die kalten Winde bliesen mir grad' ins Angesicht,
der Hut flog mir vom Kopfe, ich wendete mich nicht.
Nun bin ich manche Stunde entfernt von jenem Ort,
und immer hör ich's rauschen: Du fändest Ruhe dort,
du fändest Ruhe dort!

(Lösung s. S. 191f.)

5. Übung: Satzsuche im ABC

Diesmal suchen Sie Sätze, deren Wörter mit dem gleichen Buchstaben anfangen.
Z. B. Am Anfang angelte Anton am Achensee alle Aale.

- B ______________________________
- C ______________________________
- D ______________________________

- E ______________________________
- F ______________________________
- G ______________________________
- H ______________________________
- I ______________________________
- K ______________________________
- L ______________________________

(usw.)

Um welche Begriffe ging es in der Geschichte von gestern (vgl. 13. Tag, 5. Übung)?

Scherzfragen:

a) Welche Zahl bleibt immer gleich, auch wenn man sie auf den Kopf stellt?
b) Drei Männer, die ins Wasser fielen, wurden pudelnaß, aber nur zwei von ihnen hatten nasse Haare. Warum?
c) Wer lebt von der Hand »im« Mund?
d) Wann ist die Butter am fröhlichsten?

(Lösung s. S. 192)

»Vergebens bleicht man einen Mohren,
vergebens straft man einen Toren:
Der Mohr bleibt schwarz, der Tor bleibt dumm.
Das Bessern ist nicht meine Sache.
Ich laß die Toren sein und lache:
Das ist mein Privilegium.«

(Karl Julius Weber – Demokritos 1)

»Das Beste, was wir auf der Welt tun können, ist: Gutes tun, fröhlich sein und die Spatzen pfeifen lassen.« (DON BOSCO)

1. Übung: Wörterkette: Haus und Garten

Bei dieser Wörterkette soll der Endbuchstabe des ersten Hauptwortes der Anfangsbuchstabe des zweiten Hauptwortes sein. 12 Begriffe sollen sich auf einen bestimmten Bereich (hier z. B. »Haus«) beziehen:

Reihenhaus – Stockwerk – Kellerräume – ____________________

____

____ reihen

2. Übung: Tätigkeitssuche

Zu den folgenden Begriffen wird eine Tätigkeit gesucht.
Z. B. Schuhe, Kleider, Krone, Lasten, Schicksal, Fassung/
Tätigkeit: *tragen*

a) Buch, Blumen, Schürze, Partner, Schleife
b) Ware, Taxi, Aufgebot, Mittagessen, Getränke, Feld, Grüße

____________________ ____________________

____

(Lösung s. S. 192)

3. Übung: Phantasietraining

Malen Sie in Gedanken wieder Bilder aus zwei Begriffen.

- Würfel – Tor

- Pfütze – Luftballon
- Achterbahn – Telefon
- Fisch – Stehlampe
- Zehen – Blumenbeet

4. Übung: Seien Sie kreativ!

Was kann man aus den Vierecken »zaubern«?
Fällt Ihnen noch mehr ein?

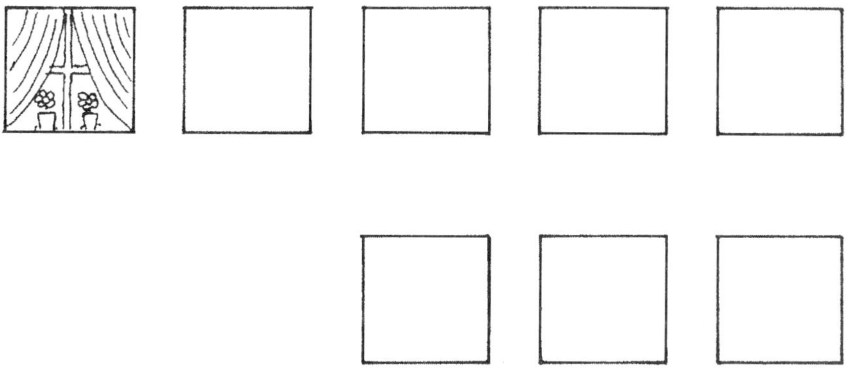

5. Übung: Buchstaben zählen

Im folgenden Text unterstreichen und zählen Sie bitte alle »e« und »u« – möglichst schnell!

In der Wiener Staatsoper wurde eine Büste von Richard Strauß enthüllt. Eine junge Dame sprach zu dem Komponisten: »Ich bin 500 Kilometer weit gefahren, um der Enthüllung Ihrer Büste beizuwohnen.«

Der Meister soll erwidert haben: »1000 Kilometer würde ich fahren, um mich zu revanchieren.«

(Lösung s. S. 192)

Welche Bilder haben Sie sich gestern zu den Zahlen gemerkt (vgl. 14. Tag, 3. Übung)?

Rätsel:

Ich bin ein Ding mit großem Rachen
und zähle auch der Ringe zwei.
Um meinen Schnabel aufzumachen,
bedarf es meist der Finger drei.
Gefräßig wie ein Ungeheuer
bin ich und beiß in alles ein,
ganz gleich, ob's teuer
oder groß und klein.

Denkaufgabe:

Eine Kröte, die in einem 21 Meter tiefen Brunnen sitzt, klettert, um herauszukommen, jeden Tag 7 Meter an der Brunnenwand hoch, rutscht aber nachts immer wieder 4 Meter zurück. Wie viele Tage braucht die Kröte, um aus dem Brunnen herauszukommen?

(Lösungen s. S. 192)

Eine alte Dame verbeugte sich jedesmal, wenn das Wort »Teufel« fiel. Nach dem Gottesdienst fragte sie der Pfarrer nach dem Grunde ihres Nickens. Sie erklärte: »Höflichkeit kostet nichts. Man kann nie wissen.«

»Wer die Hoffnung vor seinen Wagen spannt, fährt doppelt so schnell.«

1. Übung: Blumenstrauß

Pflücken Sie einen Blumenstrauß, d. h., suchen Sie Blumen mit den Anfangsbuchstaben in der Reihenfolge des Alphabets.

z. B.: Arnika – Begonie – Chrysantheme . . .

____

____

2. Übung: Buchstabieren

Buchstabieren Sie Ihren Namen einmal anders, nicht mit Buchstaben, sondern mit Begriffen.

Beispiel: Ute Meier
U wie Usambaraveilchen – T wie Traktor – E wie Esel – M wie Marmelade – E wie Eckschrank – I wie Indianer – E wie Engel – R wie Rose

Name: ___________________________________

____

____

Machen Sie doch aus den Begriffen eine kleine Geschichte, so daß Sie die Worte besser behalten können.

3. Übung: Bildhafte Redewendungen

Schauen Sie sich die Bilder an, und versuchen Sie herauszubekommen, um welche Redewendungen es sich handelt.

① ______________________________

② ______________________________

③ ______________________________

④ ______________________________

⑤ ______________________________

(Lösung s. S. 192)

4. Übung: Buchstaben schütteln

Schütteln Sie die Buchstaben des Wortes Sommerurlaub durcheinander, und bilden Sie in 3 Minuten möglichst viele neue Wörter. Zeit läuft:

____

____

(Lösung s. S. 192)

5. Übung: Wissensfragen

a) Wo befindet sich die Blaue Grotte?
b) Welcher Bär hat keine Zähne und ernährt sich doch von Tieren?
c) Wie viele Nächte lang unterhielt die kluge Scheherazade ihren zukünftigen Gatten, den König von Samarkand, mit ihren spannenden Erzählungen?
d) Wie heißt der Seemannseintopf aus Pökelfleisch, Kartoffeln, Fisch, Zwiebeln und Salzgurken?

Welche Bilder des Phantasietrainings von gestern wissen Sie noch (vgl. 15. Tag, 3. Übung)?

(Lösung s. S. 193)

»Sei heiter, es ist gescheiter.«

(THEODOR FONTANE)

»Phantasie ist der Goldglanz, der über dem Dasein liegt und es über das Grau des Alltags erhebt.« (WIHINDENBERG)

1. Übung: Phantasieübung

Machen Sie die Augen zu, und stellen Sie sich einen Märchenwald vor, in dem Sie spazierengehen.
Welche Figuren sehen Sie? Wie sind sie angezogen? Wie sehen die Bäume aus? Wie sind Sie selbst gekleidet? Welche Düfte umgeben Sie? Was hören Sie in Ihrem Märchenwald? Wie fühlt sich der Boden an, auf dem Sie gehen?
Vertiefen Sie sich in dieses Bild.

Vielleicht haben Sie Lust, wieder einmal zu malen? Es muß kein Kunstwerk werden. Malen Sie nur für sich und aus Freude am Tun.

2. Übung: Gedichteraten

Wie heißen die Gedichte, aus denen die folgenden Zeilen stammen, und wie heißen die Dichter?

a) Im Nebel ruhet noch die Welt,
noch träumen Wald und Wiesen:
Bald siehst du, wenn der Schleier fällt,
den blauen Himmel unverstellt,
herbstkräftig die gedämpfte Welt
in warmem Golde fließen.

b) Es schienen so golden die Sterne,
am Fenster ich einsam stand
und hörte aus weiter Ferne
ein Posthorn im stillen Land.

c) Des Lebens Ängste, er wirft sie weg,
hat nicht mehr zu fürchten, zu sorgen,
er reitet dem Schicksal entgegen keck,
trifft's heute nicht, trifft es doch morgen.
Und trifft es morgen, so lasset uns heut
noch schlürfen die Neige der köstlichen Zeit.

(Lösung s. S. 193)

3. Übung: Buchstabensalat

Um welche Obst- und Gemüsesorten handelt es sich bei folgendem »Salat«:

a) NONHBE ________________ **f)** KIRPAESO ________________

b) REMEHON ________________ **g)** REBELUEBA ________________

c) NETAMOT ________________ **h)** CHISRIPF ________________

d) KRIHBALO ________________ **i)** EINRANDAM ________________

e) NERSHOLOK ________________ **j)** BUENARIWENT ________________

(Lösung s. S. 193)

4. Übung: Eisenbahntransport

Folgende Güter transportiert die Eisenbahn:

Versuchen Sie sich die Güter vorzustellen und einzuprägen.
Zeit: 2 Minuten
Schlagen Sie das Buch zu, und schreiben Sie auf, was Sie behalten haben.

5. Übung: Positiv denken

Sie kennen sicher den Unterschied zwischen einem Optimisten und einem Pessimisten? Für den Optimisten ist eine Flasche halb voll, während sie für den Pessimisten halb leer ist. Seien Sie ein Optimist, und formulieren Sie die folgenden Sätze und Begriffe um:

- Meine Hände sind etwas schmutzig!
- Ich bin noch müde!
- Mein Sohn ist handwerklich etwas ungeschickt!
- Der Lehrer ist viel zu dick!

Welche Redewendungen wurden gestern gemalt (vgl. 16. Tag, 3. Übung)?

Wie haben Sie Ihren Namen buchstabiert (vgl. 16. Tag, 2. Übung)?

Rätsel:
Zuweilen ist sie angenehm,
zuweilen auch fatal.
Jedoch, wenn Du sie umdrehst,
dann bleibt sie stets egal.

(Lösungen s. S. 193)

Ein Philosoph zu einem Theologen, der darauf bestand, daß die Philosophie die Magd der Theologie sei: »Trägt sie der gnädigen Frau die Schleppe hinterher oder die Lampe voraus?«

»Die kleinen Sterne scheinen immer, während die große Sonne oft untergeht.«

1. Übung: Billardspiel

Nehmen Sie in Gedanken zuerst eine weiße Kugel aus einem großen Korb, und legen Sie sie vor sich hin. Rechts daneben legen Sie eine blaue Kugel und noch einmal rechts außen eine gelbe Kugel. Dann legen Sie links außen eine rote Kugel. Jetzt schieben Sie zwischen die weiße Kugel und die blaue Kugel eine grüne Kugel und zwischen Rot und Weiß eine schwarze Kugel. Zum Schluß legen Sie links außen eine lila Kugel.
Schreiben Sie die Reihenfolge der Kugeln von links nach rechts auf.

2. Übung: Bildhafte Redewendungen

Finden Sie heraus, welche bildhaften Redewendungen in den Zeichnungen versteckt sind.

① ______________________ ② ______________________

4 ________________________

3 ________________________

5 ________________________

6 ________________________

7 ________________________

(8) ______________________________

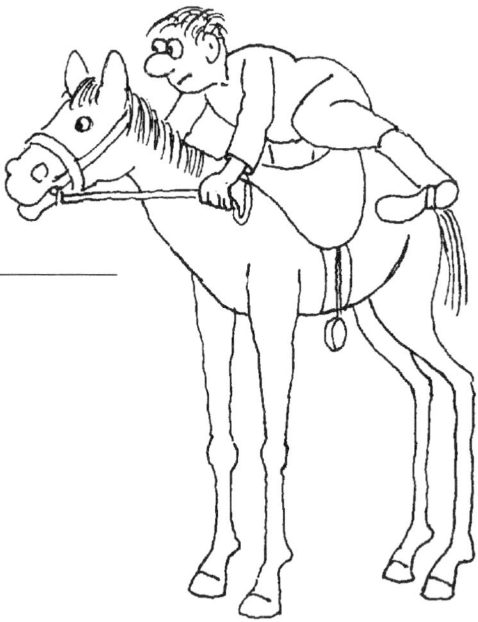

(9) ______________________________

(10) ______________________________

Fallen Ihnen noch mehr solcher bildhafter Redewendungen ein?

(Lösung s. S. 194)

3. Übung: Entenspiel

1. Frage: Was kann mit dem Wort »Ente« gemeint sein?
2. Frage: Welche Wörter fallen Ihnen ein, in denen eine »ente« versteckt ist?
Zeit: 3 Minuten

z. B.: Entenbraten – Tangente

(Lösung s. S. 194)

4. Übung: Satzfindung

Suchen Sie Sätze mit Wörtern, deren Anfangsbuchstaben bereits feststehen:

z. B.: P B V B E
Paul bringt Vera beide Enten.
Finden Sie noch drei weitere Sätze dieser Art.

Weitere Möglichkeiten:

a) X H U E G I K
b) L S D M K A

5. Übung: Gedächtnistraining

Schauen Sie sich den Holzschnitt von LUDWIG RICHTER 1 Minute genau an, und merken Sie sich Einzelheiten.

Rechnen Sie folgende Aufgaben:

17 x 6 = _______

19 x 7 = _______

13 x 8 = _______

12 x 9 = _______

11 x 5 = _______

Decken Sie das Bild bitte ab.

Schreiben Sie auf, an welche Einzelheiten Sie sich noch erinnern können.

Welche Güter transportiert die Eisenbahn (vgl. 17. Tag, 4. Übung)?

Denkaufgabe: Kreisverkehr
Die drei abgebildeten Kreise sind gleich groß. Wie viele Kreise braucht man, um den schraffierten Kreis mit einem geschlossenen Ring aus Kreisen zu umgeben? Finden Sie die Antwort ohne Hilfsmittel, und beweisen Sie sie.

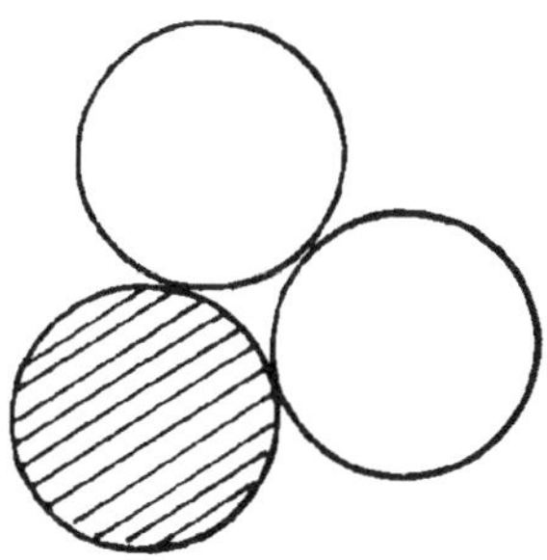

(Lösung s. S. 194)

Die Macht der Winzigkeit
»Mach, daß du wegkommst!« schnaubte der Stier die Mücke an, die ihm im Ohr saß. »Du vergißt, daß ich kein Stier bin«, sagte die; und stach ihn gemächlich.

»Der Drache lehrt: Wer hoch steigen will, muß es gegen den Wind tun.«

1. Übung: Wörtersuche

Suchen Sie Wörter, die mit bestimmten Buchstaben anfangen und aufhören. **Zeit:** 2 Minuten

a) R – M z. B. Rum – Rosenheim– ______________________________

____

Zeit: 1 Minute

b) B – H ____

____

2. Übung: Formengedächtnis

Prägen Sie sich folgende Formen gut ein. **Zeit:** 2 Minuten

Malen Sie die Formen aus dem Gedächtnis, ohne in das Buch zu blicken.

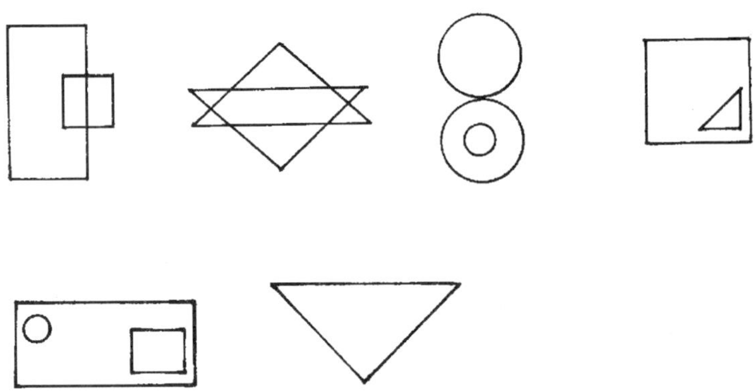

3. Übung: Einsilbigkeit

Suchen Sie möglichst viele einsilbige Pflanzen! **Zeit:** 2 Minuten

____

____

(Lösung s. S. 194)

4. Übung: »Noch'n Gedicht«

Vervollständigen Sie das folgende Gedicht, und raten Sie, von wem es ist.

Das Unwetter
Urahne, Großmutter, Mutter und Kind
in dumpfer Stube versammelt . . .
's ist Mittwoch, da hört man von ferne
ein leises Grollen. Mond und . . .
verhüllen sich mit schwarzen, feuchten
Wolkenschleiern. Blitze . . .
Und es sind versammelt in dumpfer Stube
Urahne, Großmutter, Mutter und . . .
Das Gewitter kommt näher mit Donnerschlag
und noch fünf Minuten bis . . .
Es heult der Sturm, es schwankt die Mauer,
der Regen prasselt, die Milch wird . . .
und in dumpfer Stube – man weiß das schon –
sind Urahne, Großmutter, Mutter und . . .
Ein furchtbarer Krach! Ein Blitz schlägt ein!
Der Urahne hört was und sagt: ». . .« –
Die dumpfe Stube entflammt und verglimmt
mit Urhammel, Großmutter, Butter und . . .

(Lösung s. S. 194)

5. Übung: Wunschzettel

Schreiben Sie einen Wunschzettel von A–Z. Zeit läuft!

Z. B.: Abendkleid – Bungalow – C . . .

An welche Redewendungen von gestern erinnern Sie sich (vgl. 18. Tag, 2. Übung)?

Scherzfragen:

a) Welche Feige kann man nicht essen?
b) Welcher Hut paßt auf keinen Kopf?
c) Nennen Sie ein dreisilbiges Wort mit 26 Buchstaben!
d) Welches ist die gefährlichste Hose?
e) Wie heißt der kälteste Vogel?

(Lösung s. S. 195)

Zur Traubenzeit klettern die Kinder immer in den Pastorengarten und stehlen dem Pfarrer die schönen reifen Trauben. Das wird dem Geistlichen zuviel. Er stellt ein Warnschild in den Garten: »Gott sieht alles!« Am nächsten Tag steht darunter geschrieben: »Aber er verrät uns nicht!«

»Es ist besser, auch nur eine Kerze anzuzünden, als über Finsternis zu klagen.«

1. Übung: Kaisers Kaiserschmarrn

Schreiben Sie möglichst schnell 15 Wörter mit »ai« auf.
Z. B. Kaiser – Waise . . .

So, nun machen Sie aus Ihren Begriffen bitte eine kleine Geschichte (Reihenfolge der Begriffe ist beliebig). Es dürfen keine Wörter mit »ei« vorkommen.

(Lösung s. S. 195)

2. Übung: Scharade

Jeweils zwei gezeichnete Begriffe ergeben ein neues Wort, das jedoch manchmal anders geschrieben wird. Wichtig ist der Klang der Wörter, z. B.:

(1) Ziel – Inder
= Zylinder

(2) ____________________

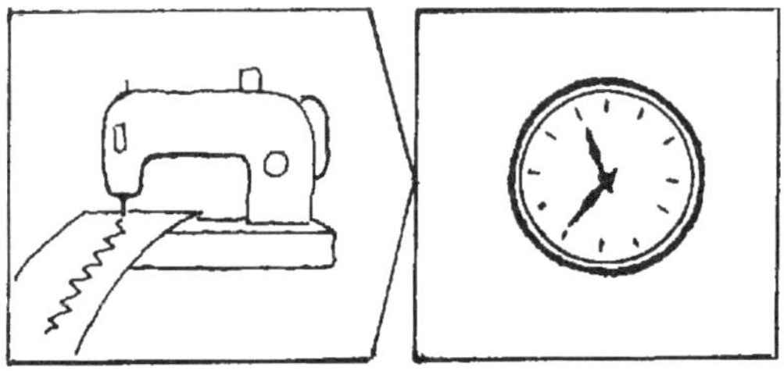

(3) ____________________

(4) ____________________

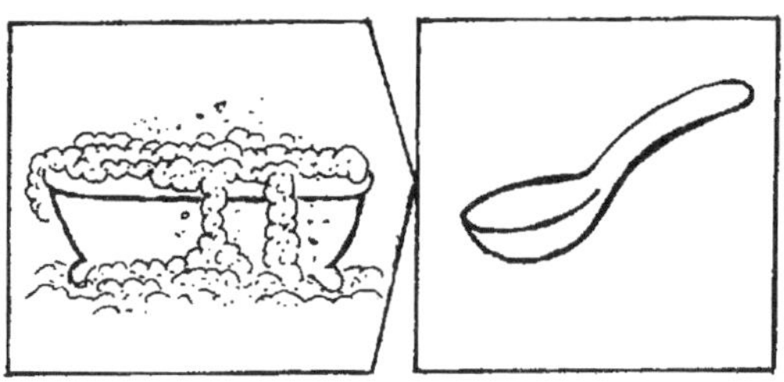

(5) ____________________

Erweitern Sie die Scharade: ____________________

(Lösung s. S. 195)

3. Übung: Aus Rost wird Rast

Sie haben 2 Minuten Zeit, um aus dem Wort Rost möglichst viele Wörter zu machen, indem Sie immer einen Buchstaben verändern. Z. B.: Rost – Rast – Hast – . . .

____

____

4. Übung: Wissensfragen

a) Wie heißt der Schalk aus Norddeutschland, der wahrscheinlich 1350 in Mölln bei Braunschweig gestorben ist?
b) Aus welcher köstlichen Speise besteht die berghohe Mauer, die das Schlaraffenland umgibt?
c) Welches Tier wurde u. a. früher in der Medizin häufig verwendet, um Patienten zur Ader zu lassen?
d) Von 1618 bis 1648 tobte in Europa ein Krieg. Welchen Namen erhielt er?
e) 1620 segelten die ersten englischen Siedler nach Amerika. Wie hieß ihr Schiff?
f) Welcher römische Feldherr eroberte das heutige Frankreich?
g) Wie heißt die Methode der Veredelung, bei der eine einzelne Triebknospe anstelle eines Astes mit mehreren Knospen verwendet wird?
h) Welche Nachtschattengewächse liefern uns wichtige Nahrungsmittel?
i) Wer schuf die Negeroper »Porgy und Bess«?
j) Wilhelm Tell wird vom Landvogt Geßler zum Apfelschuß gezwungen. Daraufhin tötet Tell den Landvogt und gibt damit das Zeichen zum Volksaufstand. Gegen wen?

(Lösung s. S. 195)

5. Übung: Wörterkette

Bilden Sie eine Wörterkette mit Begriffen aus der Geographie. Der letzte Buchstabe ist immer der erste Buchstabe des neuen Wortes. **Zeit:** 3 Minuten

Z. B.: Berlin – Neuseeland – Donau – Ungarn . . .

Welche Wünsche Ihres Wunschzettels wissen Sie noch (vgl. 19. Tag, 5. Übung)?

Denkaufgabe:
Bilden Sie mit 6 Streichhölzern genau vier gleichseitige Dreiecke.

(Lösung s. S. 195)

Als die zwei Fahrtenbrüder den Bahnsteig erreichen, sehen sie gerade noch das Schlußlicht des abfahrenden Zuges. Wütend dreht sich Ulrich zu Rainer: »Wenn Du nicht so langsam gewesen wärst, hätten wir den Zug noch erwischt!« Darauf entgegnet Rainer: »Und wenn Du nicht so gerast wärst, bräuchten wir nun nicht so lange auf den nächsten zu warten.«

»Auch aus Steinen, die in den Weg gelegt werden, kann man Schönes bauen«.

1. Übung: Waldspaziergang

Bei dieser Übung machen Sie einen »senkrechten« Waldspaziergang, d. h., Sie schreiben das Wort von oben nach unten. Die Buchstaben des Wortes stellen die Anfangsbuchstaben von Tieren dar. Zeit läuft!

- Wiesel
- Affe
- L ____________________
- D ____________________
- S ____________________
- P ____________________
- A ____________________
- Z ____________________
- I ____________________
- E ____________________
- R ____________________
- G ____________________
- A ____________________
- N ____________________
- G ____________________

Variante:

a) Sie suchen nur Pflanzen und Tiere des Waldes.

b) Sie suchen Lebewesen mit z. B. 6 Buchstaben.

c) Sie schreiben das Wort Waldspaziergang noch einmal von unten nach oben (wie am ersten Tag) und setzen dann passende Wörter ein.

Wichtig bei allen Varianten dieser Übung ist die Zeit!

(Lösung s. S. 195f.)

2. Übung: Gedächtnistraining

Schauen Sie sich die Bildergeschichte »H. Huckebein« (1. Teil) von W. Busch genau an (ca. 3 Min.), und merken Sie sich die verschiedenen Gegenstände auf den Bildern.
Bei einem zweiten Versuch ist die Reihenfolge der hinzugekommenen Gegenstände wichtig.
(Machen Sie in Gedanken einen »Film«!)

Die Bilder-Geschichte von Hans Huckebein von W. Busch

Hier sieht man Fritz, den muntern Knaben,
Nebst Huckebein, dem jungen Raben.

Und dieser Fritz, wie alle Knaben,
Will einen Raben gerne haben.

Schon rutscht er auf dem Ast daher,
Der Vogel, der mißtraut ihm sehr.

Schlapp! macht der Fritz von seiner
Kappe/Mit Listen eine Vogelklappe.

Beinah hätt' er ihn! Doch ach!
Der Ast zerbricht mit einem Krach.

In schwarzen Beeren sitzt der Fritze,
Der schwarze Rabe in der Mütze.

Der Knabe Fritz ist schwarz betupft,
Der Rabe ist in Angst und hupft.

Der schwarze Vogel ist gefangen,
Er bleibt im Unterfutter hangen.

»Jetzt hab' ich dich, Hans Huckebein!/Wie wird sich Tante Lotte freu'n!«

*Die Tante kommt aus ihrer Tür,
»Ei!« – spricht sie – »welch ein gutes Tier!«*

Kaum ist das Wort dem Mund entfloh'n,/Schnapp! hat er ihren Finger schon.

*»Ach!« – ruft sie – »er ist doch nicht gut!
Weil er mir was zu Leide tut!«*

Nichts Schön'res gab's für Tante Lotte,/Als schwarze Heidelbeerkompotte.

*Doch Huckebein verschleudert nur
Die schöne Gabe der Natur.*

Die Tante naht voll Zorn und Schrecken,/Hans Huckebein verläßt das Becken.

Und schnell betritt er, angstbeflügelt,/Die Wäsche, welche frisch gebügelt.

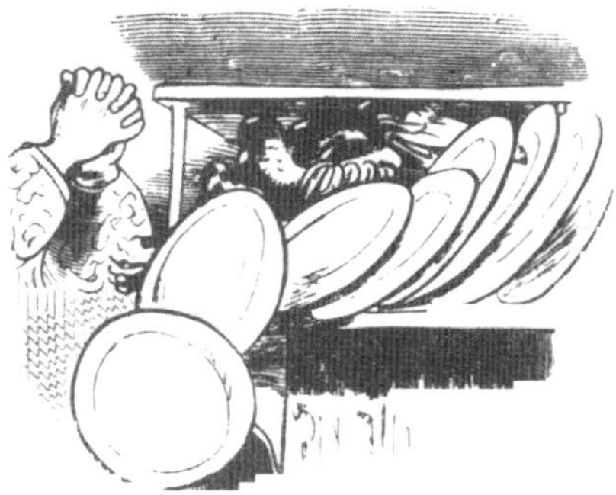

O weh! Er kommt ins Tellerbord, Die Teller rollen rasselnd fort.

Auch fällt der Korb, worin die Eier – O jemineh! – und sind so teuer!

3. Übung: Bewegungsspiel

Welche Tätigkeitswörter fallen Ihnen in zwei Minuten ein, die eine Fortbewegung kennzeichnen, d. h. ein Synonym für »gehen« von A ... nach B, z. B.
gehen – schlendern ...

(Lösung s. S. 196)

4. Übung: Maler und ihre Werke

Maler und ihre Werke sind hier ein wenig durcheinandergeraten. Können Sie die Namen der Gemälde den richtigen Malern zuordnen?

a)	Sixtinische Kapelle	**1**	Rembrandt
b)	Rosenkranzfest	**2**	Breughel
c)	Schlaraffenland	**3**	Dürer
d)	Nachtwache	**4**	Michelangelo
e)	Frühstück im Grünen	**5**	Feininger
f)	Wiesenweg	**6**	C. D. Friedrich
g)	Die Brücke von Arles	**7**	Marc
h)	Füchse	**8**	Van Gogh
i)	Kreidefelsen auf Rügen	**9**	Renoir
j)	Barfüßerkirche in Erfurt	**10**	Manet

(Lösung s. S. 196)

5. Übung: Vorwärts und rückwärts

In der folgenden Wortreihe sind Wörter versteckt, die vorwärts und rückwärts gelesen, eine Bedeutung haben, wie z. B.: Otto oder Anna.

Es gilt in möglichst kurzer Zeit die Begriffe zu finden:

Retter – Elbe – Ankara – Ebbe – Uhu – Asthma – Aqua – Amme – Regallager – Reittier – Pfeifton – Reader – Reaktor – Rentner – Revolver – neben – Gras – Solist – Titan – Reliefpfeiler – Lagerregal – Tischler – Tomaten – Gazelle – Madam – Renner – Masse – Elle – Organelle

---

(Lösung s. S. 196)

Wissen Sie die Bilder der Scharade noch (vgl. 20. Tag, 2. Übung)?

Rätsel:
Wir können ihn stündlich hören.
Er kommt auf Wellen zu uns.
Unsere Vorhaben richten wir möglichst danach aus.

(Lösung s. S. 196)

Kardinalstaatssekretär Domenico Tardini, jahrelang engster Mitarbeiter Pius' XII., konnte sich zunächst nicht mit der unkonventionellen Arbeitsweise des neuen Papstes Johannes befreunden. Oft grollte er, wenn er, der im ersten Stock des Palastes beheimatet war, zu ungelegener Zeit in den dritten Stock beordert wurde: »Was will der da oben denn schon wieder...« oder »Kann der da oben denn nicht endlich einmal...«
Papst Johannes kannte den Spruch und monierte eines Tages: »Caro Tardini! ›Der da oben‹ ist unser aller Herr, der Ewige Vater im Himmel. Ich bin bloß der vom dritten Stock!«

»Ärgere Dich nicht darüber,
daß der Rosenstrauch Dornen trägt,
sondern freue Dich darüber,
daß der Dornenstrauch Rosen trägt.«

1. Übung: Zweierbeziehungen

Wind und Wetter sind zwei Begriffe, die zusammen passen und mit dem gleichen Anfangsbuchstaben beginnen. Wissen Sie noch mehr »Zweierbeziehungen« dieser Art? 3 Minuten!

(Lösung s. S. 196)

2. Übung: Dichter und Gedichte raten

Aus welchen Gedichten stammen folgende Zeilen, und wie heißt jeweils der Dichter?

a) Vor seinem Löwengarten,
Das Kampfspiel zu erwarten,
Saß König Franz,
Und um ihn die Großen der Krone,
Und rings auf hohem Balkone
Die Damen in schönem Kranz.

b) O schaurig ist's übers Moor zu gehn,
Wenn es wimmelt vom Heiderauche,
Sich wie Phantome die Dünste drehn

Und die Ranke häkelt am Strauche,
Unter jedem Tritte ein Quellchen springt,
Wenn aus der Spalte es zischt und singt,
O schaurig ist's übers Moor zu gehn,
Wenn das Röhricht knistert im Hauche!

c) »Willst feiner Knabe, Du mit mir gehn?
Meine Töchter sollen Dich warten schön,
Meine Töchter führen den nächtlichen Reihn
Und wiegen und tanzen und singen Dich ein.«

(Lösung s. S. 196)

3. Übung: Kopf ab – Fuß ab

Wenn Sie von dem Wort Ameise einen Buchstaben wegnehmen, erhalten Sie eine »Meise«, entfernen Sie das »M«, erhalten Sie »Eise«, dann »Eis« und schließlich »Ei«.
Suchen Sie nun Wörter, bei denen immer wieder neue Wörter entstehen, wenn man jeweils einen Buchstaben entfernt bzw. hinzufügt.

(Lösung s. S. 196f.)

4. Übung: Wissensfragen

a) Was bedeutet »Tabula rasa«?
b) Wo steht der Satz: »Der Mohr hat seine Schuldigkeit getan, der Mohr kann gehn«?

c) Was ist ein »Blaustrumpf«?
d) Was ist die »Blaue Blume«?
e) Was ist ein »Roter Faden«, und woher stammt dieser Begriff?

(Lösung s. S. 197)

5. Übung: Gedächtnistraining

Prägen Sie sich die zwölf Bilder genau ein.

Rechnen Sie folgende Aufgaben:

2 x 48 = ______

3 x 26 = ______

4 x 14 = ______

5 x 17 = ______

6 x 13 = ______

An welche Bilder erinnern Sie sich? Decken Sie bitte die Abbildung vorher ab.

Machen Sie doch aus den Bildern eine kleine Geschichte, so daß Sie auch morgen noch die Begriffe nennen können.

Welche Tiere haben Sie gestern auf dem Waldspaziergang »getroffen« (vgl. 21. Tag, 1. Übung)?

Scherzfragen:

a) Welchen Garten kann man nicht umgraben?
b) Welche Enten trinken Bier?
c) Was kann man mit Worten nicht ausdrücken?
d) Er hat 21 Augen und sieht doch nichts?

(Lösung s. S. 197)

»Was ist der Unterschied zwischen einem Hasen und einem Menschen?«
»Dem Hasen kann man das Fell nur einmal über die Ohren ziehen!«

»Holzhacken ist deshalb so beliebt, weil man bei dieser Tätigkeit den Erfolg sofort sieht.« (EINSTEIN)

1. Übung: Spiegelverkehrt

Schreiben Sie bei folgendem Text die einzelnen Buchstaben spiegelverkehrt.

- Es legte Adam sich im Paradiese schlafen,
- Da ward aus ihm das Weib geschaffen.
- Du armer Vater Adam du,
- Dein erster Schlaf war Deine letzte Ruh!

2. Übung: Gedächtnistraining

Sie haben 3 Minuten Zeit.
Versuchen Sie, sich möglichst viele der 20 Begriffe einzuprägen:
Tisch – Brot – Rose – Auto – Stuhl – Butter – Veilchen – Bus – Bahn – Schrank – Milch – Tulpe – Fleisch – Sofa – Flugzeug – Lilie – Fahrrad – Wasser – Nelke – Lampe

Decken Sie die Begriffe nun bitte ab.

Schreiben Sie die Begriffe auf, die Sie sich gemerkt haben:

3. Übung: Spielzeugraten

Um welches Spielzeug handelt es sich:

SENBEHANI – TESTIKLEFOPLAN – TOPEIGUZSALEU – LIESPFUEH – NEPPUSETUB – GELOUBASAKNET

(Lösung s. S. 197)

4. Übung: Absetzen und anschlagen

a) Was kann alles »abgesetzt« werden?
b) Was kann alles »angeschlagen« werden?

(Lösung s. S. 197f.)

5. Übung: Tiersuche

Hierbei geht es um Tiere im übertragenen Sinn. Sie kennen sicher den »Angsthasen«? »Tiere« ähnlicher Art sollen Sie nun finden:

a) Er ist ein Pascha in der Gesellschaft
b) Ein flottes junges Mädchen
c) Ein Kind, das sich ständig bekleckert
d) Ein sehr armes Mädchen
e) Eine ins Ohr gehende Melodie
f) Eine heiratsfähige Millionärstochter
g) Eine Eigenbrötelei
h) Eine falsche Nachricht
i) Er liest sehr viel

Welche Begriffe des Gedächtnistrainings von gestern wissen Sie noch (vgl. 22. Tag, 5. Übung)?

Denkaufgabe:
Ein Lexikon besteht aus mehreren Bänden; die Seiten jedes Bandes sind zusammen 2 cm dick, jeder Deckel 3 mm. Die Bände stehen der Reihe nach auf einem Bücherregal. Ein Bücherwurm beginnt auf der ersten Seite von Band 1 und frißt sich bis zur letzten Seite von Band 2 durch. Wie weit ist seine Reise?

(Lösungen s. S. 198)

Zwei Wichtigtuer wurden Abraham Lincoln mit den Worten vorgestellt: »Es sind die gewichtigsten Personen des südlichen New Jersey.«
Der Präsident fragte: »Um wieviel Meter hat sich New Jersey gehoben, als sie weggingen?«

»Das Lachen erhält uns vernünftiger als der Verdruß.«

1. Übung: Eigenschaftssuche

Welche Eigenschaften werden den folgenden Tiere zugeordnet:

a) Fuchs ____________ **b)** Hund ____________

c) Kamel ____________ **d)** Elster ____________

e) Esel ____________ **f)** Lamm ____________

g) Biene ____________ **h)** Reh ____________

i) Wiesel ____________ **j)** Schmetterling ____________

k) Löwe ____________ **l)** Fisch ____________

m) Schlange ____________ **n)** Spatz ____________

o) Taube ____________ **p)** Pfau ____________

(Lösung s. S. 198)

2. Übung: Doppellaute

Suchen Sie zweisilbige Wörter, die in der Mitte einen Doppelkonsonanten haben.
Z. B.: Matte
Zeit: 2 Minuten

____

____

____

3. Übung: Gedächtnistraining

Schauen Sie sich den zweiten Teil der Bildergeschichte »H. Huckebein« von W. Busch wiederum so genau an, daß Sie anschließend die verschiedenen Gegenstände bzw. Lebewesen nennen können.

Patsch! fällt der Krug. Das gute Bier Ergießt sich in die Stiefel hier.

Und auf der Tante linken Fuß Stürzt sich des Eimers Wasserguß.

Sie hält die Gabel in der Hand, Und auch der Fritz kommt angerannt.

Perdums! da liegen sie. – Dem Fritze Dringt durch das Ohr die Gabelspitze.

*Dies wird des Raben Ende sein –
So denkt man wohl – doch leider, nein!*

Denn – schwupp! – der Tante Nase faßt er,/Und nochmals triumphiert das Laster!

*Hier lauert in des Topfes Höhle
Hans Huckebein, die schwarze Seele.*

*Den Knochen, den er Spitz gestohlen,
Will dieser jetzt sich wieder holen.*

*Sie zieh'n mit Knurren und Gekrächz,
Der eine links, der andre rechts.*

*Schon denkt der Spitz, daß er gewinnt,
Da zwickt der Rabe ihn von hint'.*

O weh! Er springt auf Spitzens Nacken,/Um ihm die Haare auszuzwacken.

*Der Spitz, der ärgert sich bereits,
Und rupft den Raben seinerseits.*

Decken Sie die Bilder oben bitte ab.
Schreiben Sie auf, an was Sie sich erinnern:

4. Übung: Wissensfragen

a) Im Himalaya lebt ein Säugetier, dessen wildlebende Exemplare kaum unter 4200 m Höhe herabkommen. Wie heißt es?
b) Es gibt einen einheimischen Strauch, dessen Rinde als Abführmittel verwendet wird.
c) Wie nannten die Griechen einen mauerbewehrten Burghügel?
d) Von wem wurde 1498 der Seeweg nach Ostindien entdeckt?
e) Welche Namen haben die Gehörknöchelchen?

(Lösung s. S. 198)

5. Übung: Teekesselraten

Für die folgenden Begriffe gibt es mehrere Bedeutungen:

a) Auflage ______________________________

b) Auge ______________________________

c) Blume ______________________________

d) Brücke ______________________________

e) Paß ______________________________

Nennen Sie die Begriffe des Gedächtnistrainings von gestern (vgl. 23. Tag, 2. Übung)!

Rätsel:

Ein geheimnisvoller Ball

Wie muß man einen Ball werfen, damit er eine kurze Strecke zurücklegt, plötzlich anhält, seine Richtung ändert und dann den entgegengesetzten Weg nimmt? Der Ball darf dabei nirgends abprallen.

(Lösungen s. S. 198f.)

»Verdammt winzig! Ist es von der Krankenkasse?« fragte Klaus nachdenklich, als er sein Schwesterchen zum ersten Male sah.

25. TAG

»Ein Scherz, ein lachend Wort entscheidet oft die größten Sachen treffender und besser als Ernst und Schärfe.«

1. Übung: Ich-Spiel

Schreiben Sie Wörter auf, die die Silbe »ich« enthalten, am Anfang, in der Mitte oder am Ende. **Zeit:** 2 Minuten
Z. B.: Stichling

___

___

___

___

(Lösung s. S. 199)

2. Übung: Geflügelte Worte

Was bedeuten folgende Aussprüche, und woher kommen sie?

a) Das A und O einer Sache
b) Ungläubiger Thomas
c) Der letzte Mohikaner
d) Der gordische Knoten
e) Katze im Sack kaufen

(Lösung s. S. 199f.)

3. Übung: Gedächtnistraining

Merken Sie sich folgende zwölf Begriffe:
Jahreskalender – Milchflasche – Blumenbeet – Straßenlaterne – Gartenzaun – Autoreifen – Musikkapelle – Berghütte – Skipullover – Salamibrot – Bachstelze – Sternenhimmel

Decken Sie die Begriffe ab, und rechnen Sie:

3 x 23 = ______

4 x 17 = ______

5 x 18 = ______

6 x 19 = ______

7 x 16 = ______

Schreiben Sie die Begriffe auf.

____

____

____

4. Übung: Buchstabentausch

Aus den folgenden Buchstaben sollen Wörter gebildet werden.
z. B.: REEB ergibt: Eber – Rebe – Erbe

a) ETOR ______________________________

b) DEMA ______________________________

c) SUMA ______________________________

d) RIEST ______________________________

e) EILK ______________________________

(Lösung s. S. 200)

5. Übung: Aus groß wird klein

So schnell wie möglich sollen Sie aus Hauptwörtern zusammengesetzte Eigenschaftswörter machen.

Z. B.: Meilen – meilenweit

- Glas – ______________________
- Riese – ______________________
- Feder – ______________________
- Pech – ______________________
- Stock – ______________________
- Kinder – ______________________
- Splitter – ______________________
- Stein – ______________________
- Eis – ______________________
- Kugel – ______________________
- Spott – ______________________
- Hunde – ______________________

(Lösung s. S. 200)

Welche Tiere wurden gestern mit bestimmten Eigenschaften verbunden (vgl. 24. Tag, 1. Übung)?

Denkaufgaben:

1. Stellen Sie dieses Dreieck durch das Verschieben von nur drei Kreisen auf die Spitze.

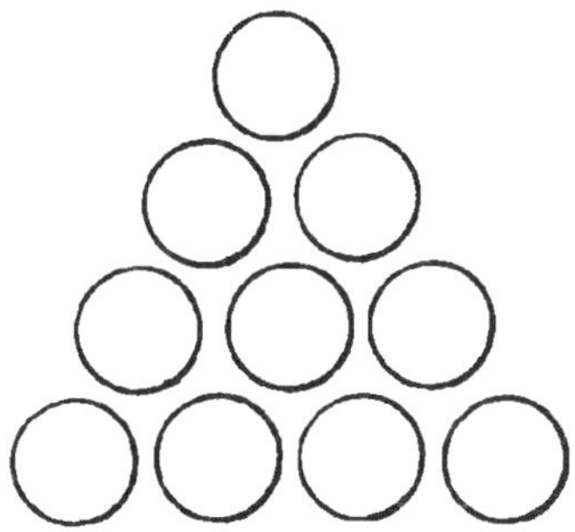

2. Beginnen Sie beim Punkt, und zeichnen Sie eine ununterbrochene Linie, die jeden Streckenabschnitt nur einmal schneiden darf und auf einem Streckenabschnitt entlang läuft.

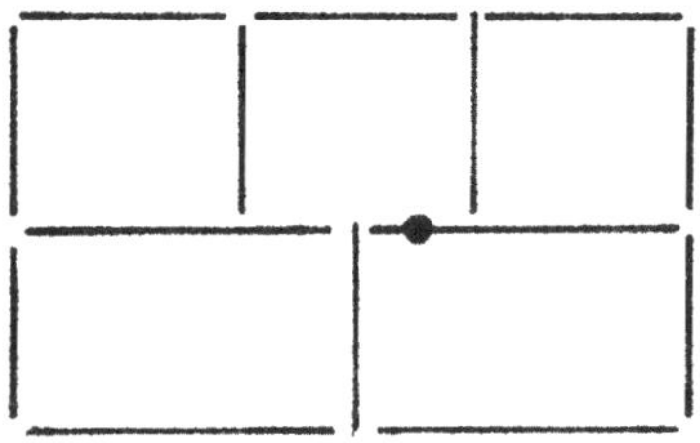

(Lösung s. S. 200)

»Dumme Gedanken hat jeder, nur der Weise verschweigt sie.«

(Wilhelm Busch)

»Jeder Mensch hat seine guten Seiten, man muß nur die schlechten umblättern.«

1. Übung: Billardspiel

Wieder nehmen Sie in Gedanken zuerst eine weiße Kugel und legen sie vor sich hin. Dann legen Sie links daneben eine gelbe Kugel und rechts neben Weiß eine grüne Kugel. Nun schieben Sie zwischen Gelb und Weiß eine blaue Kugel und zwischen Weiß und Grün eine schwarze Kugel. Jetzt legen Sie rechts außen noch eine lila Kugel und links außen eine rote Kugel. Schreiben Sie die Reihenfolge der Farben von links nach rechts auf.

2. Übung: Dichter und Gedichte

Aus welchen Gedichten stammen folgende Zeilen, und wer ist jeweils der Dichter?

a) Alle Herzen sind froh, alle Herzen sind frei.
Da klingt's aus dem Schiffsraum her wie ein Schrei,
»Feuer!« war es, was da klang,
Ein Qualm aus Kajüt' und Luke drang,
Ein Qualm, dann Flammen lichterloh,
Und noch zwanzig Minuten bis Buffalo.

b) Es war, als hätt der Himmel
Die Erde still geküßt,
Daß sie im Blütenschimmer
Von ihm nun träumen müßt.

c) Zum Kampf der Wagen und Gesänge
Der auf Korinthus' Landesenge
Der Griechen Stämme froh vereint,
Zog Ibykus, der Götterfreund.

(Lösung s. S. 200)

3. Übung: Gedächtnistraining

Schauen Sie sich den letzten Teil der Bildergeschichte »H. Huckebein« von W. BUSCH wieder so genau an, daß Sie anschließend die verschiedenen Gegenstände bzw. Lebewesen (wenn möglich in der richtigen Reihenfolge) aufschreiben können.
(Machen Sie in Gedanken einen Film!)

Derweil springt mit dem Schinkenbein
Der Kater in den Topf hinein.

Da sitzen sie und schau'n und schau'n,
Dem Kater ist nicht sehr zu trau'n.

Der Kater hackt den Spitz, der schreit,
Der Rabe ist voll Freudigkeit

Schnell faßt er, weil der Topf nicht ganz,
Mit schlauer List den Katerschwanz.

Es rollt der Topf. Es krümmt voll Quale
Des Katers Schweif sich zur Spirale.

Und Spitz und Kater flieh'n im Lauf,
Der größte Lump bleibt obenauf!!

Jetzt aber naht sich das Malör,
Denn dies Getränke ist Likör.

Es duftet süß. – Hans Huckebein
Taucht seinen Schnabel froh hinein.

Und läßt mit stillvergnügtem Sinnen
Den ersten Schluck hinunterrinnen.

Nicht übel! – Und er taucht schon wieder
Den Schnabel in die Tiefe nieder.

Er hebt das Glas und schlürft den Rest,
Weil er nicht gern was übrig läßt.

Ei, ei! Ihm wird so wunderlich,
So leicht und doch absunderlich.

Er krächzt mit freudigem Getön
Und muß auf einem Beine steh'n.

Der Vogel, welcher sonsten fleucht,
Wird hier zu einem Tier, was kreucht.

*Und Übermut kommt zum Beschluß,
Der alles ruinieren muß.*

*Er zerrt voll roher Lust und Tücke
Der Tante künstliches Gestricke.*

Der Tisch ist glatt – der Böse taumelt,/Das Ende naht – sieh' da! er baumelt!

»Die Bosheit war sein Hauptpläsier, Drum« – spricht die Tante – »hängt er hier!!«

Decken Sie die Bilder ab!
Schreiben Sie auf, an welche Einzelheiten Sie sich erinnern:

____

____

____

4. Übung: Buchstabensalat

In diesem Buchstabensalat sind berühmte deutsche Männer versteckt, die es gilt, möglichst schnell herauszufinden.

vbghnjufdtbachbjkizrtderdsbraunasedfrfdsashahnfrderdsnjkolot
brechtnburtasheusslökgutzhessehdadenauermynhubkochnk
drtgbenzhbeabxfrbuschmkolerawabebelaedrglmannswaasert
fichteöppolzipaulmudrehaydnfresthiuklopatzesdfhugrolagrimm
hei nemöplohuiorffmärdgfarsermarxuighozeissar

(Lösung s. S. 200f.)

5. Übung: Bildhafte Redewendungen

Welche Redewendungen sind in den Bildern versteckt?

① ______________________ ② ______________________

(3) ______________________________

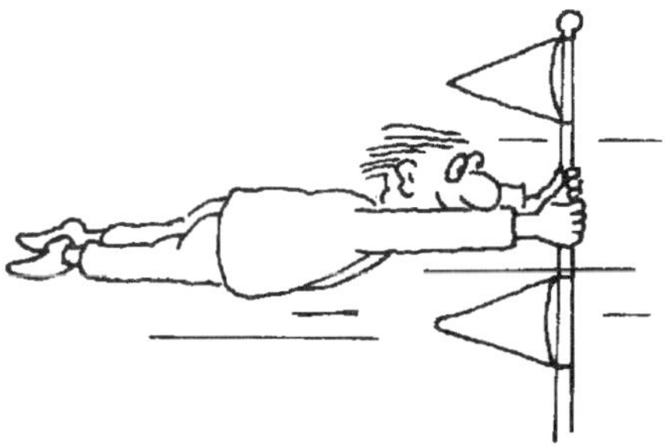

(4) ______________________________

(5) ______________________________

Denkaufgabe:
Ordnen Sie die Zahlen von 1–9 so in einem Quadrat an, daß ihre Summe waagerecht, senkrecht und diagonal stets 15 ist.

(Lösungen s. S. 201)

Ein Mann in der gefüllten Badewanne schimpft: »Eine blöde Sache mit dieser Medizin – dreimal täglich 15 Tropfen in warmem Wasser einnehmen!«

»Die Dinge haben nur den Wert, den man ihnen verleiht.«

1. Übung: Einsilbige Städte

Suchen Sie in 2 Minuten möglichst viele einsilbige Städte:

(Lösung s. S. 201)

2. Übung: Gedächtnistraining

Schauen Sie sich den Holzschnitt von Ludwig Richter genau an (1 Minute).

Blättern Sie um!

Rechnen Sie:

3 x 46 = ______

2 x 67 = ______

4 x 23 = ______

Schreiben Sie auf, an welche Einzelheiten Sie sich noch erinnern:

3. Übung: Ersatzspiel

Es geht um das Wort »erklären«. Stellen Sie sich vor, Sie müssen einen kleinen Aufsatz schreiben, in dem Sie Ihren Wortschatz beweisen sollen.
Sie sollen 10 bis 15mal »**erklären**«, aber immer ein neues Wort dafür einsetzen.
Was fällt Ihnen ein?

(Lösung s. S. 201f.)

4. Übung: Gedankenspaziergang

Stellen Sie sich nun vor, Sie sind im Urlaub, in einem Land am Meer. Sie haben gerade gebadet an einem herrlichen Sandstrand in einer kleinen Bucht, von Felsen umgeben. Jetzt freuen Sie sich auf den Spaziergang durch das kleine Fischerdorf. Sie gehen vorbei an Ständen mit Souvenirs, Blumen, Obst und vielem mehr. Sie betrachten die alten Häuser und kommen schließlich in den Hafen mit vielen bunten Fischerbooten. Die Fischer reparieren ihre Netze. Es riecht nach Fisch und Tang. Möwen kreischen. Sie setzen sich auf eine morsche grüne Bank, schließen die Augen und träumen …

5. Übung: Familienbande

Suchen Sie nun Wörter mit dem gleichen Wortstamm: »dampf«. Sie haben 2 Minuten Zeit:

Welche Redewendungen von gestern fallen Ihnen ein (vgl. 26. Tag, 5. Übung)?

Rätsel:

Wer es wagt, hat keinen Mut,
wem es fehlt, dem geht es gut.
Wer's besitzt, ist bettelarm.
Wem's gelingt, der ist voll Harm.
Wer es gibt, ist hart wie Stein.
Wer es liebt, der bleibt allein.

(Lösungen s. S. 202)

Ein reicher Mann trat dem Diogenes in den Weg: »Ich weiche keinem Schurken aus.«
Der Philosoph umschritt ihn: »Aber ich.«

»Nicht wer wenig hat, sondern wer viel wünscht, ist arm.« (Seneca)

1. Übung: Schnellsprechsätze

Dies ist eine Konzentrationsübung.
Sprechen Sie die folgenden Sätze zunächst ganz langsam, aber sehr genau und deutlich, und werden Sie dann immer schneller.

- Blaukraut bleibt Blaukraut, und Brautkleid bleibt Brautkleid.
- Fischers Fritz fischt frische Fische, frische Fische fischt Fischers Fritz.
- Zwischen zwei Zwetschgenzweigen zwischerten zwei Schwalben.

Fallen Ihnen noch mehr solcher Schnellsprechsätze ein?

2. Übung: Auf den Vergleich kommt es an!

Sagen Sie in Zukunft nicht einfach: »Der Mann ist groß«, sondern »Der Mann ist so groß wie eine Laterne«.
Versuchen Sie folgende Eigenschaftswörter in dieser Art bildhaft zu umschreiben.

- so schnell wie ______________________________
- so kurzsichtig wie ______________________________
- so lustig wie ______________________________
- so schlau wie ______________________________
- so zackig wie ______________________________
- so leise wie ______________________________

- so hell wie ____________________
- so bunt wie ____________________
- so weit wie ____________________
- so dünn wie ____________________

3. Übung: Gedankenverbindung

Woran denken Sie bei »Italien«?
Vielleicht denken Sie an: Pizza – Rom – Venedig – Eis?
Was fällt Ihnen spontan ein zu folgenden Begriffen? Versuchen Sie sich eine deutliche Vorstellung zu machen. Notieren Sie in Stichworten!

- Meer: ____________________
- Hochzeit: ____________________
- Bart: ____________________
- Winter: ____________________
- Garten: ____________________

Prägen Sie sich die Begriffe ein.

4. Übung: Wissensfragen

a) Welcher amerikanische Präsident gab den Auftrag, das Weiße Haus zu errichten, bewohnte es aber nie?
b) Welcher ist der älteste und früher auch wichtigste pflanzliche Farbstoff?
c) Was sind Rauchwaren?

d) Auf welchem Material schrieben die alten Ägypter?
e) Wie heißt der zoologisch-botanische Garten in Stuttgart?
f) Wie nennt man flache, an der Spitze abgerundete oder spitz zulaufende Dachziegel?

(Lösung s. S. 202)

5. Übung: Seien Sie kreativ!

Was kann man aus den Formen machen?

a)  **b)**  **c)** 

d)  **e)** 

Können Sie sich an Einzelheiten des Bildes von gestern erinnern (vgl. 27. Tag, 2. Übung)?

Denkaufgabe:
Stellen Sie sich vor, daß die Einwohner des Ortes A stets lügen, während die Einwohner des Ortes B stets die Wahrheit sagen. Sie treffen einen Mann, der entweder aus A oder B kommt. Wie können Sie mit einer einzigen Frage herausfinden, woher er kommt?

(Lösung s. S. 202)

»Man sieht nur mit dem Herzen gut, das Wesentliche ist für die Augen unsichtbar.«

(SAINT-EXUPÉRY)

1. Übung: Vierlinge

Sie haben 2 Minuten Zeit, um 15 Körperteile mit 4 Buchstaben zu nennen:

2. Übung: Phantasietraining

Sie sollen sich möglichst schnell die folgenden Sätze einprägen. Dafür ist es wichtig, daß Sie nicht versuchen, sie auswendig zu lernen, sondern sie in Bilder umzusetzen, sich also einen kleinen »Film« vorzustellen.

Ein Zweibein saß auf einem Vierbein an einem Dreibein und hielt ein Einbein. Da kam ein Vierbein, sprang auf das Dreibein und packte das Einbein. Da fiel das Zweibein vom Vierbein und brach sich das Einbein.

(vgl. a. S. 202)

3. Übung: Gedächtnistraining

Stellen Sie sich folgende Begriffe in Ihrer Phantasie ganz deutlich vor, und verknüpfen Sie sie (wie die Glieder einer Kette) zu einer Geschichte bzw. zu einem »Film«. (Die Reihenfolge sollte möglichst nicht verändert werden.)

Seepferdchen
Pilz
Schornstein
Vogelkäfig
Schere
Krone
Koffer

Birne
Krug
Brücke
Wurst
Kleeblatt
Stern
Regenschirm

4. Übung: Buchstabensuche

Unterstreichen und zählen Sie in folgendem Text alle »l« und »R« so schnell wie möglich.

Lichtenberg empfahl gegen die Gicht:
»Nimm das Taschentuch eines Mädchens, das nie den Wunsch hatte zu heiraten, wasche es dreimal im Graben eines rechtschaffenen Müllers, trockne es im Garten eines kinderlosen protestantischen Pfarrers, zeichne es mit der Tinte des Advokaten, der noch

niemals eine ungerechte Sache verteidigte, übergib es einem Arzt, der noch nie einen Patienten tötete, und laß das kranke Glied verbinden!«

(Lösung s. S. 203)

5. Übung: Vokalspiel

Finden Sie Wörter, in denen 4 unterschiedliche Vokale vorkommen. **Zeit:** 3 Minuten

Z. B.: Kartoffelbrei

____

____

____

Scherzfragen:

a) Welche Mauer ist nicht aus Stein?
b) Welcher Bus hat den Ozean überquert?
c) Welche Bäume haben keine Früchte und Kronen?
d) Welcher Stuhl hat keine Beine?

(Lösungen s. S. 203)

»Auch Medizin kann uns nicht frommen,
voreingenommen eingenommen.«

(EUGEN ROTH)

»Wer den Tag mit Lachen beginnt, hat ihn bereits gewonnen.«

1. Übung: Geburtstagsgeschenke

Was schenken Sie Ihrem besten Freund zum Geburtstag? Sachen von A–Z.

z. B.: Angelrute – Baldrian – . . .

2. Übung: Ohne Punkt und Komma

Die folgende kleine Geschichte enthält keine Interpunktion, und alle Wörter sind kleingeschrieben und direkt aneinandergereiht.
Ihre Aufgabe ist es nun, dieses Gespräch »lesbar« zu machen. (Schauen Sie auf die Uhr!)

dielustigegeschichteübereineklugefrau
einmannhattesichmitseinerfraugestrittenerwarsowütendübersie
daßersechstagelangimhausumhergingohneauchnureinwortzu
sprechendahattediefraudiesichgernewiedermitihremmannvertra
genhätteeineguteideesienahmeinetaschenlampeundleuchteteda
mitunterjedebankunterjedessofaundhinterjedenschranksiestiegau
feineleiterundguckteobenaufdieregalesiemachtedieschubladenau
fundsahhineindawurdedermannsoneugierigdaßersieschließlich
fragtewassiedennsobegierigsuchedaantwortetesielachenddeinen

mundichdachteduhättestihnverlorenweilichnichtsmehrvondir gehörthabeaberjetztbinichfrohdaßichihnwiedergefundenhabeda mußteauchdermannlachenundsievertrugensichwieder

(Lösung s. S. 203)

3. Übung: Phantasietraining

Machen Sie aus Ihren Geschenken (vgl. 1. Übung) eine Geschichte, die Sie anschließend »verfilmen«, das heißt, so deutlich in Ihrer Phantasie vor sich sehen, als wäre es ein Film. Machen Sie dann morgen den Versuch, die Geschichte zu rekonstruieren und alle Geschenke aufzuschreiben.

4. Übung: Satzbildung

Erinnern Sie sich noch? Die Anfangsbuchstaben der Wörter des Satzes waren vorgegeben.
Beispiel: J – I – S – G – S

Aus diesen Buchstaben kann man den Satz machen:
Jeder ist seines Glückes Schmied.

Bilden Sie nun Sätze mit folgenden Buchstaben:

a) M – V – M – K – B – S
b) T – E – K – I – Z – W
c) H – M – L – G – I – S – H

5. Übung: Einkaufsspiel

Gehen Sie zum Abschluß noch einmal in Gedanken einkaufen, und stellen Sie sich dabei ganz deutlich vor, wie Sie in die Geschäfte gehen, die Sachen in Ihre Tasche packen.

Erdbeermarmelade – Vogelfutter – Filtertüten – Waschpulver – Gardinenstoff – Geschenkpapier – Blumenvase – Socken – Gebäck – Fernsehzeitschrift

Decken Sie diese Begriffe nun ab, und rechnen Sie:

9 x 12 = ______

8 x 9 = ______

7 x 13 = ______

6 x 17 = ______

5 x 19 = ______

Nun »packen« Sie Ihre Tasche aus.

____

____

____

Welche Gegenstände vom gestrigen Gedächtnistraining wissen Sie noch (vgl. 29. Tag, 2. Übung)?

Denkaufgabe:
Verbinden Sie die 9 Punkte mit 4 geraden Strichen, die hintereinander gezogen werden müssen.

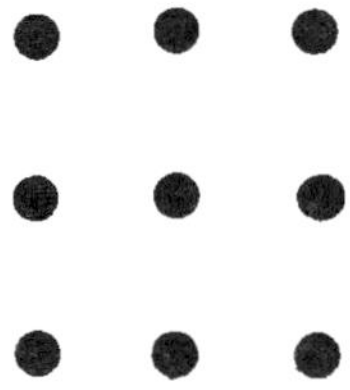

(Lösung s. S. 203)

»Lachen ist kein schlechter Anfang und bei weitem das beste Ende.«

(OSCAR WILDE)

III »Wer war's denn gleich, Sie wissen doch . . .?«

Vergeßlichkeit hat Ursachen

Die Ursachen für extreme oder gelegentliche Vergeßlichkeit können sowohl in körperlichen Veränderungen als auch in psychischen Gegebenheiten begründet sein.

Wer war's denn gleich?

1. Körperliche Ursachen:

- Arteriosklerose: Verdickung der Arterienwand
- Zerebralsklerose: Durchblutungsstörungen des Gehirns
- Schilddrüsenerkrankungen
- Stoffwechselstörungen
- Herzrhythmusstörungen
- hoher Blutdruck
- Alkoholismus
- Vergiftungen (Nikotin!)
- Vitaminmangel usw. (siehe weiterführende Literatur s. S. 204f.)

Vorbeugen ist besser als Heilen!!!

2. Ursache »Streß«:

Stressoren:
- Überforderung (Leistungsdruck + Zeitdruck)
- Ärger
- Hetze
- Konflikte
- Existenzsorgen
- Angst
- Leid
- Überreizung (Fernsehen – Straßenverkehr)
- Lärm
- Aggressivität usw.

Diese Streßfaktoren haben in der Umwelt des heutigen Menschen immer mehr zugenommen, versetzen den Körper laufend in Alarmbereitschaft und verhindern Erholungsphasen. Es kommt zu Dauerstreß, dem sich der Körper nicht mehr anzupassen vermag.
Krankheiten, Denkblockaden, Gedächtnisschwäche und Konzentrationsprobleme sind die Folgen.

Durch ausreichende Bewegung werden Streßhormone (Adrenalin und Noradrenalin) wieder schneller abgebaut. Diese Bewegung fehlt jedoch meist, und so kommt es zu einer permanenten Überforderung.

★

Unverbrauchte Fettsäuren werden aufgrund von Bewegungsmangel, falscher Ernährung und fehlendem Streßabbau nach und nach in Cholesterin umgewandelt und in den Blutgefäßen abgelagert. Es folgt die Verengung der Blutgefäße und damit eine mangelhafte Durchblutung der Organe, das Herzinfarktrisiko steigt.

Für das Gehirn bedeutet das:

- weniger Sauerstoff und
- geringerer Abtransport der Schlackenstoffe

Die geistige Leistungsfähigkeit läßt dann enorm nach.

Auch der Hormonhaushalt kann durcheinandergeraten und krankhafte Veränderungen des vegetativen Nervensystems hervorrufen.
Allgemein kommt es auf Dauer zu einer Schwächung des Körpers und einer Herabsetzung des Immunsystems.

3. Psychische Ursachen:

- *Verdrängte Erinnerungen:*
  Man »vergißt«, was das Bewußtsein zu sehr belastet!
  Man »vergißt«, was man ungern tut (Freudsches Vergessen).

- *Egozentrik:*
  Man vergißt aus Unaufmerksamkeit und Interesselosigkeit, weil man nur mit sich selbst beschäftigt ist.

- *Depressivsein:*
  Auch hier liegt der Grund für die Gedächtnisschwäche überwiegend in Unaufmerksamkeit, d. h. Teilnahmslosigkeit.

Vergeßlichkeit aufgrund der Faszination für eine andere Sache hat nichts mit Gedächtnisschwäche zu tun.
Hier ist die Konzentration voll auf ein bestimmtes Gebiet gerichtet (zerstreuter Professor), so daß für andere Dinge die nötige Aufmerksamkeit und das Interesse fehlen.

Zerstreuter Professor

Bewegung für ein gutes Gedächtnis

»Wer rastet, der rostet.«

Jeder weiß, daß Bewegungsmangel schlecht für den Körper ist, er »rostet« ein. Ist Ihnen jedoch bewußt, daß zu wenig Bewegung auch den Geist »einrosten« läßt?
Ein gut funktionierendes Gehirn hängt von einer optimalen Blutzirkulation ab, und diese wird dann erreicht, wenn der Kreislauf in Schwung kommt.

- Tanzen Sie mal wieder, oder machen Sie Gymnastik. Laufen Sie regelmäßig, fahren Sie mit dem Fahrrad, oder schwimmen Sie. Das alles sind Bewegungsformen, die für den Kreislauf besonders aktivierend sind.

Ein Wissenschaftler der Harvard-Universität prägte den Satz: »Wenn du wissen willst, wie kraftlos dein Gehirn ist, fühle deine Beinmuskeln an.

- Ausdauertraining verlangsamt den Altersabbau,
- wirkt der Arteriosklerose entgegen,
- regt den gesamten Körperstoffwechsel an.

Trainieren Sie deshalb

- regelmäßig,
- während einer längeren Zeitspanne,
- jeweils mehr als 3 Minuten,
- so, daß Ihr Puls auf ca. 180 Schläge minus Ihr Lebensalter (z. B. bei einem 60jährigen also auf 120) pro Minute ansteigt (siehe auch weiterführende Literatur).

Bewegungsspiel für zwischendurch:
Denken Sie sich zunächst Wörter aus, die drei, vier oder fünf unterschiedliche Vokale enthalten. Dann setzen Sie diese Vokale nacheinander so schnell wie möglich in Bewegung um.
Bei einem *»a«* strecken Sie vielleicht die Arme nach *a*ußen, also zur Seite.
Bei einem *»e«* strecken Sie die Arme nach vorn und stoßen etwas w*e*g.
Bei einem *»i«* zeigen beide Hände nach *i*nnen zum »*i*ch«.
Bei einem *»o«* strecken Sie die Arme so weit wie möglich nach *o*ben.
Bei einem *»u«* strecken Sie die Arme nach *u*nten zu den Fußspitzen.
Probieren Sie dieses Bewegungsspiel doch auch einmal mit Namen. Sie werden sehen, das macht Spaß und bringt Erfolg.

Übungen:

Laufen auf der Stelle

Seilspringen

Kniebeugen

»Hampelmann«

Armkreisen

weitere gymnastische Übungen

Denken Sie bei Ihren Übungen auch besonders an die Aktivierung der rechten Gehirnhälfte, machen Sie also spezielle Bewegungen mit der linken Körperhälfte.

Ernährung und Gedächtnis

»Ein voller Bauch studiert nicht gern.«

Jeder weiß aus Erfahrung, wie müde, träge und entspannt er nach einem guten, ausgiebigen Essen wird, und so mancher wünscht oder gönnt sich nach dem Essen ein Mittagsschläfchen.
Der Grund für die Müdigkeit nach dem Essen liegt darin, daß die Verdauungsorgane stärker durchblutet werden und damit das Gehirn in der Versorgung zu kurz kommt.
Wer geistig stets voll leistungsfähig sein möchte, sollte seine Eßgewohnheiten ändern und pro Tag nicht drei große Mahlzeiten, sondern fünf kleine zu sich nehmen. Der Magen wird nicht überlastet und die Durchblutung des Gehirns nicht herabgesetzt.
Aber nicht nur die Menge der Mahlzeit, auch die Zusammensetzung ist entscheidend.

Gehirngerechte Ernährung

»Gegen Dummheit ist kein Kraut gewachsen!«

So heißt es im Volksmund. Gemeint damit ist, daß es kein Mittel gegen Uneinsichtigkeit gibt. Wenn Sie den Spruch wörtlich nehmen, stimmt er jedoch nicht. Sie können Ihren Intelligenzquotienten erhöhen und Ihre geistige Leistungsfähigkeit enorm verbessern, wenn Sie sich »gehirngerecht« ernähren.
Da die Speicherung von Informationen auf elektrischem und auf chemischem Weg erfolgt, ist sie mit stofflichen Veränderungen verbunden. Es ist einleuchtend, daß chemische Stoffe, die mit der Nahrung aufgenommen werden, das Merken und Erinnern positiv wie negativ beeinflussen können.

Vollwertige Kohlehydrate:
Vollkornprodukte vor und während geistiger Aktivitäten erhöhen die Konzentration und lassen Sie weniger Fehler machen. Weißbrot, Brötchen, Kuchen und andere Süßigkeiten hingegen mindern die Leistungsfähigkeit: Es kommt zu einer kurzfristigen, schlagartigen Erhöhung des Blutzuckerspiegels, der dem Körper signalisiert, ab sofort den ankommenden Zucker umzuwandeln und zu speichern und nicht in die Blutbahn zu lassen. Folge: Der Blutzuckerspiegel fällt drastisch und bewirkt eine Unterzuckerung, die zu Konzentrationsschwäche, Abgeschlagenheit und sogar zu Depressionen, Aggressionen, Schwindelgefühlen usw. führen kann. Viele Süßigkeiten schaffen also *nicht* viel Energie!

Vitamine für den Kopf:
Vitamin C (Ascorbinsäure) steigert nicht nur die Abwehrkräfte, sondern auch das Denkvermögen. Essen Sie viel Obst – vor allem Zitrusfrüchte – und viel Gemüse – besonders rohes Sauerkraut. Trinken Sie Sanddornsaft.

Vitamine des B-Komplexes helfen allgemein den Gehirnzellen bei der Energiegewinnung.
Vitamin B_3 (Niacin) wirkt konzentrationsfördernd.
Vitamin B_6 stärkt die Merkfähigkeit.
Vitamin B_{12} ist für den Stoffwechsel der Nervenzellen unentbehrlich, besonders für die Funktion einiger Aminosäuren und des Vitamin C.
Essen Sie Vollkornprodukte und Hefe.
Flüssige Bierhefe enthält neben den B-Vitaminen essentielle Aminosäuren, wichtige Nukleinsäuren, Enzyme sowie Mineralstoffe und Spurenelemente.

Vitamin E ist mitverantwortlich für gesunde Zellstrukturen und bewirkt eine Verlangsamung des Alterungsprozesses. Essen Sie Weizen- und Sonnenblumenkeime. Verwenden Sie kaltgeschlagene Öle: Distel-, Lein-, Weizenkeim- und Traubenkernöl. Nehmen Sie als Nahrungsergänzung Nachtkerzenöl.

Weitere Inhaltsstoffe der Nahrung:

- Magnesium ist wichtig für die Nervenzellen und das Herz, lebensnotwendig bei vielen Enzymreaktionen des Phosphorstoffwechsels und besonders empfehlenswert bei Streß. Magnesium nehmen Sie besonders mit pflanzlichen Lebensmitteln zu sich wie Gemüse, Vollkornprodukten, Hülsenfrüchten und Kartoffeln.
- Enthält die erste Mahlzeit des Tages reichlich Eiweiß mit einigen Kohlehydraten, beugen Sie dem Streß vor, und Körper und Geist erhalten mehr Energie.

Geistanregende Getränke:
Kaffee soll müde Geister munter machen und wird meist viel zuviel getrunken. Das Gefühl, nach einem Kaffee wacher und leistungsfähiger zu sein, ist nur von kurzer Dauer – das »Loch« danach um so größer. Viele greifen dann zur nächsten Tasse Kaffee und so weiter. Der Körper wird dadurch übersäuert und reagiert früher oder später »sauer«.

Das können Sie statt Kaffee trinken:

- Grüner Tee regt an und fördert die Gehirnleistung.
- Mate-Tee regt an und entschlackt.
- Ginseng-Tee hat einen positiven Einfluß auf das zentrale wie auch das vegetative Nervensystem, stabilisiert den Blutdruck und wirkt gefäßerweiternd.
- Guarana steigert die Konzentrationsfähigkeit und setzt Energien frei.

»Ein Gläschen Rotwein in Ehren kann niemand verwehren!« Der im Rotwein enthaltene Stoff Procyanidin ist nach neuesten wissenschaftlichen Untersuchungen lebensverlängernd, da er als Antioxidans wirkt und die Zellen schützt.

Brain-Drinks – Zwei Rezepte für mehr geistige Leistungsfähigkeit:

- ½ Glas Orangensaft
  ½ Glas Möhrensaft
  Saft einer halben Zitrone
  2 Eßl. Sanddornsaft
  1 Eßl. Weizenkeimöl
- ½ Glas Johannisbeersaft
  Saft einer halben Zitrone
  1 Teelöffel Lezithin
  3 Eßl. flüssige Bierhefe
  1 Eßl. Honig oder Gelee Royal

Gut umrühren und vor dem Essen trinken.

Weitere Tips in Kürze:
Achten Sie auf eine naturbelassene, vielseitige Ernährung!
Vergessen Sie den Knoblauch nicht!
Trinken Sie viel (ca. 2–3 Liter pro Tag), damit vor allem die Gehirnzellen nicht »austrocknen« und Giftstoffe ausgeschwemmt werden können.
Bevorzugen Sie:
- viel Obst und Gemüse,
- mageren Fisch (»Hirnnahrung«) und mageres Fleisch,
- Magermilchprodukte.

Für alle Vitamine, Mineralstoffe usw. wie auch für den Rotwein gilt:

»Es gibt keine Heilmittel und keine Giftstoffe, nur die Dosis ist entscheidend!«

Immer öfter wird für eine gesunde Ernährung geworben. Bei den Argumenten geht es jedoch fast ausschließlich um den Körper, das Funktionieren der Organe und um das Vermeiden von Krankheiten. Nur selten wird in diesem Zusammenhang auf die Wechselwirkung von Körper und Geist hingewiesen und über die Vorteile einer gesunden Ernährung für die Gehirnleistung gesprochen.
So mancher »Gesundheitsapostel« macht die Ernährung zum Mittelpunkt seines Lebens und wirkt auf viele Menschen eher abschreckend als nachahmenswert.

Alle Extreme sind jedoch mit Vorsicht zu »genießen«, ob es nun um Ernährung oder um andere Bereiche geht.

Wichtig ist die Erkenntnis, daß Körper, Geist und Seele eine Einheit darstellen und nur in Harmonie miteinander gesund und leistungsfähig sein können.

Wenn wir uns nach den neuesten wissenschaftlichen Forschungen, nach einem ausgeklügelten System, optimal ernähren, uns aber nicht bewegen, unseren Geist nicht fordern und Gefühle verdrängen, werden wir ebenso krank wie derjenige, der die Bedürfnisse seines Körpers ignoriert, Essen auf das Zuführen von Kalorien beschränkt und die Meinung vertritt, nur der Geist sei wichtig.
Die Art der Krankheit unterscheidet sich vielleicht; gemeinsam ist diesen Menschen, daß ihre innere Harmonie gestört ist.
Wenn Sie über Ihr schlechtes Gedächtnis klagen, reicht es nicht, in einen Buchladen zu gehen und ein Buch zum Thema Gedächtnistraining zu kaufen. Selbst wenn Sie die Übungen regelmäßig durchführen, weil die Vernunft Ihnen das sagt, wird der Erfolg begrenzt sein. Wenn Sie jedoch Ihren Geist mit Freude und Interesse aktivieren und mit dem Herzen und dem Kopf bei der Sache sind, werden Sie Erfolgserlebnisse haben, die Sie beflügeln, weiterzumachen. Doch auch die übrigen Faktoren müssen stimmen.

Faktoren, die die Gedächtnisleistung beeinflussen, sind:
- Aktivierung der »grauen Zellen«
- Frohsinn – Freude an der Sache
- ausreichend Schlaf
- richtige Ernährung
- genügend Bewegung
- wenig Streß und richtiger Umgang mit den Streßfaktoren
- Entspannung
- Selbstbewußtsein
- Zufriedenheit und Gelassenheit

»Wer den Himmel nicht in sich selbst trägt, sucht ihn vergebens im ganzen Weltall!«

Entspannungsübung für zwischendurch

Setzen Sie sich in einen bequemen Stuhl, und legen Sie Ihre Hand fest um die Lehne. Steigern Sie die Muskelanspannung, bis Sie Ihre Handmuskeln deutlich spüren, oder ballen Sie Ihre Hand zur Faust. Zählen Sie bis fünf!

Lösen Sie jetzt die Spannung, und versuchen Sie, sich auf das veränderte Gefühl zu konzentrieren.

Achten Sie auf die Anzeichen, die bei Ihnen sowohl die Anspannung der Muskeln als auch das Gegenteil – das Entspannen der Muskeln – anzeigen.

Trainieren Sie das bewußte Muskelanspannen und plötzliche Entspannen auch mit dem Unterarm und mit dem Oberarm. Spannen Sie so deutlich an, daß die Muskeln heraustreten, und entspannen Sie dann.

Die gleiche Übung versuchen Sie nun mit Ihrer Stirn. Runzeln Sie die Stirn, und halten Sie die Spannung wieder bis fünf. Lassen Sie dann los, und konzentrieren Sie sich auf das Empfinden in Stirn und Kopfhaut, das die Entspannung begleitet.

Atemübung

OH – MA – HA

Sie denken beim Einatmen die Silbe »**OH**«, beim Ausatmen die Silbe »**MA**« und dann, nach einer kleinen Pause, wenn schon kaum mehr Luft in der Lunge ist »**HA**«.

IV »Wo ist meine Brille?«

Wie Sie im Alltag Ihrem Gedächtnis auf die Sprünge helfen

Wo ist meine Brille?

- **»Gut gelaunt ist gut begonnen.«**
- **»Mit Konzentration geht alles besser!«**
- **»Gedächtnistechniken helfen immer!«**
- **»Phantasie ist wichtiger als Wissen!«**
- **»Strategien für jeden Tag!«**

Vielleicht haben Sie die Übungen im Kapitel II durchgearbeitet und stellen fest:

- Immer noch suchen Sie ab und zu Ihre verlegte Brille.
- Immer noch vergessen Sie beim Einkaufen etwas.
- Immer noch passiert es Ihnen, daß Sie einen Termin versäumen.
- Immer noch gibt es Situationen, in denen Sie einen Bekannten nicht mit dem Namen ansprechen können usw.

Wenn einige dieser Feststellungen zutreffen, dann:

- Geben Sie nicht auf, sondern üben Sie weiter! (»In vier Wochen ist noch kein Meister vom Himmel gefallen.«)
- Bleiben Sie vergnügt: Freude ist wichtiger, als perfekt zu sein.
- Trainieren Sie gezielt Ihre Konzentration.
- Kramen Sie in der »Trickkiste« und schauen Sie, ob etwas Passendes für Sie dabei ist!
- Trainieren Sie so oft wie möglich Ihre Phantasie, indem Sie sich das, was Sie behalten wollen, ganz genau bildlich vorstellen.
- Schreiben Sie wichtige Dinge auf.
- Halten Sie Ordnung.
- Entwickeln Sie gezielte Strategien für den Alltag.

»Gut gelaunt ist gut begonnen«

»Ein fröhliches Herz ist die beste Arznei!«

(Altes Testament)

Versuchen Sie, jedem neuen Tag etwas Positives abzugewinnen, denn Ihre Einstellung, Ihre Gefühle und Gedanken bestimmen Ihr Leben.*

Wenn Sie sich immer wieder sagen: »Mir geht es gut, ich freue mich über diesen neuen Tag!«, so werden sich Ihre Probleme dadurch nicht verringern, aber Sie werden anders mit ihnen

---

*) Positives Denken kann man regelrecht trainieren. Hierzu empfehlen wir Ihnen auch den Humboldt-Ratgeber »Positiv denken und leben« (Bd. 622); erschienen im Humboldt-Taschenbuchverlag, München.

umgehen, denn diese Autosuggestion setzt neue Energien frei und verhilft Ihnen zu einer besseren Stimmung.
NIETZSCHE hat einmal gesagt: »Zufriedenheit hält einem sogar eine Erkältung vom Leibe.«
Wenn das so konkret auch nicht immer zutrifft, so ist doch unbestritten, daß Körper, Geist und Seele nicht getrennt voneinander existieren, sondern eine Einheit bilden. Wenn unsere Seele sich wohl fühlt, wird unser Geist gelassener, und unser Körper ist in Harmonie und nicht so anfällig für Krankheiten. Wenn wir Schmerzen haben, trübt das unsere Stimmung, und unser Geist wird müde. Alles, was wir tun, denken und fühlen, hat Einfluß auf unser Wohlbefinden.

- **Wichtig:** *Der Glaube versetzt Berge!*
  Nur wenn Sie an Ihre eigenen Worte glauben, wenn sie »von Herzen« kommen, werden Sie erfolgreich sein.
- Sagen Sie: *Ich schaffe das!*
  Dann ist die Wahrscheinlichkeit, daß Sie es tatsächlich schaffen werden, sehr groß. Streichen Sie in diesem Zusammenhang die Wörter »vielleicht« und »hoffentlich«.
- Beginnen Sie Ihren Tag schon beim Aufstehen mit positiven Gedanken!

Sehen Sie sich in einer Situation, in der Sie sich wohl fühlen, in der Sie lachen und fröhlich sind.
Denken Sie darüber nach, wem Sie heute eine Freude bereiten können.
Legen Sie sich Ihre Lieblingsmelodie auf, denn mit Musik geht alles besser!
Machen Sie ein paar Minuten Gymnastik, oder tanzen Sie nach der Musik.
Seien Sie lieb zu sich selbst.
Gönnen Sie sich ein schönes Frühstück.
Überlegen Sie, was Sie heute tun können, um sich selbst froh zu machen.

Nimm Dir Zeit . . .

Nimm Dir Zeit, um Dein Gedächtnis zu trainieren,
es ist die Voraussetzung für einen wachen Geist.
Nimm Dir Zeit, um nachzudenken,
es ist die Quelle der Kraft.
Nimm Dir Zeit, um zu spielen,
es ist das Geheimnis der Jugend.
Nimm Dir Zeit, um zu lesen,
es ist die Grundlage des Wissens.
Nimm Dir Zeit, um freundlich zu sein,
es ist das Tor des Glücklichseins.
Nimm Dir Zeit, um zu träumen,
es ist der Weg zu den Sternen.
Nimm Dir Zeit, um zu lieben,
es ist die wahre Lebensfreude.
Nimm Dir Zeit, um froh zu sein,
es ist die Musik der Seele.

(Irländische Quelle – abgewandelt)

Jeder ist seines Glückes Schmied

»Mit Konzentration geht alles besser!«

Geht es Ihnen auch manchmal so: Sie lesen ein Buch, halten nach ein paar Seiten inne und fragen sich, was Sie da eigentlich gelesen haben? Sie konnten nichts behalten, sich überhaupt nicht konzentrieren. *Was ist Konzentration?*
Konzentration ist nicht nur höchste Aufmerksamkeit, sondern auch die Fähigkeit, über einen längeren Zeitraum bei einer Aufgabe oder Sache zu bleiben. Sie umfaßt Ausdauer, Geduld, Merkfähigkeit und eine konsequente Arbeitshaltung.

Eine Redewendung lautet:

»Niemand kann gleichzeitig auf zwei Hochzeiten tanzen.«

Nur, wenn wir uns auf eine Sache voll konzentrieren, nehmen wir sie bewußt auf und speichern sie.

Gerade an der Konzentration fehlt es heute jedoch oft. Schon in der Schule wird über Konzentrationsschwäche geklagt, und auch den Erwachsenen geht es nicht besser.

Gründe gibt es dafür mehr als genug:
- Reizüberflutung
- Schlafmangel
- Lärm
- Hektik
- Leistungsdruck usw.

Es gibt viele Möglichkeiten, seine Konzentration zu verbessern. Die folgenden Übungen geben davon nur einen kleinen Ausschnitt wieder.*

Konzentrationsübungen

1. Lesen Sie Geschichten, und schreiben Sie Fragen zum Text auf, die Sie versuchen, später zu beantworten.

2. Bei Ihrem nächsten Spaziergang achten Sie auf die Straßennamen, auf die Reihenfolge bestimmter Geschäfte, auf Pflanzen in den Vorgärten oder auf die Bäume, Sträucher im Park. Am Abend versuchen Sie dann, den Spaziergang in Gedanken noch einmal zu gehen.

3. Spielen Sie allein oder in der Gruppe das Spiel »Kofferpacken«: Sie beginnen mit einem beliebigen Wort, wiederholen es und nennen dann ein zweites Wort. Sie wiederholen

---

*) Wenn Sie sich intensiver mit den verschiedenen Konzentrations- und Motivationstechniken beschäftigen wollen, empfehlen wir Ihnen den Humboldt-Ratgeber »Besser konzentrieren. Ein Trainingsprogramm« (Bd. 672). Mit diesem Band lernen Sie, sich einen konzentrierten Lebensstil anzueignen, der auf dem richtigen Ausgleich zwischen Anspannung und Entspannung beruht.

beide Wörter und fügen ein drittes hinzu. So geht es weiter, bis Sie nicht mehr alle Wörter nennen können.

(4) Schreiben Sie mit der linken Hand einen Brief oder einen Text aus der Zeitung ab.

(5) *Anleitung:*
Konzentrieren Sie sich auf jede Figur einzeln, und lassen Sie sie innerhalb von jeweils einer Minute möglichst oft in der Perspektive kippen.

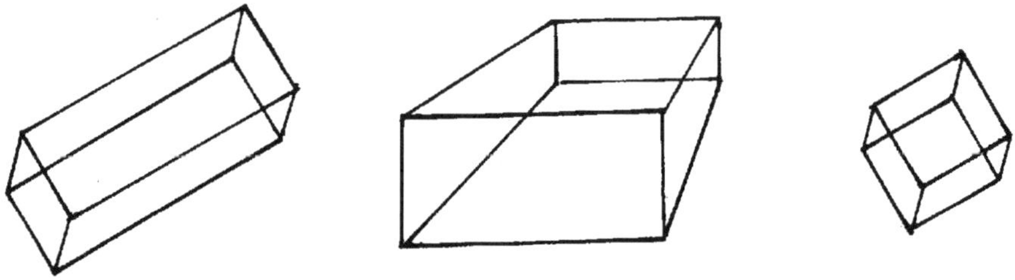

(6) Versuchen Sie, in diesem Labyrinth möglichst schnell vom Start zu Punkt A zu gelangen (nur mit den Augen, ohne Stift!).

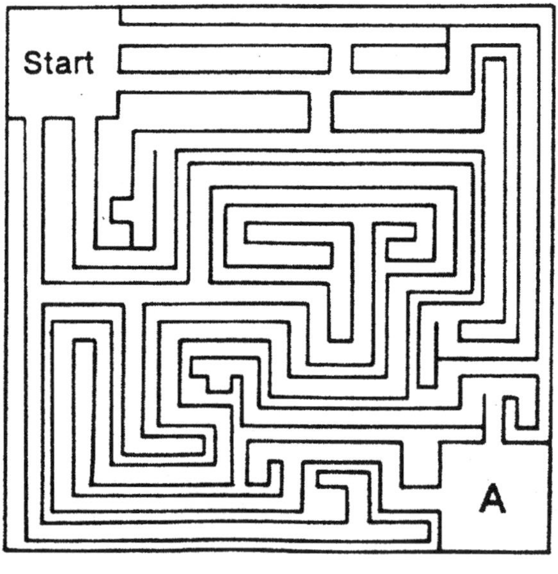

Weitere Konzentrationsübungen:

(7) Verdunkeln Sie den Raum, und zünden Sie eine Kerze an. Aus einem Abstand von ca. 50 cm schauen Sie nur auf das Blau der Flamme.

(8) Sie sitzen aufrecht auf einem Stuhl und schließen entspannt die Augen. Sie sehen eine große, dunkle Fläche. Nichts darf sich auf der Fläche bewegen.

(9) Auch dieser Konzentrationstest beansprucht Ihre Augen. Sie sollen durch das Gewirr der Linien in 30 Sekunden hindurchfinden. Bitte stellen Sie nur mit Ihren Augen fest, welche Zahl zu welchem Buchstaben führt. Bitte benutzen Sie dazu nicht Ihren Bleistift oder Ihren Finger.

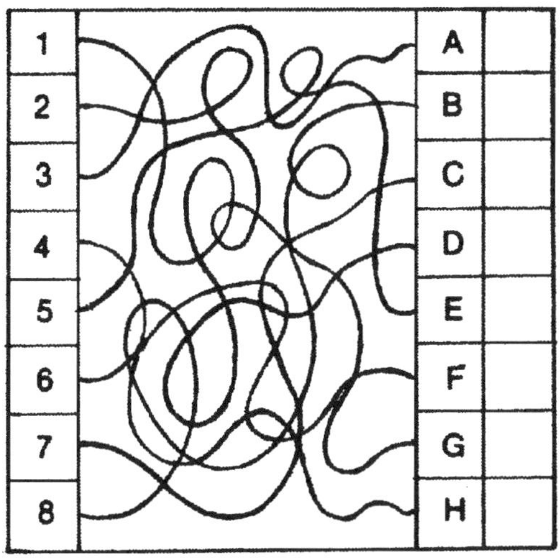

(10) Stellen Sie das Radio immer leiser, und versuchen Sie, alles zu verstehen.

(11) Unterstreichen Sie in der Zeitung in einem bestimmten Abschnitt alle **e** und **a** – so schnell wie möglich (Uhr!).

(12) Spielen Sie wieder Spiele wie Memory oder Puzzle. Die Zeit spielt eine große Rolle.

(13) Spielen Sie das »Störspiel«: Sie konzentrieren sich 5 Minuten oder länger auf eine Aufgabe, und Ihr Partner muß versuchen, Sie irgendwie zu stören, abzulenken. Sie dürfen nicht reagieren.

> Sie haben immer Jetzt, nicht Gestern, nicht Morgen.
> Sie haben immer die Gelegenheit, etwas zu verändern.

»Gedächtnistechniken« helfen immer!

- Trainieren Sie immer und überall Ihr Vorstellungsvermögen.
- Gebrauchen Sie Merkwortsysteme.
- Trainieren Sie gezielt Ihre Konzentration.
- Reimen Sie mal wieder, um das Gedächtnis zu stärken.
- Erfinden Sie Geschichten.
- Die Kettenmethode hilft, sich die richtige Reihenfolge zu merken, weil Begriffe nicht isoliert voneinander vorgestellt werden, sondern wie die Glieder einer Kette miteinander verknüpft werden.

Durch die Verbindung der Begriffe ist eine leichtere und sicherere Speicherung möglich und eine gezielte Abfrage in der richtigen Reihenfolge.
Das Wichtigste bei allen Gedächtnistechniken und damit auch bei der Kettenmethode ist die Phantasie. Sie drehen praktisch einen »Film«, der beim Abrufen der Begriffe vor Ihrem geistigen Auge erscheint.

Beispiel: Besorgungsliste
Flüssigwaschmittel ➪ Schuhe ➪ Zeitungen ➪ Fön ➪ Mülleimer ➪ Batterien ➪ Schlüssel ➪ Tabletten ➪ Spielzeugauto ➪ Armband
Stellen Sie sich vor, wie Sie Flüssigwaschmittel in die Waschmaschine einfüllen und ein Teil danebenläuft, direkt in Ihre

besten Lackschuhe. Sie spülen sie deshalb mit Wasser aus, stopfen Zeitungen hinein und fönen sie zusätzlich.
Der Fön rutscht Ihnen weg, fällt zu Boden und zerbricht. Sie werfen ihn in den Mülleimer. Sie sind entsetzt, daß im Mülleimer Batterien liegen, nehmen sie heraus und legen sie neben Ihren Haustürschlüssel, um sie später wegzubringen. Neben dem Schlüssel liegen auch Ihre Tabletten, die Sie einmal am Tag nehmen müssen. Vor lauter Aufregung fällt die Pillendose auf den Boden, und die Pillen rollen unter den Tisch. Als Sie sie aufheben wollen, entdecken Sie das Spielzeugauto Ihres Enkels und innen im Spielzeugauto Ihr lang vermißtes Armband. Sie legen es um und gehen nun endlich einkaufen.

- Behalten Sie mit der Lokalisationsmethode Dinge im Gedächtnis.

Bei der Lokalisationsmethode werden zu speichernde Begriffe in der Vorstellung mit bestimmten Orten verbunden. Wenn Sie später an diese Orte denken, tauchen die Begriffe automatisch auf.
Dabei gibt es mehrere Möglichkeiten. Sie können Ihre Begriffe an die Wände und in die Ecken Ihres Wohnzimmers »malen« oder z. B. an markante Gegenstände auf Ihrem täglichen Weg zum Supermarkt heften.

Beispiel: Einkaufsliste
Sahne – Hundefutter – Fisch – Wein – Blumenstrauß – Kerze – Ketchup – Milch – Öl – Nudeln
Sie können sich zum Beispiel vorstellen, daß jemand mit *Sahne* Ihren Namen an die Tür des Wohnzimmers gespritzt hat. In der ersten Ecke steht ein Turm aus *Hundefutterdosen*, an die Wand ist ein riesengroßer *Fisch* gemalt. In der zweiten Ecke steht eine mannsgroße Flasche *Wein*. An der Wand im Hintergrund prangt ein bunter *Blumenstrauß*. In der nächsten Ecke steht eine große, dicke, gelbe *Kerze*. Die andere Wand ist total mit *Ketchup* beschmiert, und in der letzten Ecke steht eine überdimensionale *Milch*tüte. Von der Decke tropft *Öl*, und der Fußboden ist bedeckt mit *Nudeln*.

(Wenn Sie sich ausführlicher mit Gedächtnistechniken beschäftigen möchten, lesen Sie bitte in der weiterführenden Literatur nach, vgl. S. 204f.)*

»Man bleibt jung, solange man noch lernen, neue Gewohnheiten annehmen und Widerspruch ertragen kann!« (EBNER-ESCHENBACH)

Tips für ein besseres Namens- und Ortsgedächtnis:

- Nicht nur hören, sondern zuhören.
- Bei der Nennung spontan eine Gedankenverbindung herstellen und sich dieses Bild mit der Person vorstellen (z. B. »Oppolzer«: Stellen Sie sich vor, wie eine kleine Frau einen riesigen Baum abholzt).

---

*) In diesem Zusammenhang empfehlen wir Ihnen die Humboldt-Ratgeber: »Gedächtnistraining« (Bd. 313) und »Gutes Gedächtnis« (Bd. 639); beide erschienen im Humboldt-Taschenbuchverlag, München.

- Bei der Nennung sich den Namen geschrieben vorstellen.
- Nachfragen, wenn die Schreibweise unklar ist.
- Die Dame oder den Herrn im Gespräch immer wieder beim Namen nennen.
- Auf charakteristische Merkmale achten.
- Vielleicht fällt Ihnen ein passender Reim zum Namen ein?
- Ist es ein Name, den es öfter gibt, machen Sie ein »Gruppenbild«, d. h., stellen Sie sich die Damen und Herren mit dem Namen Meier vor, als wollten Sie ein Gruppenfoto machen.
- Sobald wie möglich den Namen aufschreiben.
- Eine Namenskartei anlegen, die öfter durchgesehen werden kann.
- An den folgenden Tagen den Namen mehrfach ins Gedächtnis rufen.

> Haben Sie beim Erinnern des Namens Schwierigkeiten, gehen Sie das Alphabet durch, und versuchen Sie, das Bild der spontanen Gedankenverbindung wiederherzustellen. Nennen Sie Ihren eigenen Namen, das veranlaßt den anderen in 90 Prozent der Fälle, seinen Namen zu nennen!

»Worüber wir nicht ernsthaft nachgedacht haben, das vergessen wir bald.«

(Marcel Proust)

Gedächtnistraining sollte sich nicht nur auf ein Namenstraining beschränken. Das wäre so, als würde ein Sprinter nur auf seine Beine achten. **Wichtig ist** vor allem die Gesamtkondition, und dazu ist es notwendig, den ganzen Körper zu trainieren.

Damit unser Gedächtnis uns nicht im Stich läßt, müssen wir unser Gehirn auf vielfältige Art fordern und dürfen es nicht einseitig strapazieren.

- Wenn Sie noch kein spezielles Hobby haben, dann überlegen Sie, was Sie interessieren könnte, und beschäftigen Sie sich damit intensiver. Die Begeisterung für eine Sache erleichtert das Lernen, schafft Erfolgserlebnisse und läßt Sie Ihr Gedächtnis »spielend« in Schwung bringen.
- Sammeln Sie z. B. Sprüche, Aphorismen oder Witze, und geben Sie sie im Bekanntenkreis zum Besten. – Lachen ist gesund!
- Lernen Sie eine Fremdsprache, oder frischen Sie alte Kenntnisse einer Sprache wieder auf!
- Lösen Sie Kreuzworträtsel, oder versuchen Sie sich in Rate- und anderen Denkspielen!
- Seien Sie kreativ! Schreiben Sie Gedichte! Malen Sie! Tun Sie etwas, was Ihre Phantasie anregt.
- Spielen Sie Schach, Kartenspiele oder andere Gesellschaftsspiele!
- Lesen Sie Bücher und Texte, die Sie in jüngeren Jahren schon einmal gelesen haben. Sie werden überrascht sein, wie viele Erinnerungen Ihnen dabei kommen.
- Diskutieren Sie!
- Besuchen Sie Kurse der Erwachsenenbildung!

»Phantasie ist wichtiger als Wissen.«

(EINSTEIN)

Phantasie gehört für viele in die Welt des Kindes und hat mit der Wirklichkeit der Erwachsenen nur wenig oder gar nichts zu tun.
Um so erstaunlicher ist es, daß ein Physiker und Mathematiker wie ALBERT EINSTEIN, dessen Welt weitgehend aus Zahlen und Formeln bestand, einen solchen Satz prägte.
Gelerntes Faktenwissen allein reicht nicht, um neue Erkenntnisse zu gewinnen, neue physikalische Gesetze zu entdecken oder andere neue Forschungsergebnisse zu erzielen. EINSTEIN hat erkannt, daß zwei wichtige Faktoren hinzukommen müssen: *Neugier und Phantasie.*

★

Nur, wenn man sich Dinge vorstellen kann, die (noch) nicht existieren, kann man über seine Grenzen hinauswachsen, etwas Neues entwickeln.
Nur mit Neugier und Phantasie ist Kreativität möglich. Wir müssen kein EINSTEIN sein, um die Wichtigkeit der Phantasie zu begreifen und um unsere Vorstellungskraft zu stärken. Wenn wir uns mit den Gehirnfunktionen und der Arbeitsweise des Gehirns beschäftigen, erkennen wir sehr schnell, wie wichtig die Phantasie für das Lernen und die Gedächtnisleistung ist und wie vorteilhaft es sich auswirkt, wenn wir sie regelrecht trainieren.

Spezielles Training der rechten Gehirnhälfte

Die rechte Gehirnhälfte wird im Alltag wesentlich weniger gefordert als die linke und ist meist »eingerostet«. Die folgenden Übungen sind speziell für die rechte Hirnhälfte gedacht.

- Schreiben Sie jeden Tag Ihren Namen und Ihre Adresse mit der linken Hand.
- Machen Sie verstärkt Gymnastik mit der linken Körperseite.
- Trainieren Sie Ihr Vorstellungsvermögen mit Billardspiel, Merkwortspielen, Gedankenspaziergängen, Puzzle, Memory.
- Seien Sie kreativ! Malen, töpfern, musizieren Sie!

Wenn beide Hirnhälften gleich stark zusammenarbeiten, vergrößern sich Konzentrationsfähigkeit und Gedächtnisleistung.

> Da die Phantasie eine Sache der rechten Hirnhälfte ist, können Sie mit dem Training Ihres Vorstellungsvermögens besonders viel dafür tun.

Strategien für jeden Tag

- Schreiben Sie alle wichtigen Dinge auf!
- Machen Sie sich Listen! (Einkaufsliste – Rechnungsliste – Anrufliste usw.) Listen sind Gedächtnishilfen, die Ihnen die Angst nehmen, eventuell etwas Wichtiges zu vergessen.
- Nehmen Sie für die Listen große Papierbögen, und schreiben Sie mit dickem Filzstift möglichst deutlich.
- Schreiben Sie bei der Einkaufsliste z. B. alle Dinge untereinander, die Sie in einem Geschäft bekommen, um eine bessere Übersicht zu erhalten und das Einprägen zu erleichtern.
- Sehr wichtige Sachen sollten unterstrichen werden.
- Legen oder hängen Sie die Listen immer an denselben Ort.
- Hängen Sie ein *»Schwarzes Brett«* neben das Telefon für wichtige Angelegenheiten.
- Hängen Sie einen Jahreskalender mit den wichtigen Geburtstagen und Terminen an die Toilettentür oder Küchentür.
- Schreiben Sie wichtige Gedanken sofort auf kleine Zettel, die Sie in einem *Zettelkasten* sammeln und am Abend oder am Wochenende noch einmal durchschauen. Für Sie wichtige Überlegungen heben Sie weiterhin im Zettelkasten auf, um sie immer wieder einmal in die Hand zu nehmen.
- Rechnungen legen Sie in eine spezielle Schublade oder ein besonderes Kästchen. Bezahlte Rechnungen unterschreiben Sie mit Datum und heften sie in einem Ordner ab.
- Entwickeln Sie ein System: Unterstützen Sie Ihr Kurzzeitgedächtnis, indem jedes Ding seinen bestimmten Platz erhält.
- Feste Gewohnheiten und regelmäßige Tätigkeiten helfen Ihnen, die Angst abzubauen, etwas zu vergessen.
- Kaufen Sie für jedes Zimmer eine Zeitschaltuhr, um wichtige Tagestermine nicht zu verpassen.

- Legen Sie ein Notizbuch und einen Wochenkalender (jeweils mit Bleistift) neben das Telefon.
- Wenn Sie fortgehen, nehmen Sie das Notizbuch genauso selbstverständlich mit wie Ihren Haustürschlüssel.
- Überprüfen Sie, bevor Sie das Haus verlassen, alle elektrischen Geräte.

Wenn Sie sich erinnern wollen, probieren Sie doch mal folgende »Tricks«:

- Das, was Sie nicht vergessen dürfen mitzunehmen, stellen Sie direkt vor die Tür, so daß Sie fast darüber »stolpern« müssen.
- Für den Fall, daß Ihnen im Bett noch etwas Wichtiges für den nächsten Tag einfällt und Sie nicht noch einmal aufstehen wollen, legen Sie Block und Bleistift auf den Nachttisch. Sie können auch den Wecker vor das Bett stellen oder den Lampenschirm der Nachttischlampe so schrägstellen, daß es Ihnen am nächsten Morgen sofort auffällt.
- Verknüpfen Sie die wichtigen Tätigkeiten mit festen Gewohnheiten. Legen Sie z. B. die Tabletten, die Sie morgens einnehmen müssen, neben den Zahnputzbecher.
- Tragen Sie die Armbanduhr am falschen Handgelenk, um an etwas Wichtiges zu denken.
- Denken Sie an den berühmten »Knoten im Taschentuch«!

Ganzheitliches Gehirntraining

Mit den Übungen dieses Buches haben Sie nicht nur Ihr Gedächtnis trainiert, sondern gleichzeitig Ihre allgemeine Fitneß gestärkt. Die jeweiligen Übungen eines Tages fördern mehrere Gehirnfunktionen, und die Anregungen für Bewegung und Entspannung vervollständigen das Programm eines ganzheitlichen Hirntrainings. Da die Wissenschaft in den vergangenen Jahren immer mehr erkannt hat, wie wichtig nicht nur gezielte »Kopfübungen«, sondern auch gehirngerechte Bewegung und

Entspannung sind, möchte ich an dieser Stelle noch einmal darauf eingehen.

Bewegung baut Streß ab und entspannt, steigert die Durchblutung des Gehirns und sorgt damit für eine gute Sauerstoffzufuhr. Spezielle Bewegungen mit der linken Körperseite regen – ebenso wie Phantasie- und Kreativitätsübungen – die im Alltag oft vernachlässigte rechte Hirnhälfte an. Fingerübungen aktivieren die grauen Zellen und verbessern die Konzentration. Überkreuz- und Gegenbewegungen – wie zum Beispiel beim Wandern – verstärken die Zusammenarbeit der beiden Hirnhälften und bringen so eine optimale Leistungsfähigkeit (siehe: »Das große Brain-Fitneß-Buch«, humboldt-Paperback 987).

Entspannungs- und Atemübungen gehören zu einem ganzheitlichen Hirntraining, damit es erst gar nicht zu Denkblockaden kommt bzw. sie schnell abgebaut werden und die rechte Hirnhälfte in Aktion treten kann. Im Streß denken Sie im besten Fall nur mit halber Kraft. Je entspannter Sie sind, desto mehr Hirnpotential können Sie nutzen.

Wirkungen des ganzheitlichen Hirntrainings:

- Aktivierung der Gehirnzellen.
- Informationen sind gezielt abrufbar und neue Infos werden fest und sicher gespeichert.
- Die Durchblutung des Gehirns sowie aller Organe des Körpers wird verstärkt.
- Der Stoffwechsel wird angeregt.
- Die Wirksamkeit mancher Medikamente wird verstärkt.
- Es erfolgt eine Ausschüttung von Stoffen im Gehirn (»Endorphinen«), die eine positive Stimmungslage begünstigen.
- Es kommt zu einer positiveren Einstellung, zu mehr Erfolgserlebnissen, zu mehr Selbstvertrauen und damit zu mehr Aktivität und Spaß am Leben.

Lösungsteil

1. TAG

1. Übung:

z. B. F R E U D E
R A N D
E M U
U N D I N E
D I C H T E R
E L F

2. Übung: *Reime*

Stadt – matt – satt – . . .
Haus – Klaus – Maus – . . .
Stock – Rock – Bock – . . .
Hammer – Klammer – Jammer – . . .
Schnee – Klee – Fee – . . .

3. Übung: *Dichtersuche*

a) THEODOR FONTANE:
»Herrn von Ribbeck auf Ribbeck im Havelland«
Herr von Ribbeck auf Ribbeck im Havelland
ein Birnbaum in seinem Garten stand;
und kam die goldene Herbsteszeit,
und die Birnen leuchteten weit und breit,
da stopfte, wenn's Mittag vom Turme scholl
der von Ribbeck sich beide Taschen voll.
Und kam in Pantinen ein Junge daher,
so rief er: »Junge, wiste 'ne Beer?«
Und kam ein Mädel, so rief er: »Lütt Dirn,
kumm man röwer, ick hebb 'ne Birn!«

So ging es viel Jahre, bis lobesam
der von Ribbeck auf Ribbeck zu sterben kam.
Er fühlte sein Ende. War Herbsteszeit,
wieder lachten die Birnen weit und breit.
Da sagte von Ribbeck: »Ich scheide nun ab.
Legt mir eine Birne mit ins Grab.«

Und drei Tage drauf aus dem Doppeldachhaus,
trugen von Ribbeck sie hinaus.
Alle Bauern und Büdner mit Feiergesicht
sangen »Jesus meine Zuversicht«,
und die Kinder klagten, das Herze schwer:
»He is dod nu. Wer giwt uns nu 'ne Beer?«

So klagten die Kinder. Das war nicht recht,
ach, sie kannten den alten Ribbeck schlecht,
der neue freilich, der knausert und spart,
hält Park und Birnbaum strenge verwahrt.
Aber der alte, vorahnend schon
und voll Mißtrauen gegen den eigenen Sohn,
der wußte genau, was damals er tat,
als um eine Birn' ins Grab er bat,
und im dritten Jahr aus dem stillen Haus
ein Birnbaumsprößling sproßt heraus.

Und die Jahre gehen wohl auf und ab,
längst wölbt sich ein Birnbaum über dem Grab,
und in der goldenen Herbsteszeit
leuchtet's wieder weit und breit.
Und kommt ein Jung' übern Kirchhof her,
so flüstert's im Baume: »Wiste 'ne Beer?«
Und kommt ein Mädel, so flüstert's: »Lütt Dirn,
kumm ma röwer, ich gew di 'ne Birn!«

So spendet Segen noch immer die Hand
des von Ribbeck auf Ribbeck im Havelland.

b) THEODOR STORM: »Meeresstrand«
Ans Haff nun fliegt die Möwe,
Und Dämmrung bricht herein;
Über die feuchten Watten
Spiegelt der Abendschein.

Graues Geflügel huschet
Neben dem Wasser her;
Wie Träume liegen die Inseln
Im Nebel auf dem Meer.

Ich höre des gärenden Schlammes
Geheimnisvollen Ton,
Einsames Vogelrufen –
So war es immer schon.

Noch einmal schauert leise
Und schweiget dann der Wind;
Vernehmlich werden die Stimmen,
Die über der Tiefe sind.

5. Übung:
Rätsel: Das Wort

2. TAG

3. Übung: *Beispiel*

W I T Z K O M M T A U S D E M V E R S T A N D
A G A E E F A A E F N E A S A A R O A O U A O
L E N L I E M U I F K I C E D S D S A R T S S
D L G T L N A L G E E L H L E E E E L F O E E

H U M O R A U S D E M H E R Z E N
A R E E A M R A A F O A N U A N O
U N E S B M I M R E H N T T H G A
S E R E E E N T M U R D E E L E H

4. Übung: *Buchstabensuche:* 25 H und h

5. Übung: *Scherzfragen:*
a) Nicht der Wein wächst, sondern der Rebstock.
b) Angelsachsen
c) Boxring
d) Bückling
e) Schlüsselbart

3. TAG

1. Übung: *Reisen:*
rein – Eis – Eisen – Sir – sie – es
Ei – Reis – See – sein – nie – Iser
Ren – Riese – . . .

2. Übung: *Wissensfragen*

a) 1 Jahr **c)** Fette Henne **e)** Jakob und Wilhelm

b) 2700 **d)** Bernstein

3. Übung: LUDWIG RICHTER

4. Übung: *Ordnung*

1. Gruppe: *Gewürzpflanzen*	**2. Gruppe:** *Laubbäume*	**3. Gruppe:** *Nadelbäume*	**4. Gruppe:** *blau blühende Blumen*	**5. Gruppe:** *gelb blühende Blumen*
Majoran	Ulme	Eibe	Rittersporn	Sonnenblume
Petersilie	Esche	Kiefer	Vergißmeinnicht	Löwenzahn
Schnittlauch	Ahorn	Wacholder	Kornblume	Hahnenfuß
Basilikum	Eiche	Tanne	Enzian	Huflattich

5. Übung: *Rätsel:* Die Kirchturmglocke

4. TAG

2. Übung: *»Fink und Frosch«* (WILHELM BUSCH)

Im Apfelbaume pfeift der Fink
sein Pinkepink!
Ein Laubfrosch klettert mühsam nach
bis auf des Baumes Blätterdach
und bläht sich auf und quakt: »Ja, ja!
Herr Nachbar, ick bin och noch da!«
Und wie der Vogel frisch und süß
sein Frühlingslied erklingen ließ,
gleich muß der Frosch in rauhen Tönen
den Schusterbaß dazwischen dröhnen.
»Jucheija heija!« spricht der Fink.
»Fort flieg ich flink!«
Und schwingt sich in die Lüfte hoch.
»Wat!« ruft der Frosch. »Dat kann ick och!«
Macht einen ungeschickten Satz,
fällt auf den harten Gartenplatz,
ist platt, wie man die Kuchen backt,
und hat für ewig ausgequakt.
Wenn einer, der mit Mühe kaum
geklettert ist auf einen Baum,
schon meint, daß er ein Vogel wär',
so irrt sich der.

3. Übung: *Wissensfragen*

a) Tohuwabohu ist der hebräische Ausdruck für »wüst und wirr« (aus 1. Mose 1,2).

b) Adamsapfel: Die verbotene Frucht wird in der Bibel nicht genannt, ist aber bereits in altchristlichen Darstellungen ein Apfel. Als Adam davon aß, blieb ihm nach einem alten Volksglauben ein Stück im Halse stecken; danach heißt der vorstehende Kehlkopf des Mannes Adamsapfel.

c) Salomonisches Urteil: beruht auf der Bibel, 1. Könige 3, 16–28.
Salomo entscheidet dort den Streit zweier Frauen um ein Kind zunächst, indem er das Kind zu teilen befiehlt, spricht es dann derjenigen zu, die das Kind, statt es zu töten, lieber der anderen überlassen wollte.

d) A und O: die Hauptsache, das Wesentliche, Anfang und Ende; A(lpha) und O(mega) sind der erste und der letzte Buchstabe des griechischen Alphabets.

e) »Ich weiß, daß ich nichts weiß!« – Sokrates

5. Übung: *Bildhafte Redewendungen*

(2) jemanden in die Zange nehmen

(3) jemandem eine Brücke bauen

(4) jemandem das Herz brechen

Denkaufgabe: Falschmünzer
Nur einmal. Greifen Sie in die Dose mit dem Etikett »Pfennig + Groschen«. Da Sie wissen, daß alle Dosen falsch beschriftet sind, enthält diese Dose noch einmal die gleiche Münze wie die herausgenommene.
Beschriften Sie diese Dose richtig. Dann vertauschen Sie die beiden übrigen Etiketten.

5. TAG

4. Übung: Eugen Roth
Phantasie
Wer durch die Welt reist, phantasielos,
Wird die Enttäuschung leider nie los:

Dem ist die Schweiz nicht kühn genug,
Die Steiermark nicht grün genug,
Das ewige Rom nicht alt genug,
Spitzbergen selbst nicht kalt genug.
Neapel ist nicht arm genug,
Und Capri ihm nicht warm genug,
Marseille ist nicht verderbt genug,
Pompeji nicht zerscherbt genug,
Paris ist ihm nicht toll genug.
Kurzum, die Welt nicht voll genug
Von Wundern, die es lohnen würden,
Sich Reisemühsal aufzubürden.
Zeig ihm, du machst ihn nicht zufrieden,
Den Parthenon, die Pyramiden,
Ja, laßt ihn Indiens Zauber wählen:
Was wird er heimgekehrt erzählen?
Daß überall die böse Welt
Ihn um sein gutes Geld geprellt.

5. Übung: *Rätsel:* Der Mond

6. TAG

2. Übung: *Dichterraten*

a) »Die Stadt« von THEODOR STORM

Am grauen Strand, am grauen Meer
Und seitab liegt die Stadt;
Der Nebel drückt die Dächer schwer,
Und durch die Stille braust das Meer
Eintönig um die Stadt.

Es rauscht kein Wald, es schlägt im Mai
Kein Vogel ohn' Unterlaß;
Die Wandergans mit hartem Schrei
Nur fliegt in Herbstesnacht vorbei,
Am Strande weht das Gras.

Doch hängt mein ganzes Herz an dir,
Du graue Stadt am Meer;

Der Jugend Zauber für und für
Ruht lächelnd doch auf dir, auf dir,
Du graue Stadt am Meer.

b) »Der Panther« von Rainer Maria Rilke
Sein Blick ist vom Vorübergehn der Stäbe
so müd geworden, daß er nichts mehr hält;
ihm ist als ob es tausend Stäbe gäbe
und hinter tausend Stäben keine Welt.

Der weiche Gang geschmeidig starker Schritte,
der sich im allerkleinsten Kreise dreht,
ist wie ein Tanz von Kraft um eine Mitte,
in der betäubt ein großer Wille steht.

Nur manchmal schiebt der Vorhang der Pupille
sich lautlos auf. Dann geht ein Bild hinein;
geht durch der Glieder angespannte Stille
und hört im Herzen auf zu sein.

3. Übung: *Original und Fälschung:* 10 Fehler

5. Übung: *Buchstabensalat*
Tee – Ei – Huhn – Butter – Eis – Honig – Reis – Milch – Kaffee – Öl – Mehl – Salz – Wurst – Käse

Scherzfragen:

a) Buch
b) Glücksfall
c) Licht
d) Ohrfeigen
e) Notenköpfe

7. TAG

3. Übung: Z. B.:
Sesam – Amateur – Amazonas – Ambiente – Ambulanz – Amerika – Ameise – Karambolage – Kamel – Kamin – Kammer – Kampf – Karamel – Rampe – Ramsch – Ramses – Samt – Stamm – Scham – Stramin – Lamm – Lama – . . .

4. Übung:

a) Cinderella
b) Märchenfigur und Feldsalat
c) Graugans
d) Grille
e) Knoblauch

5. Übung: *Rätsel:* Fuß

8. TAG

4. Übung: *Wissensfragen*

a) Balmung
b) Text: HOFFMANN VON FALLERSLEBEN
Melodie: »Kaiserquartett« von HAYDN
c) MÜNCHHAUSEN
d) Andreas, Bartholomäus, Jakobus d. Ältere und d. Jüngere, Johannes, Judas Ischariot, Matthäus, Petrus, Phillippus, Thomas,Thaddäus, Simon
e) Glühlampen gibt es seit 1854; Erfinder: EDISON

5. Übung:
Denkaufgabe: Diese Zahlenfolge enthält die Zahlen in alphabetischer Reihenfolge.

9. TAG

1. Übung: 14 Sternchen

4. Übung: *Teekessel*

Fassung:
- Ringfassung
- Die farbige Bemalung der Bildwerke aus Stein und Holz im Altertum und Mittelalter
- Selbstbeherrschung
- Vorrichtung für elektrische Birnen
- Die ausgearbeitete Gestalt und Form eines literarischen künstlerischen Werkes

Feld:
- Feld = Acker
- Schußfeld
- Schachfeld
- Fußballfeld
- Kriegsfeld
- Kraftfeld

Flügel:
- Vogelflügel
- Klavierflügel
- Fensterflügel
- Hausflügel

5. Übung:
Scherzfragen:

a) Zufall
b) Brillengläsern
c) Bücherwurm
d) Hose
e) Handschellen

10. TAG

1. Übung: *Pflanzen mit Tiernamen,* z. B.:
Fliegenpilz – Gänseblümchen – Elefantengras – Habichtskraut – Fuchsie – Bärentraube – Fetthenne – Tigerlilie – Wolfsmilch – Hahnenfuß – Storchschnabel – Katzenpfötchen – Reiherschnabel – Läusekraut – Kuhblume – Kuckucksblume – Hundsveilchen – Hasenklee – Hummelragwurz – Ochsenzunge – Lerchensporn usw.

2. Übung: *Gedichteraten*
a) »Winternacht« von Joseph von Eichendorff
b) »Der Zauberleuchtturm« von Eduard Mörike
c) »Der Postillion« von Nikolaus Lenau

4. Übung: *Wörtersuche*
Kommandant – Kommunion – Kommunist – Aufkommen – verkommen – Abkommen – umkommen – ankommen – Einkommen – bekommen – Komma – Kommando – Kommentar – Kommers – Kommiß – Kommissar – Kommission – Kommode – kommunal – Kommune – Kommunikation usw.

5. Übung: *Buchstabensalat*
Italien, Island, Polen, Ungarn, England, Kanada, China, Indien, Iran, Spanien
Rätsel: Tabak

11. TAG

3. Übung: *Original und Fälschung:* 10 Fehler

4. Übung: *Geheimsprache*
Als in Berlin das Spiel an der Tagesordnung war, geistreiche Beziehungen zwischen verschiedenartigen Dingen zu finden, fragte eine Gastgeberin Fontane: »Welcher Unterschied besteht

zwischen mir und einer Taschenuhr?« Der Dichter antwortete: »Die Taschenuhr erinnert uns an die Zeit, Sie lassen uns die Zeit vergessen.«

5. Übung: *Wörtersuche*
a) halten b) laufen c) fallen

Rätsel: Mittwoch

12. TAG

2. Übung: *Wissensfragen*
a) Dezibel
b) Weinsäure
c) In Stein gehauene Kinder- bzw. Engelgestalten
d) Diäten
e) NIKOLAUS LENAU

4. Übung: *Ordnungsspiel*

1. Gruppe	**2. Gruppe**	**3. Gruppe**	**4. Gruppe**
Kleidung	*Schmuck*	*Kleidung zum Knöpfen*	*Accessoires*
Rock	Ring	Weste	Regenschirm
Kleid	Kette	Bluse	Handtasche
Pullover	Haarspange	Jacke	Korb
Hose	Brosche	Mantel	Koffer

5. Übung: *Reimvollendung*
Igel – nicht – sündigt – Majestät – schnell – sprechen – Stachelbund – Friedensheld

Denkaufgabe: 76 Hühner
Silbenrätsel: Selbsterkenntnis

13. TAG

1. Übung: *Verdrehte Städte*

Kiel
Hamburg
Erfurt
Jena
Schwerin
Hannover
Halle
Wuerzburg
Bremen
Koblenz

2. Übung: *Tiernamen mit Doppelbedeutung*

Fuchsschwanz = Säge
Spinne = Wäschespinne
Fliege = Binder
Star = berühmte Person
Bücherwurm = Leseratte = Vielleser usw.

Weitere Begriffe:
Eselsbrücke – Kirchenmaus – Dreckspatz – Wanderratte – Salonlöwe – Ohrwurm – Katzenjammer – Affentheater – Sauwetter – Bärenhunger – Frechdachs usw.

5. Übung: *Denkaufgabe:* Zifferblatt

14. TAG

2. Übung: *Phantasietraining*

Z. B.:

4 = Fenster
5 = Hand
6 = Würfel
7 = sieben Zwerge
8 = Achterbahn
9 = Kegel
10 = Zehen

3. Übung: *Versteckte Tiere*

Schund – segeln – begraben – Beule – schmücken – Saal – Radler – Trunkenheit – Entente – Ameise – Emmaus – Baumrinde – Holm – beschaffen – Staffelei – Graben – Globetrotter – Sandkuhle usw.

4. Übung: *Liederraten*

a) »Ich weiß nicht was soll es bedeuten«
2. Strophe
Text: H. HEINE – Melodie: F. SILCHER

b) »Wem Gott will rechte Gunst erweisen«
2. Strophe
Text: J. v. Eichendorff – Melodie: T. Fröhlich

c) »Am Brunnen vor dem Tore«
3. Strophe
Text: W. Müller – Melodie nach F. Schubert

5. Übung: *Scherzfragen:*
a) 69 und 96
b) Ein Mann hat eine Glatze.
c) Der Zahnarzt
d) Wenn die Butter ausgelassen wird.

15. TAG

2. Übung: *Tätigkeitssuche*
a) binden **b)** bestellen

5. Übung: *Buchstabenzählen*
43 »e« und 14 »u«

Rätsel: Schere
Denkaufgabe: 6 Tage

16. TAG

3. Übung: *Bildhafte Redewendungen*

(1) sich ein dickes Fell anschaffen

(2) für jemanden die Hand ins Feuer legen

(3) nach jemandes Pfeife tanzen

(4) sich mit fremden Federn schmücken

(5) nicht die Katze im Sack kaufen

4. Übung: *Buchstaben schütteln*
Sommerurlaub:
Ur – Laus – raus – Lamm – Summe – er – Los – Maus – Mauer – Lauer – Laub – Bauer – sauer – Raum – Rum – Saum – Baum usw.

5. Übung: *Wissensfragen*

a) Capri
b) Ameisenbär
c) 1001 Nacht
d) Labskaus

17. TAG

2. Übung: *Gedichteraten*

a) »Septembermorgen« von EDUARD MÖRIKE
b) »Sehnsucht« von JOSEPH V. EICHENDORFF
c) »Reiterlied« von FRIEDRICH SCHILLER

3. Übung: *Buchstabensalat*

a) Bohnen
b) Moehren
c) Tomaten
d) Kohlrabi
e) Rosenkohl
f) Aprikose
g) Blaubeere
h) Pfirsich
i) Mandarine
j) Weintrauben

5. Übung: *Positiv denken*

- Meine Hände sind nicht ganz sauber.
- Ich bin noch nicht ganz wach.
- Mein Sohn hat andere Qualitäten als die handwerklichen.
- Der Lehrer ist vollschlank.

Rätsel: Lage, egal

18. TAG

2. Übung: *Bildhafte Redewendungen*

(1) sich bis aufs Hemd ausziehen

(2) sich diesen Schuh anziehen

(3) sich zum Affen machen

(4) es faustdick hinter den Ohren haben

(5) mit dem Kopf durch die Wand

(6) sich verschanzen

(7) vor Freude an die Decke springen

(8) sich aufplustern wie ein Pfau

(9) sich lieber die Zunge abbeißen

(10) sich aufs hohe Roß setzen

3. Übung: *Entenspiel*

1. Frage:
Ente = Vogel
Ente = falsche Zeitungsmeldung
2. Frage:
Entenbraten – Tangente – Rente – Absolventen – abenteuerlich – enteisen – entehren – enteilen – Entente – Ententeich – enterben – Enterich – entern – Enteritis – Entertainer – Regenten – Sentenz – Testamente – Fundamente – Alimente – Elemente – Instrumente usw.

5. Übung:

Denkaufgabe: 6 Kreise bilden einen Ring.

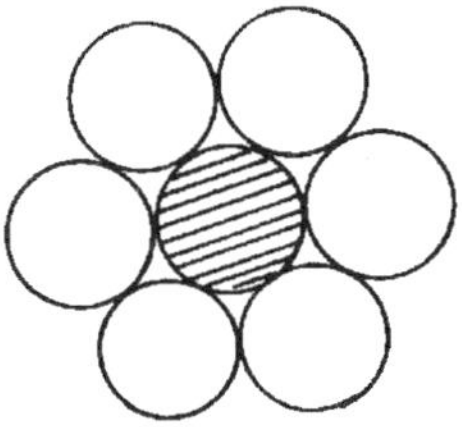

19. TAG

3. Übung: *Einsilbigkeit,* z. B.:
Hanf – Flachs – Mohn – Klee – Mais – Gras – Moos – Pilz usw.

4. Übung: »Das Unwetter« von HEINZ ERHARDT
Reime:

Kind – sind	Mauer – sauer
ferne – Sterne	schon – Sohn
feuchten – leuchten	ein – herein
Stube – Bube	verglimmt – Zimt
Donnerschlag – Donnerstag	

5. Übung:
Scherzfragen:
a) Ohrfeige
b) Fingerhut
c) Alphabet
d) Windhose
e) Zeisig – so eisig

20. TAG

1. Übung:
Z. B.: Kaiser – Waise – Baikalsee – Daimler Benz – Hain – Haifisch – Kairo – Kain – Kaimauer – Laib – Laie – Mai – Mainz – Mais – Main – Feldrain – Raiffeisenbank – Saison – Saite usw.

2. Übung: *Scharade*

(2) Kahn – Tor = Kantor

(3) Naht – Uhr = Natur

(4) Zebra – Streifen = Zebrastreifen

(5) Schaum – Löffel = Schaumlöffel

4. Übung: *Wissensfragen*
a) Till Eulenspiegel
b) Milchreis
c) Blutegel
d) Dreißigjähriger Krieg
e) Mayflower
f) Caesar
g) Okulieren
h) Tomaten, Kartoffeln, Paprika
i) George Gershwin
j) Gegen die Habsburger

5. Übung:
Denkaufgabe:

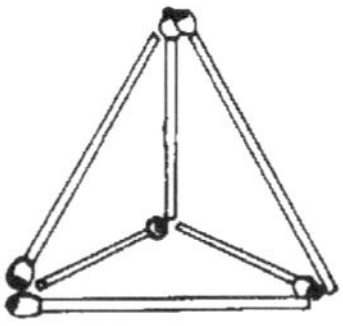

21. TAG

1. Übung: *Waldspaziergang*
Wiesel
Amsel
Luchs
Zaunkönig
Iltis
Elster

Dachs
Salamander
Panther
Auerhahn
Geier
Reh
Gemse
Adler
Nasenbär

3. Übung: *Bewegungsspiel*

gehen, schlendern, laufen, rennen, stolpern, lustwandeln, tapsen, latschen, schlurfen, trappeln, treten, trödeln, stampfen, zotteln, schleichen, trippeln, stöckeln, stapfen, fußeln, tänzeln, spazieren, schreiten, wandeln, zuckeln, zockeln, tappen, stelzen usw.

4. Übung: *Maler und ihre Werke*

a)/4	Michelangelo	**f)/9**	Renoir
b)/3	Dürer	**g)/8**	van Gogh
c)/2	Breughel	**h)/7**	Marc
d)/1	Rembrandt	**i)/6**	C. D. Friedrich
e)/10	Manet	**j)/5**	Feininger

5. Übung: *Vorwärts und rückwärts*

Retter – Ebbe – Uhu – Regallager – Reittier – Rentner – neben – Gras – Sarg – Reliefpfeiler – Lagerregal – Madam – Renner – Elle
Rätsel: Wetterbericht

22. TAG

1. Übung: *Zweierbeziehungen*

Bausch und Bogen
Caesar und Cleopatra
Stock und Stein
Rast und Ruh
Peter und Paul

2. Übung: *Dichter und Gedichte raten*

a) »Der Handschuh« von FRIEDRICH SCHILLER
b) »Der Knabe im Moor« von ANNETTE V. DROSTE-HÜLSHOFF
c) »Der Erlkönig« von JOHANN WOLFGANG V. GOETHE

3. Übung: *Kopf ab – Fuß ab*

Kleid – Leid – Eid – Ei
Greis – Reis – Eis – Ei
Klaus – Laus – Aus – Au

beraten – Braten – raten
Glaser – Laser – Ase – As
Schmaus – Maus – Aus – Au
Stadel – Tadel – Adel – Ade usw.

4. Übung: *Wissensfragen*

a) *Wörtlich:* abgewischte Schreibtafel
Der übertragene Sinn findet sich zuerst bei ARISTOTELES; heute: er ist Tabula rasa = ein unbeschriebenes Blatt: Tabula rasa machen = reinen Tisch machen.

b) Aus SCHILLERS »Verschwörung des Fiesco«

c) Etwas abschätzige Bezeichnung für ein gelehrtes weibliches Wesen; kommt von dem englischen »blue-stocking«.

d) Symbol der Romantik; stammt aus dem Roman »Heinrich von Ofterdingen« von NOVALIS (FRIEDRICH VON HARDENBERG).

e) Stammt aus GOETHES Roman »Die Wahlverwandtschaften«.

5. Übung:
Scherzfragen:
a) Kindergarten
b) Studenten
c) Zitrone
d) Würfel

23. TAG

3. Übung: *Spielzeugraten*
Eisenbahn – Plastiktelefon – Spielzeugauto – Hüpfseil – Puppenstube – Legobaukasten

4. Übung: *Absetzen und anschlagen*

a) Paket absetzen
etwas von der Steuer absetzen
feste Partikel in einer Lösung setzen sich ab
Rahm auf der Milch kann sich absetzen
man setzt sich rechtzeitig ab, bevor es gefährlich wird
bei einem Schriftstück muß man manche Zeilen absetzen
ein Vorstand wird abgesetzt, wenn er zu alt ist
Waren werden abgesetzt

b) Luther schlug seine Thesen an
beim Versteckspiel muß man rechtzeitig anschlagen
am Klavier ist es wichtig, die Tasten richtig anzuschlagen
ein Glas anschlagen
eine Tür bis zum Stopper anschlagen

5. Übung: *Tiersuche*

a) Salonlöwe
b) Flotte Biene
c) Ferkel – Dreckspatz
d) Kirchenmaus
e) Ohrwurm
f) Goldfisch
g) Grille
h) Ente
i) Bücherwurm

Denkaufgabe: 6 mm (≙ Dicke von 2 Deckeln) – Probieren Sie es aus! Stellen Sie die zwei Bände nebeneinander ins Regal, so berühren sich der Vorderdeckel des ersten Bandes und der Rückdeckel des zweiten Bandes.

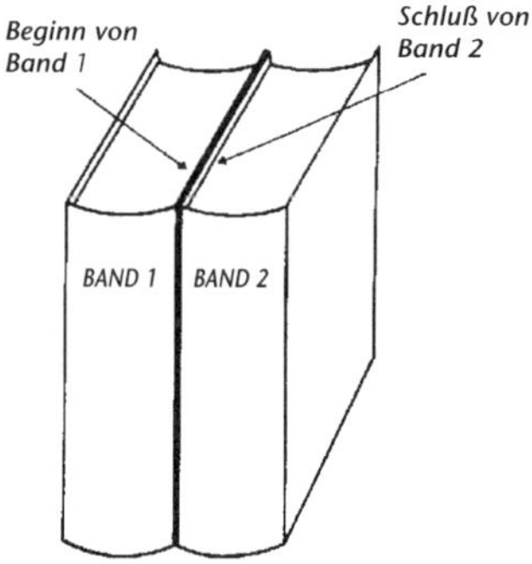

24. TAG

1. Übung: *Eigenschaftssuche*

a) schlau
b) treu
c) durstig
d) diebisch
e) bockig
f) geduldig
g) fleißig
h) scheu
i) flink
j) flatterhaft
k) mutig
l) stumm
m) listig
n) frech
o) sanft/friedlich
p) eitel

4. Übung: *Wissensfragen*

a) Yak
b) Faulbaum
c) Akropolis
d) Vasco da Gama
e) Amboß, Hammer, Steigbügel

5. Übung: *Teekesselraten*

a) Polster auf Stühlen
Beschichtung aus Edelmetallen
Auflage, sich z. B. bei der Polizei zu melden
alle Exemplare eines Buches, die auf einmal gedruckt werden

b) Sinnesorgan
Zentrum eines Hurricans
Augen bei Würfeln und Dominosteinen
noch fest geschlossene pflanzliche Seitenknospe
Öffnung im Scheitel einer Kuppel
Augen auf der Suppe = Fettaugen

c) blühende Pflanzen
Duft des Weines
Schwanz von Hase und Kaninchen
Schaum des frisch eingeschenkten Bieres
durch die Blume sprechen

d) Überführung über einen Fluß
Zahnersatz
gymnastische Übung
kleiner länglicher Teppich
jemandem eine Brücke bauen

e) amtlicher Ausweis
Übergang über ein Gebirge
genaue Ballabgabe, besonders beim Fußball
Grundfigur im Maßwerk der gotischen Bauornamentik

Rätsel: Man muß den Ball einfach senkrecht nach oben werfen.

25. TAG

1. Übung: *Ich-Spiel*
Stichling – Wicht – Gicht – Stich – Richter – Lichter – Schicht – Sicht – Dichte – Fichte – Gekicher – Nichte – Pichelsteiner – Trichter usw.

2. Übung: *Geflügelte Worte*

a) Das ist das Wesentliche; A = Alpha; O = Omega (= der erste und der letzte Buchstabe im griechischen Alphabet).

b) Der ungläubige Thomas ist in der Bibel der zweifelnde Thomas, der erst die Wunden von Jesus betasten muß, um glauben zu können.

c) »Der letzte Mohikaner« ist der Titel eines Romans von JAMES F. COOPER (Lederstrumpf-Geschichten).

d) Der gordische Knoten befand sich in der phrygischen Stadt Gordion im Tempel des Zeus. Nach einem Orakelspruch sollte der zum Herrscher Asiens werden, der den Knoten auflösen könne. Alexander der Große soll 333 v. Chr. den Knoten mit dem Schwert durchhauen haben.

e) Die Katze im Sack kaufen ist eine alte Redensart. Im Volksbuch »Till Eulenspiegel« wird eine Katze in ein Hasenfell genäht und in einem Sack an einen Kürschner verkauft.

4. Übung: *Buchstabentausch*

a) Rote, Orte, Tore
b) Dame, Edam, Made
c) Maus, Saum
d) Stier, reist
e) Kiel, Keil, like

5. Übung: *Aus Groß wird Klein*

- glasklar
- riesengroß
- federleicht
- pechschwarz
- stockdürr
- kinderleicht
- splitternackt
- steinhart
- eiskalt
- kugelrund
- spottbillig
- hundemüde

Denkaufgaben:

1.

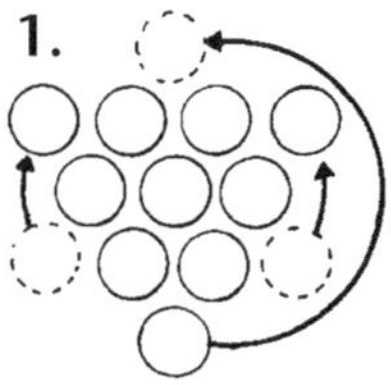

2.

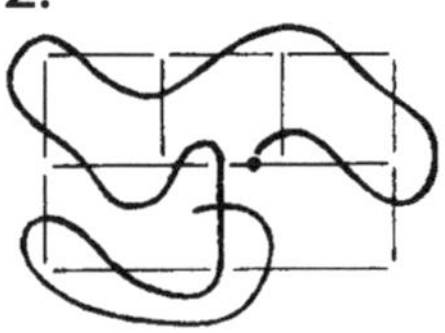

26. TAG

2. Übung: *Dichter und Gedichte*

a) »John Maynard« von THEODOR FONTANE
b) »Mondnacht« von JOSEPH V. EICHENDORFF
c) »Die Kraniche des Ibykus« von FRIEDRICH SCHILLER

4. Übung: *Buchstabensalat*

Bach – Komponist
Braun – Physiker – Schriftsteller – Sozialpolitiker
Hahn – Atomforscher
Brecht – Schriftsteller
Heuss – 1. Bundespräsident

Hesse – Dichter
Adenauer – 1. Bundeskanzler
Koch – Mediziner
Benz – Automobilhersteller
Busch – Dichter
Bebel – Politiker
Mann – Dichter
Fichte – Philosoph
Paul – Philosoph
Haydn – Komponist
Grimm – Märchensammler
Heine – Dichter
Orff – Komponist
Marx – Philosoph und Nationalökonom
Zeiss – Mikroskophersteller

5. Übung: *Bildhafte Redewendungen*

(1) sich ins rechte Licht setzen

(2) Wurzeln schlagen

(3) die Zähne zusammenbeißen

(4) wie ein Fähnlein im Wind

(5) jemanden in den Himmel heben

Denkaufgabe:

4 9 2
3 5 7
8 1 6

27. TAG

1. Übung: *Einsilbige Städte*
Bonn, Mainz, Köln, Bern, Wien, Prag, Fürth, Rom, Ulm, Kiel, Genf, Kehl, Linz, Graz, Gent, Delft, Brest, Tours, York ...

3. Übung: *Ersatzspiel*
erläutern, auseinanderlegen, auseinandersetzen, darlegen, darstellen, deuten, auslegen, klarmachen, Licht aufstecken, Lektion

erteilen, klarlegen, ausführen, entwickeln, vorführen, demonstrieren, zeigen, definieren, kommentieren, verdeutlichen, veranschaulichen, verlebendigen, konkretisieren, unterrichten, aufklären, orientieren, einführen, eröffnen, begründen, motivieren, ins Bild setzen usw.

5. Übung: *Familienbande*

Dampfbad, Dampfmaschine, Dampfbügeleisen, Dampfschiff, Dampfdruck, dampfen, Dampfer, Dampfheizung, Dampfkessel, Dampfkochtopf, Dampfnudel, Dampfwalze, dampfig, verdampfen, abdampfen, ausdampfen . . .

Rätsel: »nichts«

28. TAG

4. Übung: *Wissensfragen*

a) George Washington
b) Indigo
c) Pelzwaren und Tabakwaren
d) Papyrus
e) Wilhelma
f) Biberschwanz

5. Übung: *Denkaufgabe:*

Mit einer Frage, bei der Sie die Antwort überprüfen können, z. B. »Regnet es gerade?«.

29. TAG

1. Übung: *Vierlinge*

Auge – Bein – Elle – Hals – Hand – Herz – Hirn – Kinn – Knie – Kopf – Mund – Nase – Rist – Zahn – Popo

2. Übung: *Phantasietraining*

Wenn Sie sich vorstellen, wie ein Mann (Zweibein) auf einem Stuhl (Vierbein) an einem Tisch (Dreibein) sitzt und eine Bratwurst (Einbein) in der Hand hält, dann ein Hund (Vierbein) kommt und auf den Tisch (Dreibein) springt, die Wurst (Einbein) packt und dabei der Mann (Zweibein) vom Stuhl (Vierbein) fällt und sich das Bein (Einbein) bricht, können Sie sich diesen Satz bestimmt schnell merken.

4. Übung: *Buchstabensuchen*
28 I und 22 R

5. Übung: *Vokalspiel*
Gardinenstoff – Aufsichtsperson – Bucheinband – Bronzestatue – Briefmarkenalbum – Kirchturmglocke – Kofferradio – Weidezaun – Heimatort – Wasserrohrbruch – Wintermonat – Wasserpistole – Kastanienbaum – Sonntagsspaziergang – Wachsfigurenkabinett – Rosenstrauch . . .

Scherzfragen:
a) Schallmauer
b) Airbus – Kolumbus
c) Stammbäume – Einbäume – Schlagbäume
d) Toilettenstuhl

30. TAG

3. Übung: *Gespräch ohne Punkt und Komma*
Die lustige Geschichte über eine kluge Frau.
Ein Mann hatte sich mit seiner Frau gestritten. Er war so wütend über sie, daß er sechs Tage lang im Haus umherging, ohne auch nur ein Wort zu sprechen. Da hatte die Frau, die sich gerne wieder mit ihrem Mann vertragen hätte, eine gute Idee. Sie nahm eine Taschenlampe und leuchtete damit unter jede Bank, unter jedes Sofa und hinter jeden Schrank. Sie stieg auf eine Leiter und guckte oben auf die Regale. Sie machte die Schubladen auf und sah hinein. Da wurde der Mann so neugierig, daß er sie schließlich fragte, was sie denn so begierig suche. Da antwortete sie lachend: »Deinen Mund! Ich dachte, du hättest ihn verloren, weil ich nichts mehr von dir gehört habe. Aber jetzt bin ich froh, daß ich ihn wiedergefunden habe.« Da mußte auch der Mann lachen, und sie vertrugen sich wieder.

5. Übung:
Denkaufgabe:

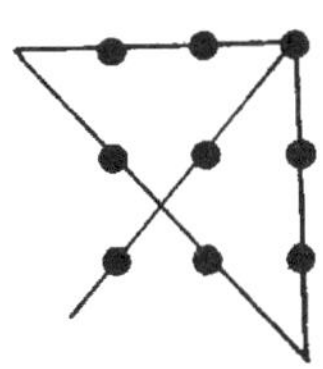

Literaturverzeichnis

Beyer, Günther:
Gedächtnis-Training – Humboldt-Taschenbuchverlag, München

Brenner, F. u. D.:
Teste Deine Allgemeinbildung – Humboldt-Taschenbuchverlag, München

Birkenbihl, Vera F.:
Stroh im Kopf? – Gabal-Reihe Bd. 6, Speyer

Buzan, Tony:
Kopftraining – Goldmann, München

Dereskey, Ladislaus S.:
Gedächtnis bis ins Alter – Ariston, München

Gerr, Elke:
4000 Sprichwörter und Zitate – Humboldt-Taschenbuchverlag, München

Gose, Kathleen/Levi, Gloria:
Wo sind meine Schlüssel? – Rowohlt, Reinbek

Klampfl-Lehmann, Ingrid:
Der Schlüssel zum besseren Gedächtnis – Bastei Lübbe, Bergisch-Gladbach

Minninger, Joan:
Gutes Gedächtnis – das Erfolgsgeheimnis – Humboldt-Taschenbuchverlag, München

Oppolzer, Ursula:
- Das große Brain-Fitness-Buch. Programm für mehr Kreativität und Denkvermögen – Humboldt-Taschenbuchverlag, München
- Super lernen – Humboldt-Taschenbuchverlag, München
- Verflixt, das darf ich nicht vergessen! Bd. 2 (mit und ohne Cassette erhältlich) – Humboldt-Taschenbuchverlag, München
- Der phantasievolle Weg zum guten Gedächtnis (Musik-Cassette) – Borgmann, Dortmund
- Wortspiele-Kartei – Borgmann, Dortmund
- Kartei für ganzheitliches Gehirntraining – »KOPF« – Borgmann, Dortmund
- Hirntraining mit ganzheitlichem Ansatz. Grundlagen, Anregungen und Trainingsmaterial für Gruppenleiter und Dozenten – Borgmann, Dortmund
- Gehirntraining mit Phantasie und Spaß – Borgmann, Dortmund
- Mehr Spaß in der Schule mit Phanta, Krea und Konzi – Borgmann, Dortmund
- Immerwährender Kalender für ein gutes Gedächtnis – Selbstverlag, Nordhorn

Speichert, Horst:
Kopfspiele – Rowohlt, Reinbek

Vester, Frederic:
Denken, Lernen, Vergessen – Deutscher Taschenbuchverlag, München

Allgemeines Stichwortregister

Seitenzahlen der verschiedenen Übungen

Die ersten 30 Tage
haben Sie geschafft.

Weiter geht es,
aber diesmal mit Übungen
für 50 Tage!

Verflixt!

Das große Humboldt Gedächtnistraining

von Ursula Oppolzer

Teil 2: Übungsprogramm für 50 Tage

www.humboldt.de

Inhalt

Vorwort

»Schreiben Sie doch ein Buch!« Mit diesem Satz hat es angefangen, und nun halten Sie bereits mein zweites Trainingsbuch für ein gutes Gedächtnis bis ins hohe Alter in den Händen. Ich freue mich, daß »Verflixt, das darf ich nicht vergessen!« Band I (humboldt-Paperback 935) viele ältere Menschen anregt, etwas für ihre grauen Zellen zu tun. Gern komme ich dem häufig geäußerten Wunsch nach, einen weiteren Band zu schreiben.

In meinem ersten Band finden Sie außer einem 30tägigen Trainingsprogramm auch Erläuterungen über die Hintergründe des Lernens, über Ursachen der Vergeßlichkeit und was Sie im Alltag gegen diese Vergeßlichkeit tun können.
Der Ihnen vorliegende zweite Band »Verflixt, das darf ich nicht vergessen!« bietet mit seinem Trainingsprogramm für 50 Tage eine Fülle von Übungen und Anregungen für geistige Aktivitäten, die Sie wiederum oft zum Lachen verführen wollen und somit nicht nur das Gehirn in Schwung bringen, sondern vor allem auch der Seele wohltun.

Wer den ersten Band kennt, wird feststellen, daß dieses neue Buch ebenso aufgebaut ist. Auch hier geht es um ein heiteres, spielerisches Trainingsprogramm für das Gedächtnis mit jeweils zehn- bis zwanzigminütigen Übungen. Sie finden sehr unterschiedliche Aufgaben, zum Beispiel: Konzentrationsspiele, Wortspiele, Gedichteraten, Einkaufsspiele, Phantasiespaziergänge und vieles mehr. Symbole, die auf Seite 14 erklärt werden, kennzeichnen die einzelnen Aufgaben und erleichtern die gezielte Wiederholung ganz bestimmter Übungen.

Neu sind die sogenannten »Sternchenaufgaben« (★★★) zum Abschluß jeden Tages. Das sind Aufgaben, die nicht zum täglichen Programm gehören und auch nicht in einer bestimmten Zeit zu lösen sind. Nur wer unbedingt noch weitermachen möchte, kann im Laufe des Tages immer wieder mal an diese Fragen denken und Antworten notieren.

Vielleicht haben Sie auch Lust, mit Freunden in einen kleinen »Wettstreit« zu treten!? Wichtig ist jedoch nicht die Anzahl der gefundenen Begriffe, sondern Freude und Begeisterung für die Sache. Wenn uns etwas Spaß macht, sind wir mit ganzem Herzen dabei. Körper, Geist und Seele bilden dann eine harmonische Einheit. Alltagsprobleme, negative Gedanken, körperliche Mißempfindungen verlieren an Bedeutung, wenn wir uns für etwas begeistern und uns intensiv damit beschäftigen.

Regelmäßiges Gedächtnistraining bewirkt:

- ein Aktivieren der Gehirnzellen
- eine bessere Durchblutung des Gehirns
- eine bessere Durchblutung aller Organe des Körpers, damit eine bessere Sauerstoffzufuhr, einen besseren Abtransport von Schlackenstoffen und damit eine Anregung des Stoffwechsels
- eine teilweise verstärkte Wirksamkeit von Medikamenten
- eine Ausschüttung von Stoffen im Gehirn, die eine positive Stimmungslage begünstigen
- eine positivere Einstellung
- mehr Erfolgserlebnisse
- mehr Selbstvertrauen
- ein stärkeres Selbstbewußtsein
- mehr Aktivität

- *mehr Spaß am Leben!*

Bei Eugen Roth heißt es in seinem Gedicht: »Die Vergeßlichen«: *»Wer war's denn gleich, Sie wissen doch!«* Diese Situation kommt uns allen mehr oder weniger gut bekannt vor. Wenn ich in Seminaren Teilnehmer frage, was ihnen in Sachen Gedächtnis am meisten zu schaffen macht, dann erhalte ich fast immer die Antwort: »Das Merken von Namen!« Dieser Satz kommt nicht nur von älteren Teilnehmern, sondern auch von jungen Leuten.

Andere können sich Telefonnummern nicht merken und wieder andere haben Schwierigkeiten, sich zu konzentrieren.

An dieser Stelle möchte ich Ihnen noch ein paar allgemeine Tips geben, die meinem Buch »Super lernen, Tips & Tricks von A–Z« (humboldt-Taschenbuch 715) entnommen sind:

- Hören Sie ganz genau hin!
  Nur das, was Sie bewußt und konzentriert wahrnehmen, kann Ihr Gehirn speichern.

- Lassen Sie sich den Namen buchstabieren!
  Damit gewinnen Sie Zeit und können sich den Namen vor Ihrem geistigen Auge geschrieben vorstellen. – Diese bildhafte Vorstellung ist wichtig.

- Sprechen Sie die Person im Laufe des Gespräches wiederholt mit ihrem Namen an!

- Versuchen Sie, sich ein Bild zu machen.
  Stellen Sie sich Herrn Müller zum Beispiel in einer Mühle beim Mahlen des Korns vor.

- Bauen Sie Eselsbrücken!
  Stellen Sie sich Frau Böing zum Beispiel in einer Boeing 737 vor.

- Wenn es möglich ist, finden Sie einen Reim auf den Namen oder eine Melodie. Seien Sie so kreativ wie ein Werbefachmann.

- Gibt es den Namen öfter, wie zum Beispiel Schmidt, dann machen Sie ein »Gruppenfoto«. Stellen Sie sich alle Personen mit demselben Namen gemeinsam in einem Bild vor.

- Schreiben Sie sobald wie möglich den Namen auf!

- Wenn Sie sich viele Namen merken wollen oder müssen, legen Sie sich eine Namenskartei an!
  Auf die Karteikarte schreiben Sie zusätzlich die Adresse, den Beruf, besondere Kennzeichen, Hobbys, Gemeinsamkeiten mit Ihnen oder starke Unterschiede und Tag und Ort des Kennenlernens.

- Denken Sie vor dem Einschlafen noch einmal an die neuen Gesichter und Namen des Tages!

- Haben Sie beim Erinnern Schwierigkeiten, gehen Sie in Gedanken das Alphabet durch. Stellen Sie sich Detailfragen!
- Begegnen Sie jemandem, dessen Name Ihnen im Moment partout nicht einfallen will, nennen Sie bei der Begrüßung Ihren eigenen Namen. Das veranlaßt den anderen in 90 % der Fälle, seinen Namen zu nennen.

Diese allgemeinen Tips und ein regelmäßiges Training Ihrer »grauen Zellen« werden Ihr Gedächtnis in Schwung bringen.

Übrigens: Für diejenigen, die nicht nur über das Auge, sondern auch über das Ohr ihr Gedächtnis trainieren wollen, ist dieser Band auch als Package (Buch mit Audiocassette, humboldt-Taschenbuch 960) erhältlich.

Ich wünsche Ihnen viel Erfolg und vor allem viel Freude.

Das sollten Sie wissen, bevor das Gedächtnistraining beginnt

- **Wenn Sie stets zu bestimmten Zeiten Ihr Gedächtnis trainieren, stellt sich Ihr Gehirn automatisch darauf ein, und Sie müssen sich nicht erst überwinden.**

- **Denken Sie daran, daß Ihr Gehirn »warmlaufen« muß wie ein Motor, um dann voll leistungsfähig zu sein.**
- **Wenn Sie Ihre Übungen immer am selben Platz machen, unterstützen Sie ebenfalls Ihre Lernbereitschaft.**

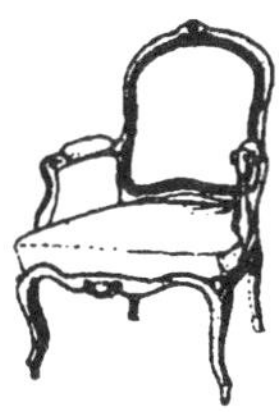

- **Suchen Sie sich einen angenehmen Platz, an dem Sie sich sehr wohl fühlen – je entspannter Sie sind, desto besser ist Ihr Gedächtnis.**
- **Durch leises »Vorsichhinsprechen« wird besser gespeichert.**
- **Trainieren Sie so oft wie möglich Ihr Vorstellungsvermögen, Ihre Phantasie.**

Bevor Sie beginnen, spielend Ihr Gedächtnis und Ihre Konzentration zu trainieren, legen Sie bitte Bleistift und Papier zurecht, und stellen Sie einen Wecker mit Sekundenzeiger vor sich hin.

Wichtig ist, daß Sie regelmäßig, das heißt täglich, trainieren. Das, was für Ihren Körper gut ist (10 Minuten Gymnastik pro Tag), ist für Ihr Gehirn mindestens ebenso wichtig. So, wie ein Muskel schlaff wird, wenn Sie ihn nicht benutzen, so werden die Gehirnzellen träge, wenn man sie nicht fordert (wohlgemerkt: fordert, nicht überfordert!). Überlegen Sie auch vorher, zu welcher Tageszeit Ihnen das Lösen der Aufgaben am meisten Freude machen wird und wann Sie wahrscheinlich 10 bis 20 Minuten ungestört sind, es sei denn, Sie wollen die Übungen mit Freunden oder Bekannten gemeinsam bearbeiten.

Viele Köche verderben hier n i c h t den Brei, sondern regen zu weiteren Gedankengängen an, sorgen für Überraschungen und vor allem für eine heitere Atmosphäre, in der sicher oft gelacht wird.

»Guten Tag, Frau...?« Verflixt, ich hab den Namen vergessen.

Ein Tip: Tragen Sie Ihre Antworten mit Bleistift ein, dann können Sie die Lösungen ausradieren und später wiederholen.
Oder nehmen Sie zum Notieren der gefundenen Lösungen und benötigten Zeiten einen Zettel oder – noch besser – ein Extra-Heft.

Bei späteren Wiederholungen können Sie dann vergleichen und sich an Ihrem Erfolg freuen.

Und noch etwas, bevor es losgeht:
Die Aufgaben sind unterschiedlich schwer und kommen aus den verschiedensten Gebieten. Wenn Ihnen Fragen zu leicht erscheinen, schauen Sie auf die Uhr, und machen Sie daraus ein Schnelligkeitsspiel.
Wenn Ihnen eine Aufgabe mal zu schwer sein sollte, freuen Sie sich über das, was Sie bereits gewußt haben, und legen Sie das Buch ein Weilchen aus der Hand. Vielleicht hilft auch ein Blick ins Lexikon oder Wörterbuch.
Für den »Notfall« enthält das Buch im Anhang einen Lösungsteil (vgl. S. 153ff.). Es kann also nichts schiefgehen!

»Es ist nicht wichtig, viel zu wissen,
es ist wichtig,
Wissen mit Freude zu erwerben
und lachend zu genießen.«

So, und nun frisch ans Werk:

Immer wiederkehrende Symbole

 Zeitspiele

 Wissensfragen

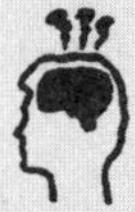 Gedächtnistraining

 Rätsel + Scherzfragen

 Phantasietraining

 Zuordnungs-aufgaben

 Gedichte raten

 Konzentrationsspiele

 Lieder raten

 Wörterkette + Satzkette

 Billardspiel

 Wörtersuche + Satzsuche Fehlersuche + Reime

 Kreativität + Formen

 Buchstabenspiele

 Denkaufgaben

Fälschung und Original

Wiederholung

 Sternchenaufgaben

Verflixt, das darf ich nicht vergessen! 50 Tage spielerisch das Gedächtnis trainieren

1. Übung: Phantasie ist gefragt

Verwandeln Sie Zahlen in Bilder.
Die »1« erinnert an einen »Turm« oder an einen »Baum«. Bei der Zahl »2« denken Sie vielleicht an »Zwillinge« oder an eine »Brille«. Die »3« wird symbolisiert durch ein »Dreirad« oder einen »Dreibeinschemel«.
Stellen Sie sich bei den ersten 5 Ziffern jeweils ein passendes Bild vor, so, wie angegeben. Sie können jedoch auch andere Bilder wählen. Wichtig ist, daß Sie sich später bei der Nennung einer Zahl sofort an *Ihr* Bild erinnern.

1 = ______________ 2 = ______________ 3 = ______________

4 = ______________ 5 = ______________

2. Übung: Buchstaben schütteln

Bilden Sie aus den Buchstaben des Wortes »Fruehling« in 3 Minuten möglichst viele neue Wörter.

Z. B.: Heu – Reif – ______________________________

____

3. Übung: Pärchen werden vereint

Um welche zusammengesetzten Begriffe handelt es sich?

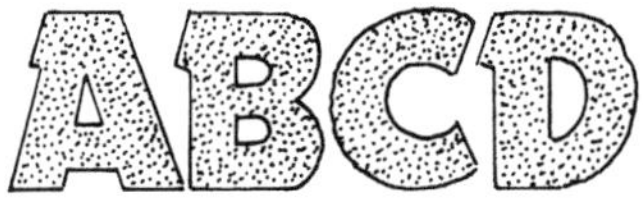

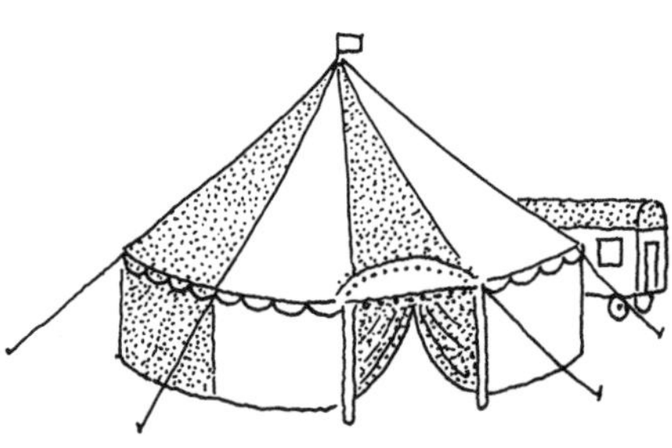

4. Übung: Silben zählen

Lesen Sie folgenden Text möglichst schnell und zählen Sie dabei die Silben. Zeit läuft.

»Der Regisseur und Theaterdirektor Max Reinhardt liebte es, in seinem Schloß Leopoldskron bei Salzburg fürstliche Feste zu geben. Dabei war es selbstverständlich, daß Kerzen den Festsaal beleuchteten. Ein amerikanischer Industrieller fragte angesichts der tausend brennenden Kerzen Max Reinhardt erschrocken: »Kurzschluß, Mister Reinhardt?«

Denkaufgabe: *Anna und Marie*
Marie ist heute 24 Jahre alt. Sie ist heute genau doppelt so alt, wie Anna war, als Marie so alt war, wie Anna jetzt ist.

> *Mark Twain traf den Verleger Carlton, der zwanzig Jahre vorher sein erstes Manuskript abgelehnt hatte. »Es gibt einen Menschen, der noch berühmter ist als Sie,« sprach der Kaufmann. »Das wäre?« fragte der Schriftsteller. »Ich. Man nennt mich das größte Kamel aller Zeiten.«*

★★★

Welche Redewendungen fallen Ihnen ein, in denen etwas Eßbares vorkommt?

Z. B.: Salz und Brot macht Wangen rot – ______________________

____

____

(Lösungen 1. Tag: S. 154)

2. TAG

»Fröhlichkeit ist die Sonne, die alles zum Blühen bringt!«

1. Übung: Wörtersuche

Suchen Sie in 2 Minuten möglichst viele Begriffe mit 4 Silben

Z. B.: Ge – dächt – nis – spiel

▽	▽	▽	▽
1	2	3	4

____

____

2. Übung: Phantasie ist gefragt

Verwandeln Sie wiederum Zahlen in Bilder:

6 = __________ 7 = __________ 8 = __________

9 = __________ 10 = __________

3. Übung: Bildhafte Redewendungen

Versuchen Sie, folgende Tätigkeiten bildhaft zu umschreiben bzw. bildhafte Redewendungen zu finden.

Z. B.: etwas schon am Anfang wieder beenden = im Keim ersticken

a) beobachten
b) jemanden betrügen
c) berechnend sein
d) wortgewandt sein
e) seine Meinung immer wieder ändern

f) sich für eine Sache in Gefahr begeben
g) jemanden zurechtweisen
h) angepaßt sein
i) diplomatisch sein
j) Frieden stiften

4. Übung: Gedichte raten

Können Sie noch Gedichte aus Ihrer Schulzeit? Dann wird diese Aufgabe kein Problem sein. Versuchen Sie herauszufinden, wie die Gedichte heißen und von welchem Dichter sie jeweils geschrieben wurden.

a) Gelassen stieg die Nacht ans Land
Lehnt träumend an der Berge Wand,
Ihr Auge sieht die goldene Waage nun
Der Zeit in gleichen Schalen stille ruhn.

b) Seht Ihr am Fensterlein
Dort die rote Mütze wieder?
Nicht geheuer muß es sein,
Denn er geht schon auf und nieder.

Wiederholung:
Erinnern Sie sich an die 5 Bilder, die zu den ersten 5 Ziffern passen?

Denkaufgabe: *Schneckentempo*
Eine arme Schnecke sitzt tief unten im Brunnen und will raus. 21 m hoch ist die Brunnenwand – da heißt es klettern! Jeden Tag kriecht die Schnecke immer 7 m hoch, rutscht aber nachts wieder 4 m zurück. Am wievielten Tag hat die Schnecke den Brunnenrand erreicht?

»Herr Professor! Der Arzt ist da!« meldet das Dienstmädchen. »Ich habe jetzt keine Zeit«, ruft der Zerstreute zurück, »sagen Sie ihm, ich sei krank.«

★★★

✷ Suchen Sie Wörter, in denen die Buchstabenfolge »eile« versteckt ist.

Z. B.: Langew<u>eile</u> – Nacht<u>eile</u> – S<u>eil</u><u>e</u>nde – ____________________

____

(Lösungen 2. Tag: S. 154)

»Wenn uns etwas aus dem gewohnten Geleise wirft, bilden wir uns ein, alles sei verloren; dabei fängt nur etwas Neues, Gutes an.« (LEO TOLSTOI)

1. Übung: Rückwärts statt vorwärts

Bei dem folgenden Text sind die einzelnen Wörter rückwärts geschrieben mit Kleinbuchstaben. Lesen Sie den Text so schnell wie möglich. Zeit läuft:

»red igalapap tbeil sad ednur llatem dnu sad erewhcs reipap, re tbeil se, leiw netiekgissülf nov retetöteg thcurf dnu hcsielf nov niewhcs dnu dnir dnu neredna nehcilkcerhcs nereit ni nenies hcuab uz nut, re tbeil rov mella hcua sad, saw hcis thcin nefierg tßäl dnu sad hcod ad tsi – eid tiez.«
(aus: DER PAPALAGI – Die Reden des Südsee-Häuptlings Tuiavii)

2. Übung: Wörter wörtlich genommen

Bei diesem Spiel sollen Begriffe gefunden werden, die beschrieben werden, indem man sie ganz wörtlich nimmt.

Z. B.: Gesucht wird jemand, der bei schlechtem Wetter aus dem Fenster blickt. → Antwort: Regenschauer

a) Chef einer Wirkwarenfabrik
b) Einfahrt für ein prämiertes Haustier
c) reguläres englisches Bier
d) Musterstück von einem Metallstift
e) Prüfen eines Gewebes

Wiederholen Sie noch einmal die Zahlensymbole von 1–10. **W**

3. Übung: Phantasie ist gefragt

Verwandeln Sie die Zahlen 11–15 in Bilder:

11 = ____________ 12 = ____________ 13 = ____________

14 = ____________ 15 = ____________

Können Sie noch die Zahlensymbole von 1–10 aufschreiben?

4. Übung: Ersatzwörter

Wenn Menschen übertreiben, dann gibt es dafür viele unterschiedliche Ausdrücke und Redewendungen.
Finden Sie innerhalb von 3 Minuten möglichst viele.

Z. B.: aufbauschen – hochstapeln – ____________________

____

Scherzfragen:
Welche Krone krönt kein Haupt?
Welcher Nagel rostet nicht?
Welcher Apfel hat kein Gehäuse?

Das Denkmal
Die Drosedower, biedere Pommern, wollten dem Kaiser Friedrich ein Denkmal errichten und bezogen auch eins – von Moritz Köpenicker & Sohn in Plagwitz-Leipzig – zwei Meter hoch, edelste Bronze und garantiert unverwüstlich.
Aber leider bekamen sie nicht die Bewilligung zur Aufstellung, denn »Kaiser Friedrich« war zu Fuß und nicht hoch zu Roß.
Die Verlegenheit war groß.
Da sprach Willem Strehlow, der Kirchenälteste:
»Wißt 'r wat? Wenn wa 'n Kaiser Friedrich nich uffstellen dürfen – nu, denn schnallen wa ihm 'n Dejen ab und lassen ihm vom Klempner 'n Hut machen – denn is et der Turnvater Jahn.«

★★★

Suchen Sie Worte, bei denen man jeweils aus allen Buchstaben ein neues Wort bilden kann.

Z. B.: Senior / Rosine – ____________________

____

(Lösungen 3. Tag: S. 155)

»Der Geist will beschäftigt werden, deshalb muß viel sprechen, wer wenig denkt.«

(VAUVENARGUES)

1. Übung: Buchstaben schütteln

Bilden Sie aus den Buchstaben des Wortes »Glockenturm« 30 neue Wörter mit mindestens vier Buchstaben. Zeit läuft!

Z. B.: Locke – Reck – ______

2. Übung: Buchstabensalat

Bei folgenden Wörtern sind die Buchstaben durcheinandergeraten. Finden Sie so schnell wie möglich heraus, um welche Begriffe es sich handelt:

Scholfrihr – Laspemnummrel – Zermenschorehn – Bakuran – Eresbeche – Zisenere – Maleriat – Nabdunled

Wieviel Zeit haben Sie gebraucht?

3. Übung: Lieblingsbeschäftigung von A–Z

Welche Lieblingsbeschäftigungen in der Reihenfolge des Alphabetes fallen Ihnen in 2 Minuten ein?

Z. B.: Angeln – Baden – ______________________________

____

4. Übung: Gedächtnistraining

Schauen Sie sich den Cartoon 1 Minute ganz genau an. Klappen Sie das Buch zu und schreiben Sie auf, an was Sie sich noch erinnern!

W **Wiederholung:**
Welche Bilder haben Sie für die Zahlen von 1 – 15 gewählt?

Denkaufgabe: *Nasse Füße*
Im Hafen liegt ein Schiff. Der Malermeister soll den Anstrich der Außenbordwand ausbessern. Er befestigt an der Reling eine Strickleiter, ergreift Farbtopf und Pinsel, steigt hinunter, bis er auf der untersten Sprosse der Leiter steht und fängt an zu pinseln. Die Leitersprossen haben einen Abstand von je 30 cm voneinander, und die unterste ist 20 cm vom Wasserspiegel entfernt. Nachdem der Meister eine Weile gearbeitet hat, kommt die Flut, und der Wasserspiegel hebt sich um insgesamt einen halben Meter. Wie viele Sprossen muß der Mann hochklettern, um keine nassen Füße zu bekommen?

Der zerstreute Professor wird von einem Radfahrer angefahren. »Haben Sie mich denn nicht klingeln hören?« – »Doch«, sagt der Professor, »aber ich dachte, es wäre das Telefon.«

★★★

Suchen Sie Eßbares, verbunden mit geographischen Begriffen.

Z. B.: Königsberger Klopse – ______________________

____

____

____

(Lösungen 4. Tag: S. 156)

»Ein Kluger bemerkt alles – ein Dummer macht über alles eine Bemerkung.“ (HEINE)

1. Übung: Buchstaben schütteln

Welche Wörter mit mindestens 4 Buchstaben können Sie aus den Buchstaben des Wortes »Kalender« bilden? Zeit: 3 Minuten.

Z. B.: Nadel – Laken – ____________________________

____

2. Übung: Gedankenverbindungen

Welcher Begriff, welcher Gegenstand, fällt Ihnen spontan ein, wenn Sie folgende Wörter lesen? Schreiben Sie den Begriff jeweils dazu.

Z. B.: Rose – Kavalier

Garten ______________	Feder ______________
Decke ______________	Rindvieh ______________
Vorhang ______________	Suppentopf ______________
Hund ______________	Kaufmann ______________
Auto ______________	Eis ______________

Nun entwerfen Sie vor Ihrem geistigen Auge jeweils aus den beiden Begriffen ein Bild und versuchen Sie, sich dieses Bild so gut einzuprägen, daß Sie anschließend die Gegenstände aufschreiben können.

3. Übung: Wörter wörtlich genommen

Finden Sie heraus, welche Begriffe mit den Umschreibungen gemeint sind:

a) Obstwasserwirbel
b) Möbelstück, das im alten Rom nur an bestimmten Tagen benutzt wurde
c) Körperteil eines erfolgreichen Boxers
d) Beherrscher eines Tiroler Passionsspielortes
e) Arbeitszeit für gelehrte Leute
f) soeben fertiggestellte Tür
g) Gewichtseinheit für Fernwiegungen
h) Zwist zwischen Auerochsen

4. Übung: Gedächtnistraining

Schauen Sie sich das Bild 1 Minute ganz genau an.
Klappen Sie dann das Buch zu, und schreiben Sie auf, an welche Einzelheiten Sie sich erinnern.

Wiederholung:
Erinnern Sie sich an die Details der Zeichnung von gestern?

Scherzfragen:
Welches Messer schneidet nicht?
Welche Wölfe heulen nicht?
Welches Netz wird nicht geknüpft?

★★★

Gesucht werden berühmte Frauen von A–Z. Um für jeden Buchstaben des Alphabetes eine berühmte Frau zu finden, können Sie den Vornamen oder den Nachnamen der Damen verwenden.

Z. B.: Aichinger, Ilse – Bachmann, Ingeborg – Clara Schumann

(Lösungen 5. Tag: S. 156)

»Wir unterschätzen das, was wir haben, und wir überschätzen das, was wir sind.«

(Marie von Ebner-Eschenbach)

1. Übung: Redewendungen gesucht

Diesmal geht es um Redewendungen, in denen Tiere oder Teile von Tieren vorkommen. Zeit: 3 Minuten.

Z. B.: sich mit fremden Federn schmücken ____________________

____

____

2. Übung: Gedächtnistraining

Machen Sie aus den folgenden 12 Begriffen eine Geschichte und zwar so bildhaft, daß Sie sich auch nächste Woche noch an die Gegenstände erinnern können. Die Reihenfolge ist beliebig.

Kaktus – Würfel – Knochen – Wolle – Bilderrahmen – Telefonzelle – Parkuhr – Brötchen – Taxi – Füller – Sofakissen – Schirmständer

3. Übung: Billardspiel

Bei diesem Spiel geht es um Ihre Phantasie, nicht darum, die Reihenfolge der Farben auswendigzulernen.

Stellen Sie sich vor, Sie haben neben sich einen Korb mit vielen bunten Kugeln, in der Art wie Billardkugeln. Als erstes nehmen

Sie in Gedanken eine weiße Kugel heraus und legen Sie vor sich auf den Tisch. Rechts daneben legen Sie dann eine gelbe Kugel und links daneben eine grüne Kugel. Eine rote Kugel legen Sie anschließend links außen hin und rechts außen eine blaue Kugel. Dann kommt links neben die rote Kugel eine schwarze und rechts neben die blaue Kugel eine graue.

Können Sie die Kugeln vor ihrem geistigen Auge sehen, dann klappen Sie dieses Buch zu und schreiben die Reihenfolge der Kugeln von links nach rechts auf. Dieses »Billardspiel« wird in Zukunft öfter wiederholt, um die Phantasie zu trainieren und die rechte Gehirnhälfte, die »zuständig« ist für ganzheitliches Erkennen, in Schwung zu bringen.

4. Übung: Wörterkette

Finden Sie für die Wörterkette von »Dreirad« bis »Uhrpendel« möglichst wenig Glieder! Sie haben 3 Minuten Zeit!

Dreirad – ______________________________

______________________________ – Uhrpendel

Wiederholung: W

Welche Phantasiebilder der 2. Übung von gestern fallen Ihnen noch ein?

Denkaufgabe:
Erraten Sie, welche Begriffe in den Bildern stecken.

Robert Schumann (1810–1856) war mit seiner Frau bei Hof geladen. Doch der König wußte nur, daß Frau Schumann Musikerin war, dagegen nichts von Robert Schumann. Clara Schumann setzte sich an den Flügel und spielte ein Stück ihres Mannes. Der König applaudierte und ließ sich nun auch Robert vorstellen. »Sie treiben auch Musik?« fragte seine Majestät. »Manchmal, Majestät«, erwiderte Schumann. »Manchmal.«

★★★

Welche Persönlichkeiten mit dem Vornamen »Paul« bzw. »Paula« fallen Ihnen ein?

Z. B.: Paul Hindemith – Paula Wessely – ______________________

____

____

(Lösungen 6. Tag: S. 157)

»Das Leben ist wie ein Fahrrad mit einer Zehngangschaltung: Die meisten Gänge benutzen wir nie!« (CH. M. SCHULZ)

1. Übung: Aus eins mach viele

Aus den Buchstaben des Wortes »Falschmünzer« lassen sich viele neue Wörter bilden. Wieviel Wörter finden Sie in 2 Minuten? Zeit läuft!

Z. B.: Flasche – schmunzeln – ______________________________

____

2. Übung: Zwilling gesucht

Sie kennen sicher den Ausspruch »mit Haus und Hof«. In diesem Spiel suchen wir jeweils den zweiten Begriff. Zeit läuft!

a) zwischen Baum und ______________

b) mit Kind und ____________

c) über Stock und ________

d) Donner und ________

e) weder Fisch noch ___________

f) in ____________ und Schande

g) auf ________ und Fall

h) mit _______ und Haaren

i) mit __________ und Maus

j) _____________ und verkauft

3. Übung: Gedächtnistraining

Merken Sie sich folgende 15 Bilder. Zeit: 2 Minuten

Rechnen Sie:

3 x 9 = ____ 2 x 17 = ____ 7 x 12 = ____ 4 x 13 = ____

So, nun schreiben Sie auf, an welche Bilder von Seite 34 Sie sich erinnern. Haben Sie Lust, eine Geschichte aus den Begriffen zu machen?

4. Übung: Dichter und Gedichte raten

Aus welchem Gedicht ist die folgende Strophe?
Kennen Sie den Dichter?

Die Welt wird schöner mit jedem Tag,
Man weiß nicht, was noch werden mag,
Das Blühen will nicht enden.
Es blüht das fernste, tiefste Tal;
Nun, armes Herz, vergiß der Qual!
Nun muß sich alles, alles wenden.

Wiederholung: W
Welche Gegenstände der 2. Übung von gestern wissen Sie noch?

Rätsel:
Der Regen tut es auf dem Dach.
»Kopf ab«: Die Kinder machen damit Krach.
»Kopf ab«: Im Keller halt ich sie mir fern.

Was ist der Unterschied zwischen einem französischen, einem englischen und einem deutschen Pensionär?
Der französische Rentner trinkt seinen Ricard und geht zu seiner Freundin. Der englische Rentner trinkt seinen Whisky und geht zum Pferderennen. Der deutsche Rentner nimmt seine Herztropfen und geht weiterhin zur Arbeit.

★★★

✷ Finden Sie möglichst lustige Sätze, die nur Hauptwörter mit mindestens zwei »a« enthalten. Bei den übrigen Wörtern genügt ein »a«.

Z. B.: Am Saalestrand angelt Aaron barfuß alte Aale.

(Lösungen 7. Tag: S. 157)

»Hoffnung ist die einzige Biene, die Honig ohne Blumen herzustellen vermag.«

(ROBERT INGERSOLL)

1. Übung: Wörtersuche

Gesucht werden zusammengesetzte Wörter, die drei Konsonanten enthalten, wenn man sie trennt. Zeit: 2 Minuten

Z. B.: Bett-Tuch – ______________________________

____

2. Übung: Berühmte Zitate

Von wem stammen die folgenden Zitate?

a) Wer nie sein Brot mit Tränen aß . . .
b) Der Mensch lebt nicht vom Brot allein . . .
c) Wenn Dich die bösen Buben locken, so folge nicht . . .
d) Schuster, bleib bei deinen Leisten . . .

Wiederholung:
Versuchen Sie, möglichst viele Begriffe der 3. Übung vom 7. Tag zu notieren!

Scherzfrage:
Was kommt einmal im Monat, zweimal im Moment und nie in zehntausend Jahren?

3. Übung: Konzentrationsspiel

Lesen Sie den folgenden Text (Anekdote von GOETHE, 1. Teil) sehr schnell und zählen Sie dabei alle »e«. Notieren Sie die Zeit!

Es war einmal in dem kleinen Landstädtchen Weißeritz ein braver Prediger, der wohl andere Geschäfte haben mochte, als für jeden Sonntag eine neue Predigt zu machen. Er fand es angemessen, jahraus, jahrein dieselbe zu halten, die er denn auch sehr brav vortrug und an der sich seine Kirchkinder stets erbauten. Nun wollte der Himmel, daß ein Teil des Städtchens und mit diesem das Haus des Herrn in Flammen aufgehen sollte, so daß am nächsten Sonntag die Gemeinde genötigt war, sich in einer großen Scheune zu versammeln.

4. Übung: Bildhafte Sprache

Um welche Begriffe handelt es sich?

Prägen Sie sich diese Bilder gut ein!

Bei Tisch wurde von Richard Wagner gesprochen, und das Urteil seines Kollegen Gioacchino Rossini war, wie gewöhnlich, nichts weniger als mild – im Gegensatz zu dem seines Freundes. Ein prachtvoller Stör mit Kapernsauce wurde aufgetragen. Rossini füllte den Teller seines Freundes mit sehr viel Sauce, gab ihm aber keinen Fisch. »Du hast vergessen, mir Fisch zu geben«, sagte der Freund. »Ich habe es nicht vergessen, sondern ich habe dich nach deinem Geschmack bedient. Viel Sauce, kein Fisch – das ist Wagners Musik.«

★★★

Versuchen Sie, Berufe in Kunstwerken zu finden.

Z. B.: Zimmermann in »Zar und Zimmermann« von Lortzing

____

____

____

(Lösungen 8. Tag: S. 158)

»Wir entdecken in uns selbst, was die anderen uns verbergen und erkennen in anderen, was wir vor uns selbst verbergen.«

(VAUVENARGUES)

1. Übung: Wörtersuche

Suchen Sie Wörter, die das Wort »zwei« enthalten. Zeit: 2 Minuten.

Z. B.: Zweifel – ______________________________

____

____

2. Übung: Koffer packen

Sie packen in Gedanken einen Koffer für die Reise:

1 Zahnbürste – 2 Haarspangen – 2 Badeanzüge – 5 Paar Socken – 1 Walkman – 3 Hosen – 1 Faltenrock – 4 Bücher – 2 Abendkleider – 3 Blusen – 1 Rollkragenpullover – 1 Sonnenbrille – 2 Handtaschen

Prägen Sie sich die einzelnen Gegenstände gut ein!

3. Übung: Satzsuche

Basteln Sie einen möglichst langen Satz, in dem fast jedes Wort mindestens ein »o« enthält.

Z. B.: Otto holte Theodor vom montäglichen Monteurtreffen ab.

____

____

4. Übung: Gedichte raten

Versuchen Sie herauszufinden, wie die Gedichte heißen und von welchem Dichter sie jeweils geschrieben wurden:

a) Denk ich an Deutschland in der Nacht
Dann bin ich um den Schlaf gebracht.
Ich kann nicht mehr die Augen schließen,
Und meine Tränen fließen.

b) Schaust du mich an aus dem Kristall
Mit deiner Augen Nebelball
Kometen gleich, die im Verbleichen
Mit Zügen, worin wunderlich
Zwei Seelen wie Spione sich
Umschleichen, ja dann flüstre ich:
Phantom, du bist nicht meinesgleichen.

Wiederholung: **W**
Erinnern Sie sich noch an die Bilder von gestern?

Denkaufgabe:
Aus diesem großen Quadrat, welches neun kleinere Quadrate enthält, sollen zwei Quadrate gemacht werden – durch Entfernung von 8 Streichhölzern.

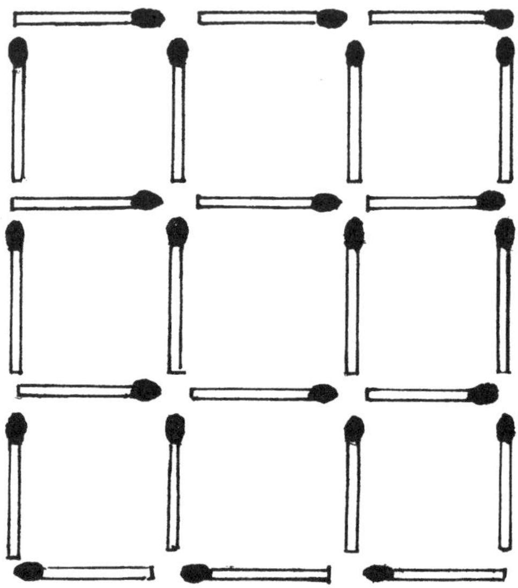

Fragt eine Frau einen Mann, wo er die neue Krawatte gekauft habe, wird er antworten: »Bei Meyer & Meyer in der Bahnhofstraße.« Fragt der Mann die Frau, wo sie die Schnitzel gekauft habe, wird sie erwidern: »Wieso? Schmecken sie nicht?«

★★★

Ein Seepferdchen ist kein Pferd! Wie viele Tiere, die unter falschem Namen leben, finden Sie?

(Lösungen 9. Tag: S. 159)

»Man wird nie betrogen, man betrügt sich selbst.« (GOETHE)

1. Übung: Vorsilben

Jeweils 3 Wörter können die gleiche Vorsilbe bekommen:

Z. B.: Tisch – Geburt – Kontrolle → »Nach«

a) Stand – Lage – Steher ____________

b) Frage – Punkt – Gespräch ____________

c) Film – Umschlag – Polizei ____________

2. Übung: Zahlen = Buchstaben

Um eine Geheimschrift zu entwickeln, könnten Sie z. B. Buchstaben in Zahlen verwandeln. Wir verwandeln Zahlen in Buchstaben. Merken Sie sich, welche Buchstaben zu den Zahlen von 1–0 gehören:

1 = T	6 = SCH
2 = N	7 = K
3 = M	8 = F
4 = R	9 = P
5 = L	0 = Z

3. Übung: Ersatzwörter

Stellen Sie sich einen Aufsatz vor, in dem mehrfach das Wort »Wohnung« auftaucht. Durch welche Begriffe könnten Sie das Wort ersetzen? Finden Sie mindestens 5!

____

4. Übung: Wissensfragen

a) Was wiegt am schwersten? (Reihenfolge nach spezifischem Gewicht!) Blei – Quecksilber – Uran – Gold – Platin
b) Was war die Tin Lizzy?
c) Was hat Nobel erfunden?
d) Wer war Samuel Clemens?
e) Was ist ein Tryptichon?

W **Wiederholung:**
Was haben Sie gestern in Ihren Koffer gepackt?

Denkaufgabe:
Teilen Sie das Quadrat so in acht gleich große Flächen, daß sich in jeder Fläche drei Punkte befinden.

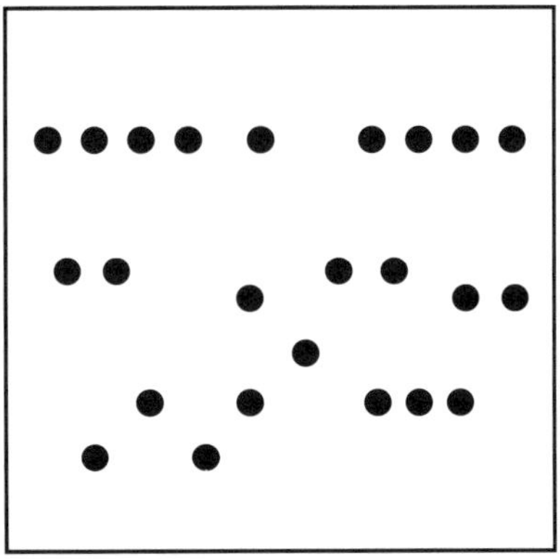

Der Reporter fragt den Hundertjährigen: »Wie haben Sie es denn fertiggebracht, so alt zu werden?«
»Diese Frage kann ich Ihnen im Moment nicht beantworten«, bittet der Methusalem um Verständnis, »denn ich verhandle gerade mit vier verschiedenen Arzneimittelfabrikanten.«

★★★

Welche Bauwerke und Sehenswürdigkeiten von A–Z fallen Ihnen ein?

Z. B: Amphitheater – Brandenburger Tor – ____________________

____

____

____

____

(Lösungen 10. Tag: S. 160)

»Das kleine Pfefferkorn sieh für gering nicht an, versuch es nur und sieh, wie scharf es beißen kann.« (F. Rückert)

1. Übung: Original und Fälschung

F

Suchen Sie so schnell wie möglich 10 Fehler.

2. Übung: Wörtlich, allzu wörtlich

Was steckt dahinter, wenn Sie die Erklärungen wörtlich nehmen?

Z. B.: Abhandlung über einen gedeckten Tisch = Tafelaufsatz

a) eiliger Käuferkreis
b) feierliches Frühlingsgedicht
c) Textilschuldschein
d) Preis eines Menüs
e) Klettertier, das in einer Felsmulde lebt
f) kantiges Sportrequisit
g) Gotteshaus für Lehrlinge
h) andere Bezeichnung für Dotter
i) Erörterung des Speiseplans

3. Übung: blau, blau, blau . . .

Was ist alles blau? Welche Begriffe und Redewendungen zur Farbe »Blau« fallen Ihnen in 2 Minuten ein?

Z. B.: sein blaues Wunder erleben – blauer Montag – __________

____

4. Übung: Gedächtnistraining

Merken Sie sich mit Hilfe einer »Geschichte« die folgenden Begriffe in der angegebenen Reihenfolge:

Lippe – Hemd – Zebra – Radio – Glas – Rock – Pinsel – Turm – Seil – Hupe

Wiederholung:
Welche Buchstaben gehören zu den Zahlen 0–9?

Scherzfragen:
- Wer kommt abends, geht morgens und ist nie zu sehen?
- Was ist ein Chirurg?
- Welche Gabe ehrt den Geber nicht?
- Welcher Gang bringt nichts ein?
- Welcher Tor bringt viel Bewegung?

★★★

Bilden Sie aus den Buchstaben des Wortes »Fuchsschwanz« viele neue Wörter.

Z. B.: Wachs – ______________________________

(Lösung 11. Tag: S. 161)

»Ein Tropfen Liebe ist mehr als ein Ozean an Willen und Verstand.« (BLAISE PASCAL)

1. Übung: Ohne Punkt und Komma

Lesen Sie den folgenden Text möglichst sorgfältig, so daß Sie die Anekdote anschließend wiedergeben können. Zeit läuft!

die fünfte fremdsprache
manchermagsichvielleichtwundernwarumetahoffmannwährend
seineskönigsbergerstudiumsniemalsineinervorlesungimmanuel
kantsgewesenistobgleichdaspflichtethosdeskategorischenimpera-
tivsdemspäterenkammergerichtsratschoninseinerjugendselbstver-
ständlichwarhoffmannhatdasstolzegedankengebäudedesphiloso-
phenimmerbewundertvonseinemschwierigengelehrtendeutsch
hielterabernichtvielweißgotterklärtederdichtereinmalseinemfreund
ichbeherrschejaimmerhinvierfremdsprachenlateinischfranzösisch
englischundpolnischeinefünftewollteichnichtmehrlernen

2. Übung: Lieder raten

Zu welchen Liedern gehören die folgenden Strophen?

a) Werft ab alle Sorgen und Qual
und wandert mit uns aus dem Tal!
Wir sind hinausgegangen,
den Sonnenschein zu fangen.
Kommt mit und versucht es auch selbst einmal!

b) Die Bäurin, die Mägde, sie dürfen nicht ruhn,
sie haben im Haus und im Garten zu tun;
sie graben und rechen und singen ein Lied
und freun sich, wenn alles schön grünet und blüht.

3. Übung: Zahlen = Wörter

Erinnern Sie sich noch, welche Buchstaben den Ziffern von 0–9 zugeordnet wurden?

Wenn Sie Vokale zu Hilfe nehmen, die für uns keine Zahlenbedeutung besitzen und außerdem die Buchstaben »W« und »H« und »Y« (sprich »WHY«) zu Jokern erklären, die ebenfalls keine Zahlenbedeutung haben, so können Sie aus den Ziffern 0–9 einsilbige Wörter machen. Probieren Sie es mal, bevor Sie weiterlesen.

Z. B.: 1 = Tee

2 = ______________	3 = ______________	4 = ______________
5 = ______________	6 = ______________	7 = ______________
8 = ______________	9 = ______________	0 = ______________

4. Übung: Wissensfragen

a) Welche Hauptstadt hieß einst »Byzanz«?
b) Unter welchem Namen wurde New York gegründet?
c) Was bezeichnet man als Osmanisches Reich?
d) Wo lag die Stadt Pompeji?

Wiederholung:
Wie viele Begriffe des 11. Tages, 2. Übung können Sie aus dem Gedächtnis notieren?

W

Denkaufgabe:
Wie kann man 666 anderthalbmal vergrößern, ohne etwas dazuzutun?

Herr und Frau Koch stehen vor einem Gemälde. Meint Herr Koch: »Das ist aber ein merkwürdiges Bild. Die Wiese ist rot, der Wald himmelblau und der Bach knallrot. Wie heißt das Werk denn?« Seine Frau blättert im Katalog und sagt: »Hier steht es: Im Grünen.«

★★★

✷ Erfinden Sie möglichst lange Sätze, in denen fast jedes Wort ein »u« enthält.

Z. B.: Ulrich und Ulrike rufen uns heute unter der Nummer 5555 häufig an.

____

____

____

(Lösung 12. Tag: S. 162)

»Die Summe unserer Erkenntnis besteht aus dem, was wir gelernt und aus dem, was wir vergessen haben.«

(Marie von Ebner-Eschenbach)

1. Übung: Konzentrationsspiel

Suchen Sie so schnell wie möglich die Zahlen von 1–30. Zeit läuft!

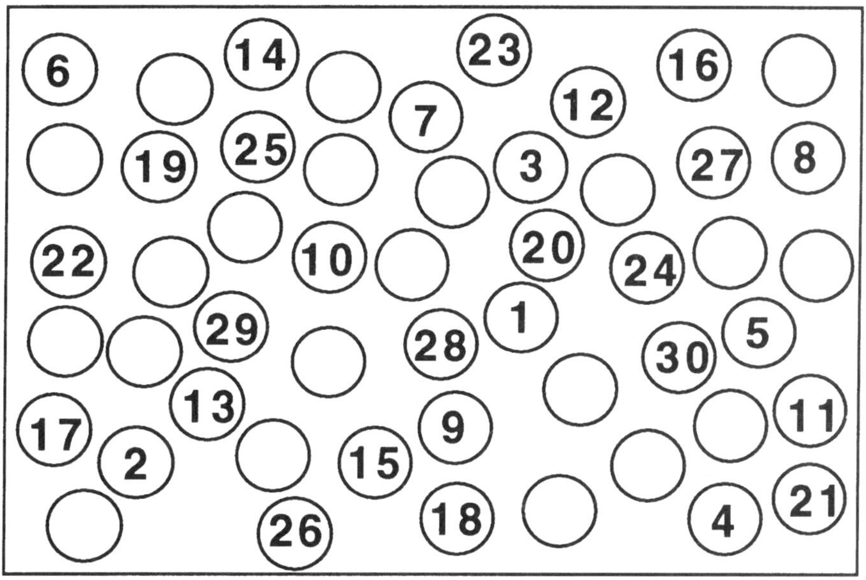

2. Übung: Zahlen = Wörter

Wenn Sie die Buchstaben für die Ziffern von 0–9 noch wissen, können Sie nach dem gleichen Muster wie gestern Begriffe finden für die Zahlen von 10–19. Wichtig ist, daß Sie sich die Begriffe gut vorstellen können (keine abstrakten Begriffe). Wenn Sie für Doppelkonsonanten *eine* Ziffer nehmen, gibt es mehr Möglichkeiten. Probieren Sie es!

10 = ____________ 11 = ____________ 12 = ____________

13 = ____________ 14 = ____________ 15 = ____________

16 = ____________ 17 = ____________ 18 = ____________

19 = ____________

Wie lange haben Sie gebraucht?

Prägen Sie sich diese »Zahlwörter« gut ein!

3. Übung: Brücken bauen

Welches Wort kann sowohl der 2. Teil des vorderen (z. B. Haus) als auch der 1. Teil des hinteren Begriffs (z. B. Anhänger) sein?

Z. B.: Schlüssel (Haus – Schlüssel – Anhänger)

Wasser	____________	Uhr	Blüten	____________	Beutel
See	____________	Fisch	Haupt	____________	Mann
Mond	____________	Fleisch	Eis	____________	Stadion
Garten	____________	König	Gold	____________	Schauer
Luft	____________	Fahrt	Heft	____________	Steine

4. Übung: Gewürzkunde

a) Wie viele Gewürze fallen Ihnen in 1 Minute ein? Notieren Sie!

____

____

b) Aus welchem Teil der Pflanze wird jeweils das Gewürz gewonnen?

Wiederholung:
Wie heißen die Wörter, die zu den Zahlen 1–9 gehören? (12. Tag, 3. Übung)

Scherzfragen:
- Wo führen Flüsse kein Wasser?
- Welche Kaufleute sollten nicht allzuviel auf ihre Waren draufschlagen?
- Welcher Arm macht den meisten Krach?
- Wer kann oft ohne Geld ausgehen?
- Wann ist der Narr am klügsten?

> *Zu einem jungen Mann, der sein Schüler werden wollte und ihm ein Stück vorspielte, sagte Beethoven (1770–1827): »Sie werden noch lange spielen müssen, bevor Sie einsehen, daß Sie nichts können.«*

★★★

In welchen Wörtern ist ein »Berg« versteckt?

Z. B.: Obergefreiter – ______________________

____

(Lösungen 13. Tag: S. 163)

»Die wahren Lebenskünstler sind bereits glücklich, wenn sie nicht unglücklich sind.«

(JEAN ANNOUILH)

1. Übung: Zahlen = Buchstaben

Schreiben Sie unter die folgenden Zahlen die entsprechenden Buchstaben. (Bei mehreren Möglichkeiten entscheiden Sie sich für einen.) Zeit läuft!

a) 3 8 1 8 4

_ _ _ _ _

b) 7 5 3 2 6 6

_ _ _ _ _ _

c) 4 2 6 4 8 3

_ _ _ _ _ _

d) 3 9 2 7 9 5

_ _ _ _ _ _

e) 9 4 9 1 8 2

_ _ _ _ _ _

f) 5 1 4 7 5 8

_ _ _ _ _ _

2. Übung: Vegetation senkrecht

Schreiben Sie das Wort »Vegetation« einmal senkrecht von oben nach unten und mit einigen Zentimetern Abstand von unten nach oben. So ergeben sich Anfangs- und Endbuchstaben von Wörtern. Setzen Sie so schnell wie möglich zusammengesetzte Hauptwörter ein, die ruhig »ausgefallen« sein dürfen. Zeit läuft!

3. Übung: Wörtersuche

Gesucht werden 15 Wörter, die »ah« enthalten. Zeit läuft!

___

___

4. Übung: Phantasie und Kreativität

Was kann man aus den angefangenen Zeichnungen machen?

a)

c)

b)

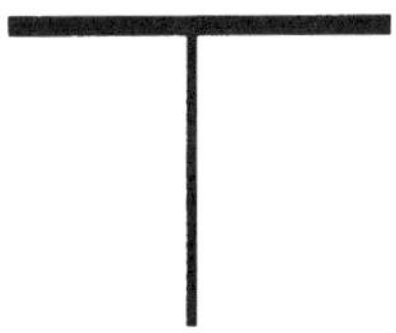

d)

Wiederholung:
Welche Begriffe haben Sie gestern für die Zahlen 10–19 gewählt?

Denkaufgabe:
Ein Mann will aus einer großen Milchkanne einen Liter Milch entnehmen. Es stehen zum Schöpfen aber nur eine 3-Liter-Kanne und eine 5-Liter-Kanne zur Verfügung. Wie muß er es anstellen?

★★★

Bilden Sie aus den gefundenen Wörtern der 4. Übung Sätze oder eine Geschichte, die keine Wörter mit »eh«, »oh«, »uh« und »ih« enthalten.

(Lösungen 14. Tag: S. 163)

*»Die Kunst der Weisheit besteht darin,
zu wissen, was man übersehen muß.«*

(W. JAMES)

1. Übung: Gesichter merken

Prägen Sie sich die folgenden Gesichter und Namen gut ein (1 Minute):

Herr Meier

Frau Hille

Frau Walter

Herr Rottny

Frau Lachner

Herr Doren

Herr Schulte

Frau Brahme

Blättern Sie die Seite um, schreiben Sie die Namen auf und versuchen Sie, die Gesichter vor Ihrem geistigen Auge zu sehen.

2. Übung: Konzentrationsspiel

Bei diesem Konzentrationsspiel geht es darum, möglichst schnell mit den Augen (nicht mit dem Stift) die Linien zu verfolgen, um festzustellen, welche Zahl zu welchem Buchstaben gehört. Notieren Sie die Zeit!

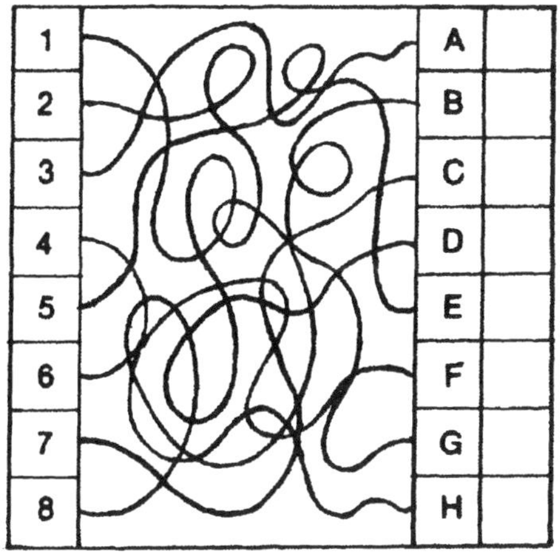

3. Übung: Zahlen = Wörter

Erinnern Sie sich daran, welche Buchstaben wir den Ziffern von 0–19 zugeordnet haben und notieren Sie diesmal Wörter für die Zahlen 20–29!

20 = ______________ 21 = ______________ 22 = ______________

23 = ______________ 24 = ______________ 25 = ______________

26 = ______________ 27 = ______________ 28 = ______________

29 = ______________

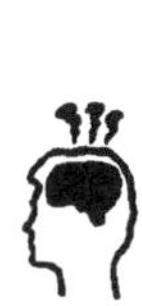

Wiederholen Sie die Wörter bis 19, und prägen Sie sich die neuen Wörter für die Zahlen 20–29 gut ein!

4. Übung: Wörtersuche

Bilden Sie aus den Buchstaben des Wortes »Telefonbuch« möglichst viele Wörter mit mindestens 4 Buchstaben. Zeit: 3 Minuten.

____

____

Wie viele haben Sie gefunden?

W **Wiederholung:**
Wie haben Sie gestern die angefangenen Zeichnungen fortgesetzt?

Rätsel:
Man gibt es aus, man nimmt es ein
und fristet so sein Leben;
hat's nicht im Beutel, nicht im Schrank,
man nimmt es immer ohne Dank.

Was ist die Vergangenheitsform von: »Der Mensch denkt und Gott lenkt?« – Der Mensch dachte und Gott lachte.

★★★

Suchen Sie berühmte Persönlichkeiten mit den Anfangsbuchstaben A–L.

Z. B.: Adenauer – Brecht – __________________________

____

(Lösungen 15. Tag: S. 164)

»Tue das Gute und kümmere dich nicht, was daraus werden wird.« (M. CLAUDIUS)

1. Übung: Pflanzen ordnen

In welche 3 Gruppen lassen sich die folgenden Pflanzen einordnen?

Ackersenf – Löwenzahn – Klette – Mistel – Fenchel – Hahnenfuß – Aralie – Weihnachtsstern – Rizinus – Dieffenbachie – Tausendgüldenkraut – Zierspargel – Kamille – Alpenveilchen – Nachtkerze

1. Gruppe	2. Gruppe	3. Gruppe

2. Übung: Morgens früh um sechs kommt die kleine Hex

Bei diesem Spiel geht es darum, ein Reimwort zu den Zahlen 1–10 zu finden und einen gereimten Satz zu bilden.

Z. B.: 1 = Heinz. Um 1 treff ich Heinz.

Stellen Sie sich die Situationen mit viel Phantasie vor, und prägen Sie sich so die Reime zu den Zahlwörtern ein.

3. Übung: Buchstabenverwirrung

Stellen Sie so schnell wie möglich fest, um welche Wörter es sich bei dem Buchstabensalat handelt. Zeit läuft!

Ragellnor – Farkemlut – Dirmdalnb – Tsitntufb – Achtenschut – Pimcang – Konppulpedt – Tanchemastel

Wieviel Zeit haben Sie benötigt?

4. Übung: Konzentrationsspiel

Zählen Sie beim Lesen des Textes alle »e«. Zeit läuft!

Das Außerordentliche dieser Versammlung regte unsern Pastor auf, und er hielt sich verpflichtet, diesmal aus dem alten Geleise zu biegen und eine neue, auf diesen feierlich traurigen Tag eigens geschriebene Predigt zu halten. Er fing mit tiefer Rührung an: »So lasset uns heute, meine andächtigen Zuhörer, miteinander betrachten, das durch Gottes unerforschlichen Ratschluß in die Asche gelegte Weißeritz!« Die Leute sahen sich fragend an und harrten erstaunt der Dinge, die da kommen sollten. Aber unser Pastor fühlte sich unfähig, seinen alten Grundsätzen treulos zu werden, und mit frommer Zuversicht fuhr er fort: »Im ersten Teil werden wir hören, wie die Sadduzäer…«

(2. Teil der Tisch-Anekdote von Goethe,
aufgeschrieben von K. von Holtei, 1. Teil s. S. 38)

W **Wiederholung:**
Erinnern Sie sich noch an die »Zahl-Wörter« von 20–29? Dann notieren Sie sie.

Denkaufgabe:
Welches ist die größte Zahl, die Sie mit drei Ziffern schreiben können?

★★★

Kunstwerke von A–Z
Schaffen Sie es, zu jedem Buchstaben des Alphabets ein Kunstwerk zu finden?

Z. B.: Ariadne auf Naxos (von Richard Strauß), ________________

(Lösungen 16. Tag: S. 164)

»Erlaubt ist, was gefällt.« (GOETHE)

1. Übung: Gesinnungswandel

Welche Begriffe und Redewendungen beschreiben einen Gesinnungswandel? Z. B.: Sein Mäntelchen nach dem Wind halten.

____

2. Übung: Wörtlich, allzu wörtlich

Z. B.: Spalt mit spanischem Artikel ergibt einen Fisch: »El-ritze«

a) Schließzeit für Gaststätten ______________

b) Küster einer kleinen Kirche ______________

c) flugunfähiger Nachtraubvogel ______________

d) soeben fertiggestellte Tür ______________

3. Übung: Billardspiel

Nehmen Sie zunächst in Gedanken eine weiße Kugel und legen Sie sie vor sich auf den Tisch. Dann legen Sie links davon eine lila Kugel und rechts von der weißen eine gelbe Kugel. Anschließend legen Sie rechts außen erst eine schwarze Kugel und dann eine blaue Kugel. Jetzt schieben Sie in Gedanken zwischen die weiße und die lila Kugel eine grüne und zwischen schwarz und blau eine rote Kugel. Wer mag, legt noch einmal links außen eine graue Kugel, rechts außen eine braune Kugel und zwischen schwarz und rot eine orangefarbene Kugel.

Wenn Sie alle Kugeln vor Ihrem geistigen Auge sehen, dann schreiben Sie die Reihenfolge von links nach rechts auf.

4. Übung: Wörtersuche

Zu vier Begriffen paßt jeweils ein Wort, das sich voranstellen läßt. Zeit läuft!

Z.B.: Tür – Schlüssel – Tyrann – Mädchen → »Haus«

a) Fenster – Stuhl – Garten – Schaden ____________________

b) Garten – Duft – Stock – Kohl ____________________

c) Mann – Stadt – Bahnhof – Quartier ____________________

d) Zwerg – Bank – Laube – Ausstellung ____________________

Wiederholung:
An welche Reimwörter von gestern erinnern Sie sich?

Scherzfragen:
a) Welche Frage kann nie bejaht werden?
b) Wer hüpft auch im Winter im Hemd herum?

Geistesgegenwart
Als Cäsar an der afrikanischen Küste das Schiff verließ, stolperte er und fiel zu Boden. Jeder andere hätte dies als übles Vorzeichen aufgefaßt, doch Cäsar rief aus, noch am Boden liegend: »Erde Afrikas, ich umarme dich!«

★★★

Sie haben Ihre Brille verlegt an Plätzen Ihrer Wohnung, die mit »F« anfangen.

Z. B.: Fensterbank – ____________________________________

(Lösungen 17. Tag: S. 165)

»Die Neigung der Menschen, kleine Dinge für wichtig zu halten, hat sehr viel Großes hervorgebracht.« (LICHTENBERG)

1. Übung: Gefäßsuche

Suchen Sie in 1 Minute so viele Gefäße wie möglich.

Z. B.: Tasse – Krug – ____________________

____

2. Übung: Buchstabensalat

Im folgenden Buchstabensalat sind Zahlen versteckt, die es gilt, möglichst schnell herauszusuchen.

abnkehrtangbng7akhgbkadfhflsajrtiqowuerasndfgjasnasjgbfkla2jf
dliawureoaejgvnasöklfaksjdgbjvasdfjawf1slkadjfkdjhfkasddlruwaei
urrsjf3aksjbjansfuasfasfasgj5alskghjasfjsglasjgjasnkfalsjgjasmkdfjd4
oirzierawfbgnvbalkjeqgtfoaksjdgkjasnfkjsadhrkajsgjhasjfguaruaaf
js6thklaklasjdfgawheriugusjsadiuauihraisghopaaskutaiwjbvnalcmla
kdfasghasfjkfjjagjaklsgjasjkfjdfgnvjlakjfwioyeiqürkoijr9jaskgjasklgba
sklfjjawkrnflasgvavajasgjasjfjsd8alkjfghasdfjafjhakösdfjfasgbajrfjsgh
aslkdfjkashgjkas

3. Übung: Wörtersuche

Suchen Sie Wörter mit 6 Buchstaben. Zeit läuft!

Z. B.: Auster – ____________________

____

____

4. Übung: Assoziationsübung

»Malen« Sie in Ihrer Phantasie Bilder mit jeweils 2 Begriffen und zwar so deutlich, daß Ihnen später sofort der zweite Begriff einfällt, wenn der erste genannt wird.

Z. B.: Leuchtturm – Regenschirm

Zwillinge – Zylinder
Dreirad – Kochtopf
Stuhl – Eisenbahn
Hand – Schmetterling
Würfel – Scheunentor
Zwerge – Milchtüte

Wiederholung:
Können Sie sich noch an die Reihenfolge der »Billardkugeln« von gestern erinnern?

W

★★★

In welchen Wörtern steckt die Buchstabenfolge »ecke«?

Z. B.: Wecker – Hecke – ______________________________

____

____

(Lösungen 18. Tag: S. 166)

»Der Wunsch, klug zu erscheinen, verhindert oft, es zu sein.« (LA ROCHEFOUCAULD)

1. Übung: Farbenspiel

Was ist alles »Gold«? Suchen Sie Wörterverbindungen und Redewendungen mit »Gold«! (2 Minuten)

Z. B.: Gold in der Kehle haben – das Goldene Kalb – ____________

____

____

2. Übung: Gedächtnistraining

Prägen Sie sich die folgenden Begriffe ein, indem Sie eine Geschichte daraus machen. Reihenfolge ist beliebig!

Quark – Dose – Tisch – Kamin – Kreide – Himmel – Flasche – Brille – Schlüssel – Amsel – Goldregen – Kieselsteine

3. Übung: Von Hase zu Wald

Nehmen Sie das Wort »Hase« und verändern Sie in ca. 9 Schritten immer einen Buchstaben, so daß Sie (zum Schluß) das Wort »Wald« schreiben können.

Hase ______________________________________

______________________________________ Wald

4. Übung: Zahlengeheimnis

Wissen Sie noch die richtigen Buchstaben für die jeweiligen Zahlen? Hinter den Zahlen verbergen sich die Anfangsbuchstaben von Wörtern, mit denen man jeweils einen Satz bilden kann.

Z. B.: 8 → F 6 → Sch 0 → S 1 → T 5 → L
Farbige Schuhe sind tatsächlich lustiger.

a) 7 9 3 2

b) 8 7 3 4 6

c) 9 3 1 5 3 7

d) 4 6 2 1 8 4 9

e) 1 2 8 6 4 3 9 6

W

Wiederholung:
Wie heißen die Begriffe der 4. Übung vom 18. Tag?

Regenschirm + ____________ Hand + ____________

Kochtopf + ____________ Würfel + ____________

Zylinder + ____________ Milchtüte + ____________

Stuhl + ____________

Denkaufgabe:

Drei Männer kaufen in einer Kellerei 15 Fässer Wein, von denen 5 voll, 5 halbvoll und 5 leer sind. Wie müssen sie teilen, wenn jeder gleichviel Wein und Fässer haben soll, ohne daß der Wein umgeschüttet wird?

Talleyrand wurde von einem befreundeten Gesandten gefragt, ob es stimme, daß Frau v. B. eine Nacht mit Herrn v. M. verbracht habe. »Allerdings stimmt das«, antwortete Talleyrand, »ich entsinne mich sogar noch des Datums. Es war die Nacht vom 3. Mai bis zum 15. Juni.«

★★★

✷ Zählen Sie auf: alles, was man essen kann mit »M« (ohne Obst- und Gemüsesorten).

Z. B.: Mandelhörnchen – ______________________________

____

____

(Lösungen 19. Tag: S. 166)

»Alle Fehler, die man hat, sind verzeihlicher als die Mittel, welche man anwendet, um sie zu verbergen.« (LA ROCHEFOUCAULD)

1. Übung: »Vor«-Wörter gesucht!

Es gilt herauszufinden, welches gleiche »Vor«-Wort jeweils zu den 4 Begriffen paßt. Zeit läuft!

Z. B.: Holz – Duft – Beet – Züchter → »Rosen«
(Rosenholz – Rosenduft – Rosenbeet – Rosenzüchter)

a) Apfel – Kitt – Kohle – Schnitt ______________________

b) Enge – Luft – Flucht – Wein ______________________

c) Walze – Topf - Bad – Druck ______________________

d) Rosen – Holm – Werk – Fisch ______________________

e) Meister – Uhr – Klasse – Anfang ______________________

f) Fall – Ruck – Grundsatz – Drall ______________________

2. Übung: Lieder raten

Die zweite oder dritte Strophe vieler Lieder ist uns kaum bekannt. Wissen Sie, um welche Lieder es sich handelt und wer den Text geschrieben hat?

a) Und wenn die Welt voll Teufel wär
und wollt uns verschlingen.
So fürchten wir uns nicht so sehr,
es sollt uns doch gelingen.

b) Käm alles Wetter gleich auf uns zu schlahn,
wir sind gesinnt, beieinander zu stahn.

3. Übung: Wer war das nur?

Wie oft fällt uns der Name des oder der Bekannten nicht ein, den bzw. die wir treffen. Bei diesem Spiel können Sie Ihr Namensgedächtnis trainieren. Schauen Sie sich die gezeichneten Damen und Herren genau an; achten Sie auf besondere Kennzeichen, und versuchen Sie, sich ein Bild zu machen. Ob Sie sich morgen bei einem »Wiedersehen« wohl noch an alle Namen erinnern werden?

a) Herr Makula

b) Frau Raller

c) Frau Huber

d) Herr Koslowky

e) Frau Giesebart

f) Herr Franzen

g) Frau Jorda

h) Herr Hillebrand

i) Frau Karrenberg

Achten Sie bei Ihren Spaziergängen auf die Personen, die Ihnen entgegenkommen, und versuchen Sie, sich möglichst viele Einzelheiten einzuprägen. (Kleidung – Haarfarbe – Brille ...)

4. Übung: Wörtersuche

Gesucht werden in 2 Minuten möglichst viele zusammengesetzte Wörter mit Doppelkonsonanten in beiden Wörtern. Zeit läuft!

Z. B.: Wasserkanne – ____________________

____

Wiederholung:
Welche Begriffe der 2. Übung vom 19. Tag fallen Ihnen noch ein?

Rätsel:
a) Welcher König ist ziemlich machtlos?
b) Welche »Könige« kennen Sie noch?

> *»In Ordnung«, brummt der Produzent, »wenn ich die Rolle einer älteren Dame zu besetzen habe, dann melde ich mich bei Ihnen.«*
> *»Aber ich bin doch noch gar nicht so alt.«*
> *»Jetzt noch nicht, aber wenn ich Sie anrufe.«*

★★★

Welche Wörter können Sie aus den Buchstaben des Wortes »Naschkatze« bilden?

Z. B.: Schatz – ____________________

(Lösungen 20. Tag: S. 167)

»Manchmal ist man von sich ebenso verschieden wie von anderen.«

(La Rochefoucauld)

1. Übung: Konzentrationsspiel

Verfolgen Sie in diesem Spiel die Linien mit den Augen fünfmal hintereinander.

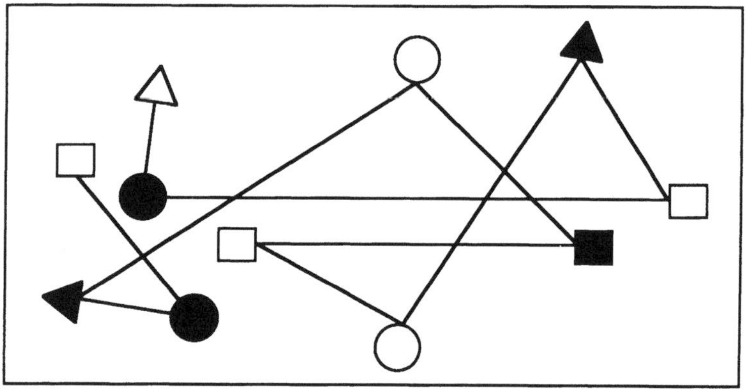

2. Übung: Thema Vogel

a) Welche Lieder fallen Ihnen spontan ein?

____

b) Kennen Sie Märchen, in denen Vögel vorkommen?

____

c) In welchen Bibelworten kommen Vögel vor?

____

Zeit: 5 Minuten

3. Übung: Gedächtnistraining

Prägen Sie sich die Einzelheiten des Cartoons genau ein. Klappen Sie dann das Buch zu, und schreiben Sie auf, an was Sie sich erinnern.

4. Übung: Phantasie und Kreativität

a) Was könnte mit den drei Zeichnungen dargestellt sein?

1)

2)

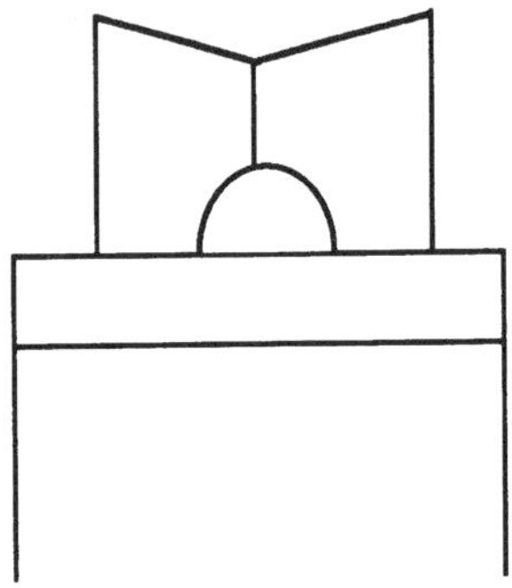

3)

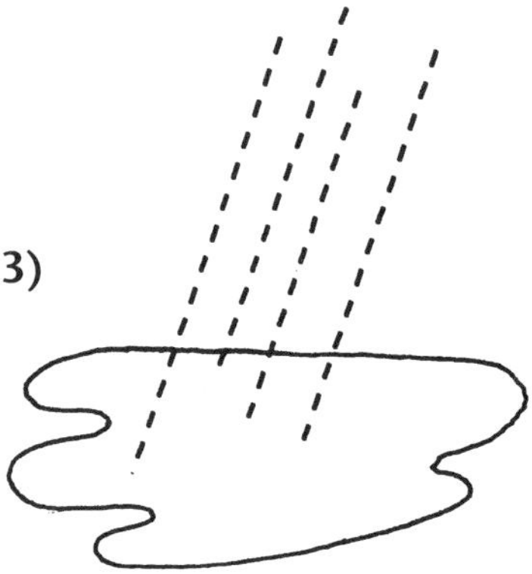

b) Was können Sie noch daraus machen, wenn Sie die Zeichnungen ergänzen?

Wiederholung:
Welche Damen und Herren von gestern können Sie noch beim Namen nennen?

Denkaufgabe:

```
      2 8 .
+   . . 4
---------
  . . . .
```

Sie können diese Aufgabe lösen, wenn Sie die Zahlen von 0–9 jeweils einmal benutzen und an die richtige Stelle setzen.

★★★

Schreiben Sie jeden Morgen einen Satz aus der Zeitung oder einen Spruch mit der linken Hand, um die rechte Hirnhälfte zu aktivieren.

(Lösungen 21. Tag: S. 168)

»Der Humor ist keine Gabe des Geistes – er ist eine Gabe des Herzens.« (BÖRNE)

1. Übung: Wörtersuche

Schreiben Sie das Wort »Wandzeitung« einmal senkrecht von oben nach unten und, mit einigen Zentimetern Abstand, von unten nach oben. Sie bilden Anfangs- und Endbuchstaben von Wörtern mit mindestens 6 oder mehr Buchstaben, die Sie finden sollen.

2. Übung: Melodien merken

Schauen Sie sich die Notenfolge so genau an, daß Sie sie später aufschreiben können. Um welches Lied handelt es sich?

3. Übung: »i« und »l« gesucht

Zählen Sie im folgenden Text so schnell wie möglich alle »l« und »i«. Zeit läuft.

Wenn Sie fleißig sind wie eine Biene,
stark sind wie ein Bär,
arbeiten wie ein Pferd,
und wenn Sie nach Hause kommen und
müde sind wie ein Hund,
sollten Sie einmal zum Tierarzt gehen;
vielleicht sind Sie ein Kamel.

4. Übung: Wissensfragen

a) Welche Speisefische kennen Sie, die zu den Süßwasserfischen gehören?
b) Welche Seefische werden gegessen?
c) Welche für die Ernährung wichtigen Stoffe enthalten Fische vor allem?

Wiederholung:
An welche Einzelheiten des Cartoons von gestern (Mann mit Jagdtrophäen) können Sie sich erinnern?

Denkaufgabe: *Wie lang?*
Welche Linie ist länger? Linie A oder Linie B?

A B

> *Der Tenor hat seinen ersten großen öffentlichen Auftritt. In der Pause fragt er stolz seinen Manager: »Hat meine Stimme den Saal gefüllt?« – »Den nicht, aber den Erfrischungsraum.«*

★★★

In welchen Wörtern ist die Stadt »Gent« versteckt?

Z. B.: Gegenteil – ____________________

____

(Lösungen 22. Tag: S. 168)

»Die wirkliche Liebe beginnt, wo keine Gegenliebe erwartet wird.«

(ANTOINE DE SAINT-EXUPÉRY)

1. Übung: Fleißig wie eine Biene

Welche Tiere werden mit den folgenden Eigenschaften in Verbindung gebracht?

a) Weisheit: ____________

b) eheliche Treue: ____________

c) Treue allgemein: ____________

d) Frechheit: ____________

e) Unreinheit: ____________

f) Fruchtbarkeit: ____________

g) List: ____________

h) Mütterlichkeit: ____________

i) Eitelkeit: ____________

j) Unglück: ____________

k) diebisch: ____________

l) Dummheit: ____________

m) Furchtsamkeit: ____________

n) Würde: ____________

o) Einfalt: ____________

p) Unschuld: ____________

q) Wildheit: ____________

2. Übung: Gedächtnistraining

Stellen Sie Gedankenverbindungen zwischen jeweils drei Begriffen her, indem Sie einen Satz bilden, so daß Sie sich auch später an die Wörter erinnern.

1) Kaktus – Vogelkäfig – Flugzeug
2) Waschmaschine – Schuhe – Halskette
3) Springseil – Rasenmäher – Kronleuchter
4) Klavier – Fensterscheibe – Katze
5) Fotoapparat – Schirmständer – Orchidee

3. Übung: Rund ums Bett

Suchen Sie innerhalb von 2 Minuten möglichst viele Wörter, in denen »Bett« vorkommt.

Z. B.: Betthupferl – ______________________________

4. Übung: Eins + Eins

Finden Sie 20 Wörter, die die Buchstabenverbindung »eins« enthalten, ohne daß sie als Zahl gilt. Zeit läuft!

Z. B.: alleinstehend – ______________________________

W

Wiederholung:
Erinnern Sie sich an die Notenfolge von gestern und zeichnen Sie sie.

Man fragte einen Maler, wieso er, der doch so schöne Menschen male, so häßliche Kinder in die Welt gesetzt habe. Hierauf erwiderte der Maler, daß er seine Gemälde bei Tag und seine Kinder bei Nacht geschaffen habe.

★★★

Bilden Sie aus den Wörtern mit »eins« (aus der 4. Übung) lustige Sätze oder schreiben Sie eine kleine Geschichte.

(Lösungen 23. Tag: S. 169)

»Es soll ein Freund des Freundes Schwächen tragen.« (SHAKESPEARE)

1. Übung: Konzentrationsspiel

Suchen Sie so schnell wie möglich die Buchstaben von A–Z. Zeit läuft.

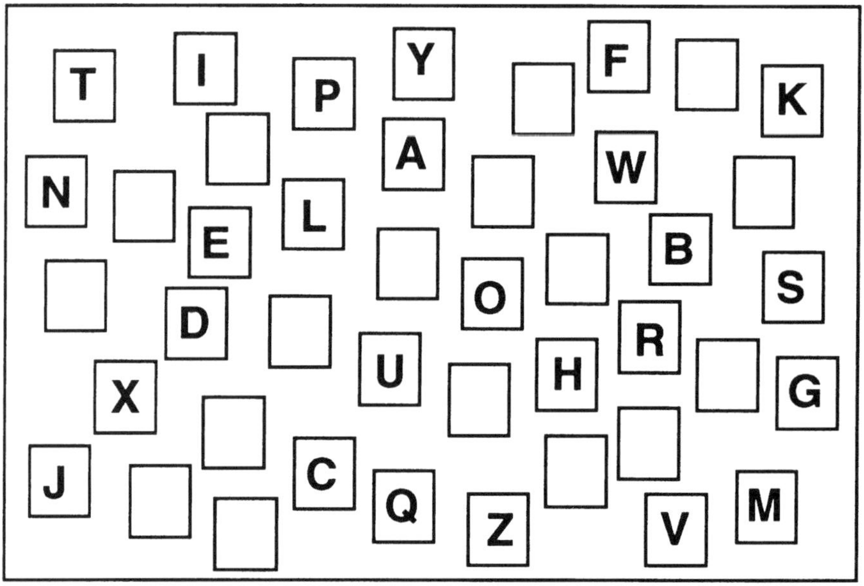

2. Übung: Verstecktes Gemüse

In welchen Wörtern oder Sätzen sind Gemüsesorten versteckt?

Z. B.: Trübsalatmosphäre – Annegret Tichler ____________________

____

____

3. Übung: Original und Fälschung

F

»Und eines Tages werden dir die ganzen Mäuse gehören!« (10 Fehler)

4. Übung: Obstsalat

Ordnen Sie folgende Obstsorten in 5 Gruppen. Zeit läuft!

Pflaumen – Trauben – Datteln – Pfirsiche – Äpfel – Erdbeeren – Quitten – Nüsse – Feigen – Zitronen – Birnen – Kirschen – Aprikosen – Bananen – Johannisbeeren – Ananas – Eßkastanien – Holunderbeeren – Mirabellen – Himbeeren – Apfelsinen – Preiselbeeren – Grapefruits

1. Gruppe ______________________________

2. Gruppe ______________________________

3. Gruppe ______________________________

4. Gruppe ______________________________

5. Gruppe ______________________________

Wiederholung:
An welche Begriffe der 2. Übung des 23. Tages erinnern Sie sich noch?

Denkaufgabe:
In einer Gaststätte ist ein Glas zu Bruch gegangen. Der Gast erklärt dem Wirt, daß der dreibeinige Tisch gewackelt habe und dadurch das Glas herabgefallen sei. Woher weiß der Wirt, daß der Gast gelogen hat?

★★★

Welche weiblichen Persönlichkeiten mit dem Namen »Luise« (»Louise«) fallen Ihnen ein?

Z. B.: Luise Ullrich – ______________________________

____

(Lösungen 24. Tag: S. 170)

»Wohl dem Menschen, wenn er gelernt hat, zu ertragen, was er nicht ändern kann und preiszugeben mit Würde, was er nicht retten kann.« (FRIEDRICH SCHILLER)

1. Übung: Druckfehler

Bei den folgenden Wörtern hat sich je ein Druckfehler eingeschlichen. Bitte bessern Sie aus – möglichst schnell.

RÄTIEL – BEILLE – WOKTE – BACHT – GLECHTE – ZULER – BARLAR – REXAL

2. Übung: Wörtersuche

Suchen Sie in einer Minute möglichst viele Wörter, die mindestens drei »a« enthalten und keinen anderen Vokal.

Z. B.: Ananas – ______________________________

____

3. Übung: Lieder raten

Die kalten Winde bliesen mir grad ins Angesicht,
der Hut flog mir vom Kopfe, ich wendete mich nicht.
Nun bin ich manche Stunde entfernt von jenem Ort,
und immer hör ich's rauschen: du fändest Ruhe dort,
du fändest Ruhe dort!

Um welches Lied handelt es sich?

4. Übung: Gedächtnistraining

Prägen Sie, sich den Einkaufszettel gut ein (2 Minuten) und schreiben Sie ihn dann aus dem Gedächtnis auf..

1 Zeitung – 3 Flaschen Limonade – 5 Päckchen Streichhölzer – 2 Reißverschlüsse – 4 Knöpfe – 2 Tuben Schuhcreme – 3 Schwämme – 1 Paar Socken – 4 Ansichtskarten – 3 Orangen

Wiederholung:
Wissen Sie noch, in welchen Wörtern Sie Gemüse versteckt hatten?

Rätsel: *Zweimal der gleiche Begriff*

1a) Er ist ein Streber mit Glück und Effet.
1b) Bei seinem Start tun dir die Ohren weh.
2a) Im Mai von fleißigen Tieren gebaut,
hier wachsen die Jungen, die tschilpen laut.
2b) Zu Mittag regt die Hausfrau die Hände,
nimmt Rindfleisch und Eier – Kalorien ohne Ende.

Wütend wendet sich der Schriftsteller an den Kritiker: »Wie können Sie es sich erlauben, meinen neuen Roman ein Bruchstück zu nennen?« – »Weil es die Wahrheit ist. In Ihrem Werk bricht der Mann sein Wort, die Frau die Ehe, die Tochter die Herzen der Männer, die Großmutter das Knie und schlußendlich eine ganze Welt zusammen.«

★★★

Seien Sie kreativ!
Welche Verwendungsmöglichkeiten gibt es für einen Bleistift?

(Lösungen 25. Tag: S. 171)

»Die Mühle kann nicht mit dem Wasser mahlen, das vorübergeflossen ist.«

1. Übung: Wörtersuche nach Alphabet

Indem Sie das Alphabet von A–M von oben nach unten schreiben und dann von M–Z von unten nach oben, erhalten Sie die Anfangs- bzw. Endbuchstaben von dreisilbigen Wörtern! Zeit läuft!

A	______________	z	H	______________	s
B	______________	y	I	______________	r
C	______________	x	J	______________	p
D	______________	w	K	______________	o
E	______________	v	L	______________	n
F	______________	u	M	______________	m
G	______________	t			

2. Übung: Text ohne Punkt und Komma

Lesen Sie den folgenden Text so schnell Sie können und versuchen Sie gleichzeitig, sich den Inhalt so einzuprägen, daß Sie ihn anschließend wiedergeben können. Zeit läuft!

derchirurgernstferdinandsauerbruchhatteeinenstudentenzweimal durchfallenlassendaerklärtederstudentallendieeshörenwolltennach einemdrittendurchfallwerdeersauerbruchdasoperationsmesserins herzstechensauerbruchwurdegewarntdochermeintenurkeinegefahrerweißjanichteinmalwodasherzist

3. Übung: Thema Perlen

a) Aus welchem Material können Perlen sein?
b) Welche Lieder kennen Sie, in denen Perlen erwähnt werden?
c) In welchen literarischen Werken spielen Perlen eine Rolle?

4. Übung: Buchstabensalat

In dem Buchstabensalat sind 10 Mineralien versteckt, allerdings rückwärts geschrieben. Bitte finden Sie sie in 2 Minuten.

bhukdsatzghgfdrezrauqmnvxfdsreijjglapohftfdrerdlogcxyimcfgde
tachabvcigtreblisticlacmöläkrihpasewerwrewelefewhcsvfirzlasniets
uzttetrztgiuirefpuktfztrtrdthjhremmilgpüüüithkjaefgoeuztawhgjk
hsotjiousudrjhkztuioihhijzuskfdhius

W **Wiederholung:**
Versuchen Sie, den Einkaufszettel von gestern möglichst vollständig zu notieren!

Denkaufgabe:
Welcher Buchstabe muß logischerweise folgen?
Z. B.: ii kk – mm

a) z y w r t – __ **b)** a e i m – __ **c)** o p n q m – __

★★★

Welche Persönlichkeiten mit dem Vornamen »Friedrich« bzw. »Frieda« kennen Sie?

Z. B.: Friedrich Nietzsche – ______________________________

____

(Lösungen 26. Tag: S. 171)

»Der Vorteil eines schlechten Gedächtnisses ist, daß man dieselben guten Dinge mehrere Male zum ersten Mal genießt.«

(NIETZSCHE)

1. Übung: Thema Fische

a) Wie schnell fallen Ihnen 5 Salzwasserfische und 5 Süßwasserfische ein?

____

____

b) Woraus wird der Lebertran gewonnen? ______________

c) Worin besteht der Unterschied zwischen »echtem« und deutschem Kaviar?

____

d) Welche Zierfische kennen Sie?

____

e) Welche Märchen, Geschichten und Lieder fallen Ihnen zum Thema Fische ein?

____

f) Notieren Sie Wörter, die mit Fisch beginnen. Sie haben 3 Minuten Zeit!

____

____

2. Übung: Gedächtnistraining

Merken Sie sich die folgenden 12 Bilder (2 Minuten) und zählen Sie sie dann aus dem Gedächtnis auf.

3. Übung: Geschichten mit Zahlen

In den vorangegangenen Übungen wurden Wörter gesucht, die eine Zahl enthalten ohne Zahlenwert. Suchen Sie auch diesmal je zwei Begriffe, in denen sich jeweils die Zahlen drei, vier, sechs, sieben, acht und elf verstecken.

Z. B.: Radreise – Klavier – ______________________________

____

Jetzt geht es darum, aus diesen »Zahlwörtern« mit viel Phantasie Sätze oder eine kleine Geschichte zu entwickeln.

Drehen Sie dann in Gedanken einen »Film« dieser Geschichte, damit Sie morgen die Begriffe (möglichst in der richtigen Reihenfolge) wiederholen können.

4. Übung: Ordnungsspiel

Ordnen Sie folgende Meisterwerke der Literatur den entsprechenden Schriftstellern/Dichtern zu! Zeit läuft!

a) Nana	**1)** Jonathan Swift
b) Der Hauptmann von Köpenick	**2)** Kurt Tucholsky
c) Die Schachnovelle	**3)** Robert Stevenson
d) Das Bildnis des Dorian Gray	**4)** Tolstoi
e) Candide	**5)** Mark Twain
f) Reise um die Welt in 80 Tagen	**6)** Emile Zola
g) Die Abenteuer des Tom Sawyer	**7)** Zuckmayer
h) Schloß Gripsholm	**8)** Oscar Wilde
i) Anna Karenina	**9)** Voltaire
j) Gullivers Reisen	**10)** Jules Verne
k) Die Schatzinsel	**11)** Stefan Zweig
l) Rot und Schwarz	**12)** John Steinbeck
m) Früchte des Zorns	**13)** Henri Stendhal

W **Wiederholung:**
An welche Mineralien aus dem Buchstabensalat von gestern erinnern Sie sich?

____

____

Denkaufgabe:
Wie kann man eine Petroleumlampe zum Brennen bringen, in der nur noch so wenig brennbare Flüssigkeit ist, daß der Docht nicht mehr darin eintaucht?

> *Theobald ist nicht mehr der Jüngste, doch hat er noch einmal geheiratet. In der Hochzeitsnacht fragt er seine junge Frau: »Hat deine Mutter dich eigentlich aufgeklärt?«*
> *»Leider nein«, bekennt sie. »Verdammt«, murmelt er, »und ich hab's vergessen.«*

★★★

Was ist alles Silber?
Welche Wortverbindungen und Redewendungen mit »Silber« kennen Sie?

Z. B.: Silberdistel – ______________________________

____

____

(Lösungen 27. Tag: S. 172)

»Die Seele hat die Farbe unserer Gedanken.«

(MARC AUREL)

1. Übung: Phantasie und Kreativität

Was kann man aus den angefangenen Zeichnungen machen?

a)

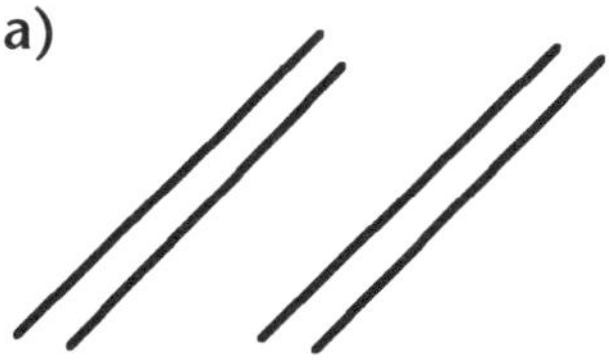

b)

c)

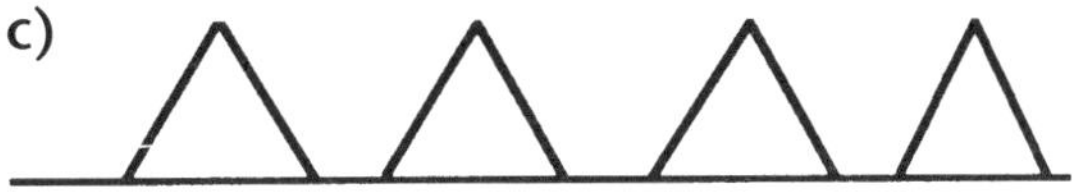

2. Übung: Buchstabenspiel

Machen Sie aus den Buchstaben des Begriffes »Handwerksberuf« möglichst viele neue Wörter, mit mindestens 4 Buchstaben. Zeit: 2 Minuten.

Z. B.: Kern – ____________________________________

____

3. Übung: Lieder raten

Welche Lieder fallen Ihnen ein, in denen Berufe vorkommen? Notieren Sie wenigstens 5!

____

4. Übung: Berufe raten

Um welche Berufe, die übrigens bereits in der Bibel erwähnt werden, handelt es sich?

Wiederholung:
Welche Sätze mit »Zahlwörtern« von gestern fallen Ihnen noch ein?

Denkaufgabe:
Aus allen Buchstaben des jeweiligen Wortes kann man zwei neue Wörter bilden.
Z. B.: Gedaechtnis = Stiegen + Dach

a) M u s k e l k a t e r ____________________

b) S a u e r b r a t e n ____________________

c) R a u f e r e i ____________________

d) D i e n s t a g ____________________

e) L e b e n s l a u f ____________________

Der Opa hört nicht mehr so gut, drum hat er sich ein fast schon antikes Hörrohr angeschafft. Als er eines Abends ins Theater geht, mahnt der Türsteher: »Ich lasse Sie mit dem Ding da rein, aber wenn Sie auch nur einen einzigen Ton darauf blasen, dann fliegen Sie raus.«

★★★

In welchen Wörtern finden Sie eine »Eiche«?

Z. B.: Anstreicher – ____________________

____

(Lösungen 28. Tag: S. 173)

»Licht findet seine Farbenfülle erst im Widerstand der Wolken.«

1. Übung: Buchstabensalat

Im folgenden Buchstabensalat sind 11 Künstler versteckt, die es gilt, möglichst schnell zu finden:

cghfttzhgtfrenoirhfgffgcnbmnjmonetjhgrdthpicassojkftrdfvkvrcui
gztfgtfnoldedreservjedtujztrdmondrianlurrtfghggfreyxmirohrsecg
hsnjhgznftrfdmatissehzrddfcfgkleedrerdjgbarlachhrresvnhjgtdrfhu
zhndxchmnjkhzrfrtcbnjztrtrdoujzuhjknhjdfdghdalihgguzfeiningert
zrrsrdererdjzrtdvjhbjujkjmkjewwgwreewaycflgbrkjgfceswaweawgx
ccztzubmnzuhmnm

2. Übung: Gedächtnistraining

Malen Sie in Gedanken phantasievolle Bilder aus jeweils 4 Begriffen:

a) Kaffeekanne – Taucherbrille – Eisenbahn – Medizinschrank
b) Blumenvase – Kerzenleuchter – Katze – Suppentopf
c) Waschmaschine – Nelkenstrauß – Turnschuhe – Abfalleimer

3. Übung: Einsilbigkeit von A–Z

Gesucht werden einsilbige Hauptwörter für jeden Buchstaben des Alphabets (keine Tiere oder Pflanzen). Zeit läuft!

Z. B.: Amt – Bad – ______________________________

____

4. Übung: Wo steht es geschrieben?

Folgende Zitate bzw. Redewendungen kennen Sie sicher alle. Wer hat sie jedoch aufgeschrieben bzw. in welchen Werken sind sie zu finden?

a) Den Teufel mit dem Beelzebub austreiben
b) Besser spät als niemals
c) Bleibe im Lande und nähre dich redlich
d) Blut ist ein ganz besonderer Saft

Wiederholung:
Erinnern Sie sich noch an die Berufe, die bereits in der Bibel erwähnt werden?

Denkaufgabe:
Ein Brotvorrat reicht für einen Mann 9 Tage, für eine Frau 12 Tage und für ein Kind 18 Tage. Wie lange reicht der Vorrat für alle 3 Personen?

★★★

Welche Redewendungen fallen Ihnen ein, in denen das Wörtchen »bringen« vorkommt?

Z. B.: jemanden zur Vernunft bringen – ______________________

____

(Lösungen 29. Tag: S. 174)

»Wohl jenem, der Erkenntnis errungen und Liebe bewahrt hat.« (E.v. FEUCHTERSLEBEN)

1. Übung: Konzentrationsspiel

Lesen Sie den folgenden Text, der keine »e« enthält, keine Großbuchstaben und keine Wortabstände, möglichst schnell.

Tol_ranz
d_rb_rlin_rhatdi_n_tt_k_ss_r_d_nsart_ntd_ckt,laßd_mkinddochdi_
boul_tt_,w_nnihmdi_boul_tt_schm_ckt!nörg_lnichtundauchnicht
m_ck_r,and_rng_htdasaufd_nw_ck_runddi_fr_undschaftbricht
_ntzw_i.j_d_rwillsichs_lbst_ntfalt_n,all_swächstauf_ign_mmist.
j_d_rli_gtins_in_mb_tt_j_nachd_mw_ _rsichstr_ckt:laßd_mkind
drumdi_boul_tt_,w_nnihmdi_boul_tt_schm_ckt!w_nnwirfr_und_
woll_nbl_ib_nund_inand_rzug_wandt,sollt_nwirnichtsüb_rtr_ib_n,
st_tsunsz_ig_ntol_rant!M_ck_rnwoll_nwirnichtläng_r,woll_nfroh
durchsl_b_ng_hn,uns_r_fr_undschaftwirdnoch_ng_r,w_nnwirso
unsganzv_rst_h_n!

2. Übung: Gedächtnistraining

Versuchen Sie, sich folgende Begriffe innerhalb von 3 Minuten einzuprägen:

Bleistift – Hose – Telefon – Notizblock – Aschenbecher – Pferd – Mond – Hemd – Sonne – Badewanne – Schlange – Radiergummi – Butter – Schere

3. Übung: Ende gesucht

Für jeweils zwei Begriffe gilt es, das gleiche Hauptwort als Endung herauszufinden. Zeit läuft!

Z. B.: Sonnen- und Frosch-König

a) Holz – Regen ______________________

b) Fleder – Kirchen ______________________

c) Schachtel – Stroh ______________________

d) Fuß – Medizin ______________________

e) Zahn – Teppich ______________________

f) Heiligen – Geld ______________________

Finden Sie noch mehr solcher »Gemeinsamkeiten«?

4. Übung: Teekessel anders sehen

Welcher Begriff paßt jeweils zu beiden Wörtern?

Z. B.: Mond – Gerät → »Sichel«

a) Baum – Herrscher ______________________

b) Meeresbucht – Spiel ______________________

c) Tiernahrung – Stoff ______________________

d) Papier – Teil einer Waffe ______________________

e) Ordnung – Viehvermehrung ______________________

f) Vereinigung – Wundschutz ______________________

g) Seil – Wassertröpfchen ______________________

Wiederholung:
An welche Begriffe des Gedächtnistrainings von gestern (Bleistift . . .) erinnern Sie sich noch?

Denkaufgabe:
Dieses Quadrat besteht aus 25 Punkten. Sie sollen nun zwölf Punkte durch gerade Linien so verbinden, daß ein Kreuz entsteht. Fünf Punkte, die nicht durch Linien verbunden sind, liegen im Innern des Kreuzes, 8 Punkte liegen außerhalb.

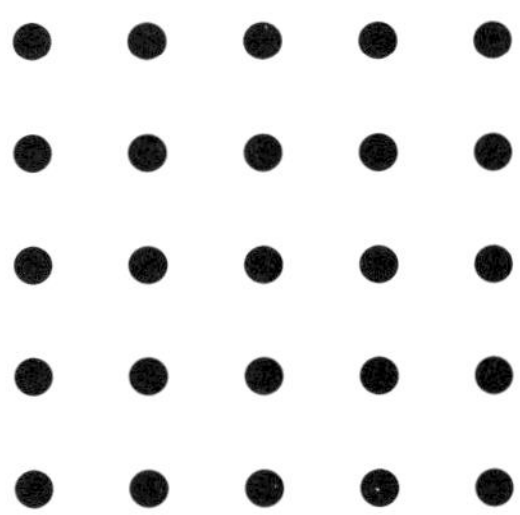

Ein Ehemann steht unschlüssig im Blumenladen. »Laßt Blumen sprechen!« zitiert die Verkäuferin. »Vielleicht Rosen für die Frau Gemahlin?« – »Gut«, nickt der Kunde. »Eine Rose.« – »Eine?« – »Eine. Mehr kommen nicht zu Wort.«

★★★

»Lach-Sturm« oder »Lachs-Turm«
Suchen Sie Wörter, die verschiedene Bedeutungen bekommen, je nachdem, wie man sie liest.

(Lösungen 30. Tag: S. 175)

»Willst du dich deines Wertes freuen, so mußt der Welt du Wert verleihen.« (GOETHE)

1. Übung: Buchstabensalat

Bei den folgenden Wörtern sind die Buchstaben durcheinandergeraten. Finden Sie so schnell wie möglich heraus, um welche Wörter es sich handelt. Zeit läuft!

Wauterarm – Sundgrabe – Malsefaule – Finzergeige – Suhleeschleier – Harleleit – Schleuperrappen

2. Übung: Teekessel

Bei dem Teekesselspiel kann *ein* Begriff mehrere Bedeutungen haben.

Z. B.: Fuchs = der Fuchs (im Wald); das (rötliche) Pferd; der Schmetterling; der schlaue Mensch.

Welche Bedeutungen haben folgende Begriffe:

a) Würmer ______________________________

b) Sterne ______________________________

c) Steppen ______________________________

d) Morgen ______________________________

e) Bulle ______________________________

3. Übung: Gedächtnistraining

Schauen Sie sich die Bilder ganz genau an und versuchen Sie, sich möglichst viele Einzelheiten einzuprägen.
Dann klappen Sie das Buch zu und schreiben auf, an was Sie sich erinnern.

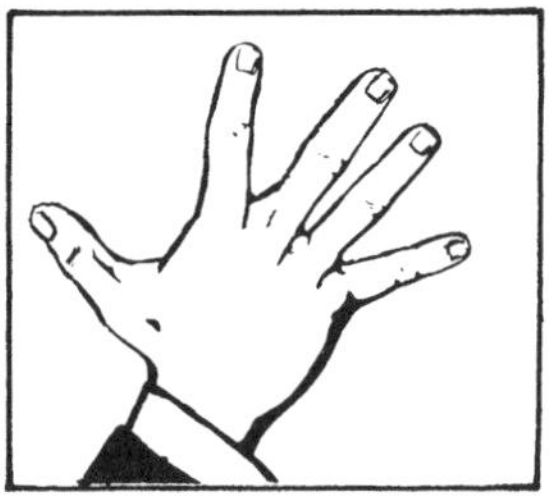

4. Übung: Alle »e« gesucht

Zählen Sie in folgendem Text alle »e« in möglichst kurzer Zeit und versuchen Sie gleichzeitig, den Inhalt des Textes zu erfassen.

Der Professor für Physik Hermann Ludwig Ferdinand Helmholtz (1821–1894) prüfte einen gut beschlagenen Kandidaten. Die Prüfung war mehr eine geistreiche Plauderei. Helmholtz bemerkte: »Herr Kandidat, Sie kennen mein Gesetz von der Erhaltung der Energie: Können Sie ein recht plausibles Beispiel anführen?« Der junge Mann wagte den Scherz: »Nach dem Examen, Herr Geheimrat, werde ich mich um soviel erleichtert fühlen, wie ich während des Examens Schweiß vergossen habe!« Helmholtz reichte ihm die Hand: »Dann ist es aber höchste Zeit, Schluß zu machen, damit Sie mir nicht noch in die Luft gehen.«

Wiederholung:
An welche Begriffe der 2. Übung, 30. Tag (Bleistift . . .), können Sie sich noch erinnern?

Rätsel: *Zwei Versuche – Was steckt dahinter?*

1. Der starke Mann legt sich kräftig ins Zeug,
er schlägt das Fell. Bekommt er es weich?

2. Von der Disco spät schleicht sie ins Bett,
am andern Tag gibt's vom Vater das Fett.

★★★

Kennen Sie noch weitere Teekesselchen wie in Aufgabe 3 mit mindestens 3 Bedeutungen?

(Lösungen 31. Tag: S. 175)

»Liebe ist nicht, sich gegenseitig in die Augen zu schauen, sondern gemeinsam in die gleiche Richtung.«

(ANTOINE DE SAINT-EXUPÉRY)

1. Übung: Buchstabenspiel

Welche Wörter stecken in dem Wort »Hobbygaertner«?
Zeit: 2 Minuten.

Z. B.: Tag – Bogen – ______________________________

____

2. Übung: Fremdwörter

Wie lauten die Fremdwörter für folgende deutsche Begriffe:

a) Teilnahmslosigkeit, Gleichgültigkeit ______________

b) Doppelehe ______________________

c) Zwiegespräch ______________________

d) Einsiedler ______________________

e) Übereinstimmung ______________________

f) Gegenstand ______________________

g) Eintragung als Student ______________________

h) Nachruf ______________________

i) Steindruck ______________________

3. Übung: Versteckte Tiere

In den gesuchten Wörtern, die umschrieben werden, steckt jeweils ein Tier. Finden Sie es möglichst schnell heraus.

a) Teil eines Hebegerätes ____________________

b) Transportkarren ____________________

c) Leitungsverschluß ____________________

d) Küchengerät ____________________

e) an allen Fahrzeugen wichtig ____________________

4. Übung: Ordnungsspiel

Ordnen Sie die Begriffe den richtigen Städten zu:

1) Englischer Garten	**a)** New York
2) Krantor	**b)** Dresden
3) Gürzenich	**c)** Madrid
4) Kant	**d)** Lübeck
5) Dürer	**e)** München
6) Wölfin	**f)** Danzig
7) Metropolitan Opera	**g)** Köln
8) Zwinger	**h)** Königsberg
9) Markusplatz	**i)** Nürnberg
10) Holstentor	**j)** Venedig
11) Prado	**k)** Rom

W

Wiederholung:
An welche Begriffe des Gedächtnistrainings von gestern erinnern Sie sich?

Rätsel: *Zweimal gefragt – Was steckt dahinter?*

1. Er ist beliebt in Stadt und Land,
besonders bei den Jungen.

2. Ihn trifft man an der Elbe Strand
ein wenig steif, sonst ungezwungen.

★★★

Kennen Sie Pflanzen und Tiere, die unter Naturschutz stehen? Notieren Sie.

Z. B.: Edelweiß – ____________________________________

____

____

(Lösungen 32. Tag: S. 176)

*»Unsere Zweifel sind Verräter.
Durch die Furcht vor dem Versuch lassen sie uns oft das Gute verlieren, das wir erringen könnten.«* (SHAKESPEARE)

1. Übung: Gedächtnistraining

Betrachten Sie den Cartoon 1 Minute sehr genau.

Rechnen Sie folgende Aufgaben:

6 x 16 = ____ 4 x 18 = ____ 3 x 19 = ____ 7 x 13 = ____

Klappen Sie das Buch zu und schreiben Sie bitte auf, an welche Einzelheiten Sie sich noch erinnern.

2. Übung: Wörtersuche

Gesucht werden Wörter, die in der Mitte ein »haus« enthalten. Zeit: 2 Minuten.

Z. B.: Buc<u>haus</u>gabe – ____________________

____

3. Übung: Sprichwörter

Bei folgenden Sprichwörtern fehlt entweder der Anfang oder der Schluß. Versuchen Sie, so schnell wie möglich die Sprichwörter zu vervollständigen. Zeit läuft!

a) Die Botschaft hör ____________________

b) Hoffnung ist ein Seil, ____________________

c) Grau, ____________________

d) sollst du dein Brot essen. ____________________

e) da nahm er seinen Sonnenschirm. ____________________

f) durch den Magen. ____________________

g) Stunde nutzen. ____________________

4. Übung: Wissensfragen

a) Wer paßt nicht in die Runde?
George Sand – George Eliot – George Orwell

b) Queensland, Victoria und New South Wales liegen in welchem Land?

c) In welchem Märchen gibt es sprechendes Brot?

Wiederholung:
Erinnern Sie sich noch an die versteckten Tiere von gestern?

Rätsel:
Einst ein Zeichen von Macht und Recht.
Seine Schärfe jeden trifft.
Wer damit richtet, wird gerichtet (lt. Bibel).
Ein Fisch seinen Namen trägt.

> *»Hast du mal drei Sekunden Zeit?« fragt der mächtige Parteivorsitzende den Bonner Politiker. Dieser nickt. »Gut! Dann erzähl mir doch mal alles, was du über Politik weißt!«*

★★★

Lassen Sie Ihrer Phantasie freien Lauf!
Was kann man mit einem Marmeladenglas anfangen?

(Lösungen 33. Tag: S. 177)

»Was du dir selbst glaubst, glaubt dir jeder!« (E. V. FEUCHTERSLEBEN)

1. Übung: Billardspiel

Wieder nehmen Sie in Gedanken zuerst eine weiße Kugel und legen Sie vor sich hin. Dann legen Sie links neben die weiße Kugel eine graue Kugel und links neben die graue Kugel eine gelbe Kugel. Als nächstes kommt rechts neben die weiße Kugel eine blaue Kugel und dann rechts neben die blaue Kugel eine schwarze Kugel. Nun legen Sie zwischen Weiß und Grau eine grüne Kugel und zwischen Blau und Schwarz eine lila Kugel. Zum Schluß kommt rechts außen eine rosa Kugel und links außen eine gelbe Kugel. Wenn Sie die Kugeln vor Ihrem geistigen Auge sehen können, dann schreiben Sie die Reihenfolge von links nach rechts auf.

2. Übung: Ende gleich, alles gleich

Zu den folgenden Begriffen werden zusammengesetzte Hauptwörter gesucht, deren erster Teil zwar verschieden ist, deren zweiter Teil jedoch immer gleich sein muß.

Z. B.: Lebensmittel → Einkaufskorb
schmutzige Kleidung → Wäschekorb
bissiger Hund → Maulkorb

a) Ferngespräch
Film
Küche
Besuch
Papiereinlagen
Sprachen

b) Lehrer
Max Schmeling
Schinkel
Schwimmbad
Bowle
Tischlerei

c) Abitur
Brautpaar
Tannenbaum
Beerdigung

3. Übung: Phantasie und Kreativität

Was kann man aus den angefangenen Zeichnungen machen?

a) 

b) 

c) 

d) 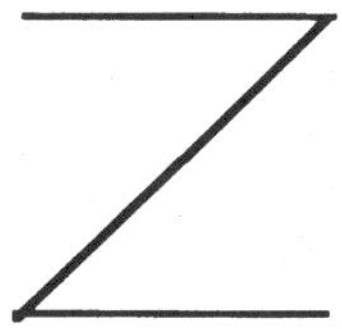

4. Übung: Wissensfragen

a) Wodurch wurde F. de Lesseps berühmt?
b) Unter welchem Namen ist Francois Marie Arouet besser bekannt?
c) Sie bekommen einen guten Bersac. Was ist das?
d) Ferdinand und Isabella hatten eine Tochter, die Königin von England wurde. Wie hieß ihr Mann?
e) Bei welchem Sport gibt es Kerbe, Schaft und Sehne?

Wiederholung:
Erinnern Sie sich noch an die Einzelheiten des Cartoons von gestern?

W

Rätsel: *Dreimal gefragt*
1. Als Dichter erfreut er Jung und Alt.
2. Im Mittelalter machte den Gegner er kalt.
3. Wir seh'n ihn, wenn der Weckruf der Vögel erschallt.

Eine junge Schauspielerin wunderte sich darüber, daß Sarah Bernhardt (1844–1923) noch Lampenfieber hatte. »Warte nur, mein Kind«, sagte Sarah. »Du wirst schon sehen. Das Lampenfieber kommt mit dem Talent.«

★★★

In welchen Wörtern ist eine »Elle« versteckt?

Z. B.: Ges<u>elle</u>nbrief – ______________________________

____

(Lösungen 34. Tag: S. 177)

»Ein Mensch bleibt weise, solange er die Weisheit sucht. Sobald er sie gefunden zu haben wähnt, wird er ein Narr.« (TALMUD)

1. Übung: Phantasie und Kreativität

Was kann man aus den angefangenen Zeichnungen machen?

a) 

b) 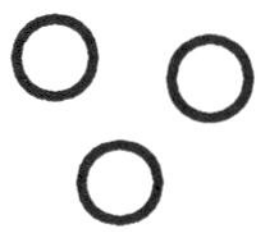

c) 

Rätsel:
Eben was die gute Saat
macht die schlecht genähte Naht;
was der Mond nicht nur bei Nacht
macht die Sonne meist vor acht.

2. Übung: Silbenpuzzle

Hier sind die Silben zweier Begriffe durcheinandergepurzelt. Um welche Begriffe handelt es sich? Zeit läuft!

a) hebrokesscheselxen ______________________

b) einbessikliedverliemu ______________________

c) wasteneispielserlarmer ______________________

d) hosterwaldnigbiebenne ______________________

e) erlofeubesdenhymfreune ______________________

3. Übung: Leuchtturm

Erinnern Sie sich noch an die Begriffe, die Sie mit den Zahlen von 1–20 verbunden haben? Schreiben Sie die Begriffe auf:

____

____

4. Übung: Bilder malen

Nun verbinden Sie Ihren ersten Begriff mit einem Apfel. Malen Sie in Ihrer Phantasie ein Bild!
Den zweiten Begriff verbinden Sie mit einem Ruderboot, den dritten Begriff mit Marmelade, den vierten mit Spinnweben, den fünften mit Kuchenteig, den sechsten mit Golddukaten, den siebten mit einer Hängematte, den achten mit Ameisen, den neunten mit Sektgläsern, den zehnten mit Küchenfliesen, den elften mit einem Kohlkopf, den zwölften mit Hahnenfuß, den dreizehnten mit einem Tischtuch, den vierzehnten mit einem Medizinball.

Der amerikanische Filmschauspieler Gary Cooper (1901–1961) geht durch den Speisewagen. Da hört er, wie eine Dame einem Mann zuflüstert: »Hast du den gesehen? Sieht er nicht frappant Gary Cooper ähnlich?« Gary Cooper dreht sich um und lächelt. Da meint die Dame: »Er hat sich sicherlich geschmeichelt gefühlt.«

★★★

Erzählen Sie eine Geschichte um die Zeichnungen der 4. Übung.

(Lösungen 35. Tag: S. 178)

»Die Irrtümer des Menschen machen ihn eigentlich liebenswürdig.«

1. Übung: Wörterreise

Wie viele Schritte brauchen Sie, um vom ersten zum zweiten Begriff zu gelangen, wenn Sie bei jedem Schritt *einen* Buchstaben verändern?

Kind ______________________________ Funk

2. Übung: Rot, rot, rot sind . . .

Sie haben 2 Minuten Zeit. Schreiben Sie auf, was Ihnen alles zu »rot« einfällt.

Z. B.: Roter Platz – ______________________________

____

3. Übung: Anfang gleich – Ende gleich

In diesem Spiel werden Wörter gesucht, die zu den jeweiligen Begriffen passen und entweder den gleichen Anfang oder das gleiche Ende besitzen.

Z. B.: Konsumgüter → Einkaufs<u>tasche</u>
Schwäbisches Gericht → Maul<u>tasche</u>
Geld und Papiere → Brief<u>tasche</u>

a) Deutsch
Leberfleck
Klugheit
Schlauchpilz

b) Bodensee
Naturpark
Gartenschau
Pazifik

c) Käse
Speiteufel
Dermatophyt
Hallenbad

4. Übung: Wissensfragen

a) Wer schrieb »Madame Bovary«?
b) Wer gilt als der größte französische Lustspieldichter?
c) Welche Dramen Shakespeares behandeln die englische Geschichte?
d) Wer ist der Verfasser der »Buddenbrooks«?
e) Nennen Sie zwei Werke von Bertolt Brecht.

W **Wiederholung:**
Erinnern Sie sich noch an die Bilder der 4. Übung von gestern?

Rätsel:
Süß und klebrig, dick und außen braun,
in der Werbung kann man's täglich schaun.

Der schwäbische Arzt trifft seinen Patienten und fragt, ob die Medizin geholfen habe. »Großartig«, beteuert der Dankbare. »Mei Huschte isch weg, der Kinder ehre Ouschlach, demm Großvadder sei Forunkel, ond de Rescht nemmt de Frau zem Putze.«

★★★

Finden Sie weitere Begriffe wie in der 3. Übung.

____

____

(Lösungen 36. Tag: S. 178)

»Man verliert die meiste Zeit damit, daß man Zeit gewinnen will.« (JOHN STEINBECK)

1. Übung: »u« und »e« gesucht!

Zählen Sie beim Schnellesen der folgenden Anekdote alle »u« und »e« und versuchen Sie, den Inhalt zu erfassen. Zeit läuft!

Ludwig XIV. sagte einmal im Kreise seiner Hofleute: »Die Könige haben ihre Macht von Gottes Gnaden, und wenn ich einem von Ihnen befehle, ins Wasser zu springen, haben Sie ohne zu zögern zu gehorchen.« Da erhob sich der Herzog von Guise und wollte hinausgehen. »Wohin?« rief der König. »Schwimmen lernen, Sire!«

2. Übung: Lieder raten

Um welche Lieder handelt es sich, und wer hat jeweils den Text geschrieben?

a) Wir stolze Menschenkinder
Sind eitel arme Sünder
Und wissen gar nicht viel
Wir spinnen Luftgespinnste
Und suchen viele Künste
Und kommen weiter von dem Ziel.

b) War so jung und morgenschön,
Lief er schnell es nah zu sehn,
Sah's mit vielen Freuden.

F 3. Übung: Original und Fälschung

Finden Sie die 10 versteckten Fehler in 2 Minuten?

Prägen Sie sich die Einzelheiten des Cartoons genau ein!

4. Übung: Phantasiespaziergang

Machen Sie in Gedanken einen Spaziergang durch eine Phantasiestadt und prägen Sie sich möglichst viele Einzelheiten ein. So könnte Ihr Spaziergang zum Beispiel beginnen:

Wie durch Zauberhand sind Sie plötzlich in einer mittelalterlichen Stadt. Gerade sind Sie durch eines der großen, eisernen Stadttore gegangen ...

Wiederholung:
Erinnern Sie sich noch an die Wissensfragen von gestern?

Silbenrätsel:
Die ersten sind des Fleißes Muster
die dritte dient ihn einzubläun,
das Ganze ist inwendig duster,
doch Quell von lichtem Kerzenschein.
G. T. Fechner

»Was versteht man unter einem Viadukt?« – »Wenn ein Zug drüber fährt, kein Wort.«

★★★

Welche Wörter können Sie aus den Buchstaben des Wortes »Transaktion« bilden?

____

____

(Lösungen 37. Tag: S. 179)

»Lächeln ist die eleganteste Art, dem Gegner die Zähne zu zeigen!« (WERNER FINCK)

1. Übung: Wissensfragen

Wer schrieb:

a) Der Besuch der alten Dame ______________________

b) Emilia Galotti ______________________

c) Dantons Tod ______________________

d) Die Braut von Messina ______________________

e) Macbeth ______________________

f) Des Teufels General ______________________

g) Der Diener zweier Herren ______________________

h) Penthesilea ______________________

2. Übung: Vorstellung

Wählen Sie zunächst 5 Vornamen und schreiben Sie sie auf:

1 ________ 2 ________ 3 ________ 4 ________ 5 ________

Jetzt verbinden Sie den Namen mit einer Tätigkeit, die mit dem gleichen Buchstaben beginnt wie der jeweilige Vorname.

Z. B.: Hanna hackt Holz.

Trainieren Sie Ihr Vorstellungsvermögen!

3. Übung: Gedächtnistraining

Prägen Sie sich die 12 Bilder 30 Sekunden lang genau ein und blättern Sie dann um.

Rechnen Sie folgende Aufgaben:

3 x 8 = ____ 5 x 13 = ____ 4 x 14 = ____

7 x 12 = ____ 8 x 9 = ____

An welche der eben angeschauten Bilder erinnern Sie sich?

4. Übung: Berufe raten

Bei den folgenden Berufen sind die Buchstaben durcheinandergeraten. Finden Sie so schnell wie möglich heraus, um welche Berufe es sich handelt. Zeit läuft!

Reubaniegge – Zistolip – Trawankt – Dristog – Neptiaka – Runigenie

---

W **Wiederholung:**
Erinnern Sie sich an Ihren Phantasiespaziergang von gestern? Notieren Sie, was Ihnen einfällt.

Denkaufgabe:
Familie Müller ist ein Mißgeschick passiert: Beim Frühstück sind dem Vater unter die gekochten Eier auch ein paar rohe Eier geraten. Was ist zu tun? Die Schale soll nicht aufgeschlagen werden.

★★★

Welche Wörter fallen Ihnen ein, in denen die Buchstabenfolge »bert« versteckt ist? Z. B.: Tibertaucher

---

(Lösungen 38. Tag: S. 180)

»Je mehr der Mensch des ganzen Ernstes fähig ist, desto herzlicher kann er lachen.«

(SCHOPENHAUER)

1. Übung: Dichter und Gedichte raten

Um welche Gedichte handelt es sich, und wer hat sie geschrieben?

a) Durch Feld und Buchenhallen
bald singend, bald fröhlich still,
recht lustig sei vor allem
wers Reisen wählen will.

b) Es lächelt der See, er ladet zum Bade;
der Knabe schlief ein am grünen Gestade.
Da hört er ein Klingen
wie Flöten so süß,
wie Stimmen der Engel
im Paradies.

2. Übung: Einkaufsliste

Versuchen Sie, sich die folgenden Sachen der Einkaufsliste mit Hilfe Ihrer Phantasie in der angegebenen Reihenfolge zu merken.

Schuhcreme – Fensterleder – Waschpulver – Nudeln – Hundefutter – Toastbrot – Hähnchen – Topfkratzer – Lakritz – Teesieb – Batterien – Toilettenpapier

3. Übung: Wörtersuche senkrecht

Nehmen Sie das Wort »Stolperstein« und schreiben Sie es senkrecht von oben nach unten und im Abstand von ca. 10 cm von unten nach oben. So ergeben sich wieder Anfangs- und Endbuchstaben für zusammengesetzte Hauptwörter. Zeit: 3 Minuten.

4. Übung: Doppeldeutig

Es werden Wörter gesucht, die klein und groß geschrieben jeweils eine andere Bedeutung haben.

Z. B.: Steppen – steppen (die Steppen Rußlands – eine Naht steppen)

W

Wiederholung:
Erinnern Sie sich noch an die 12 Bilder von gestern? Notieren Sie, was Sie behalten haben.

Scherzfragen:
Welche Blume blüht nicht?
Welches Korn kommt nicht ins Brot?
Welcher Nagel rostet nicht?
Welche Wölfe heulen nicht?
Was braucht das Auto, was dem Pferd sehr lästig ist?

Kennen Sie den Unterschied zwischen einem Saxophon und einem Sack Zement? Nein? Dann blasen Sie mal hinein!

★★★

Welcome Persönlichkeiten haben den Vornamen »Johann(es)«?

Z. B.: Johannes Brahms – ______________________________

____

____

(Lösungen 39. Tag: S. 180)

»Für den Optimisten ist das Leben kein Problem, sondern bereits die Lösung.«

(MARCEL PAGNOL)

1. Übung: Wörtersuche

Gesucht werden Wörter, die ein »y« enthalten. Zeit: 1 Minute.

Z. B.: Zypresse – Baby – ____________________

____

2. Übung: Gedächtnistraining

Prägen Sie sich die Einzelheiten des Cartoons gut ein. Sie haben dafür 2 Minuten Zeit. Dann klappen Sie das Buch zu und schreiben auf, an was Sie sich erinnern.

3. Übung: Weiß, weiß, weiß

In 2 Minuten sollen Sie möglichst viele Dinge ausfindig machen, die eine Verbindung zur Farbe »Weiß« haben.

Z. B.: Weißer Sonntag ______________________________

____

4. Übung: Anfang gleich – Ende gleich

Es werden wieder zusammengesetzte Wörter gesucht, die den jeweiligen Begriff um- oder beschreiben und entweder den gleichen Anfang oder das gleiche Ende besitzen.

a) Rüben
Satin
Rosinen
Soldaten
Schamotte

b) Tribüne
Stadtmitte
Stadion
Esplanade
Hafen

c) Silberpfeil
Leopard
»Brummi«
Verkehrsbetriebe
Automobil

d) Roggen
Auge
»Fürst Bismarck«
Berentzen

Wiederholung: **W**
An welche Sachen der Einkaufsliste von gestern erinnern Sie sich? Notieren Sie so viele wie möglich!

Scherzfragen:
Welches Recht hat man nicht gern?
Welches Fieber kann man nicht messen?
Welcher Rat ist nicht der schlechteste?

★★★

Welche berühmten Frauen heißen »Maria« oder »Marie«?

Z. B.: Maria Callas – ______________________________

____

____

(Lösungen 40. Tag: S. 181)

»Die Kunst der Weisheit besteht darin zu wissen, was man übersehen muß.«

(William James)

1. Übung: Wörtersuche

Es werden Wörter gesucht, die alle 5 Vokale enthalten.

Z. B.: Polizeiunfall – ____________________________________

____

2. Übung: Gedächtnistraining

Versuchen Sie, sich die Melodie, d. h., die Notenfolge des Liedes einzuprägen:

Rechnen Sie folgende Aufgaben:

6 x 17 = ____ 5 x 16 = ____

4 x 13 = ____ 8 x 12 = ____

7 x 19 = ____ 9 x 14 = ____

Decken Sie nun die Noten ab und versuchen Sie, die Melodie aufzuschreiben.

Versuchen Sie, das Lied zu singen! Kennen Sie es?

3. Übung: Einsetzübung

Versuchen Sie, diese Anekdote zu lesen, indem Sie sich die fehlenden Selbstlaute hinzudenken:

N_ch d_m W_lt_rf_lg d_s _rst_n T__ls d_r D_n-C_m_ll_-V_r-f_lm_ng tr_t b__ d_n Dr_h_rb__t_n f_r d__ F_rts_tz_ng __n kl__n_s M_dch_n __f F_rn_nd_l, d_n H__ptd_rst_ll_r z_. S__ tr_g __n_ P_pp_ _m _rm _nd _rb_t s__n_n S_g_n. D_r Sch__sp__l_r s_gt_ _rnsth_ft: »_ch b_n d_ch k__n r_cht_g_r Pr__st_r, _ch sp__l_ d__ R_ll_ n_r.« – »W__ß _ch«, s_gt_ d_s M_dch_n. »_ch w_ll d_n S_g_n j_ __ch n_r für m__n_ P_pp_ h_b_n.«

4. Übung: Wissensfragen

a) Schiller ist für die Locke, was Bismarck für den ______________ ist.

b) Konstantinopel ist für Istanbul das gleiche, was Ceylon für ________________ ist.

c) Wer war Rodin?

d) Was war Raffael außer Maler?

e) Wie heißt die französische Nationalhymne?

W **Wiederholung:**
Erinnern Sie sich an die Einzelheiten des gestrigen Cartoons?

Rätsel:
Zwei Väter und zwei Söhne teilen drei Heringe so unter sich auf, daß jeder einen ganzen Hering erhält. Wie geht das?

Anton Rubinstein (1830–1894), einer der größten Pianisten seiner Zeit, spielte in einem hochadligen Wiener Haus. Als er fortging, bat er den Portier: »Wollen Sie meinen Wagen vorfahren lassen?« Darauf brüllte der Türsteher hinaus: »Den Wagen für den Klavierspüler!«

★★★

Denken Sie sich möglichst lustige und lange Sätze aus, bei denen alle Hauptwörter und vielleicht auch Eigenschaftswörter und Tätigkeitswörter mit »P« beginnen.

Z. B.: Peter und Paul pauken pausenlos planlos pädagogische und psychologische Probleme.

____

____

Bilden Sie ähnliche Sätze mit: »Sch« – »St« – »Sp« – »Sa« – »Se«

____

____

(Lösungen 41. Tag: S. 182)

»Es ist kein Mensch, den nicht um irgend etwas Hunderttausende, ja Millionen beneiden können.« (W. RAABE)

1. Übung: Formen merken

Prägen Sie sich die Formen so gut ein, daß Sie sich morgen noch daran erinnern können.

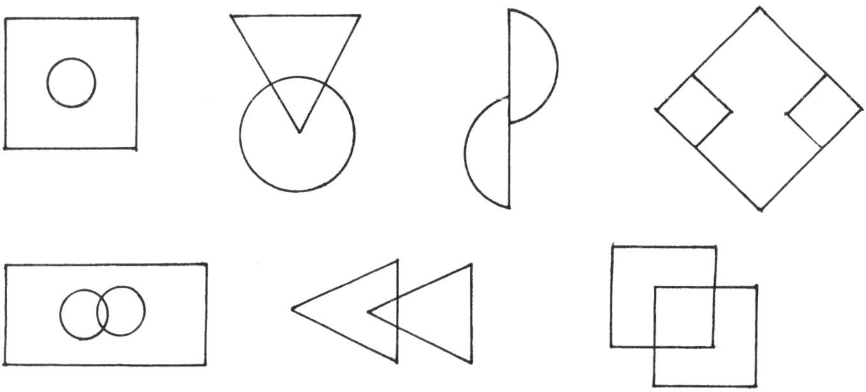

2. Übung: Wörterkette

Diese Wörterkette mit zusammengesetzten Hauptwörtern beginnt mit »Laubfall« und endet mit »Gartenlaub«. Versuchen Sie, in nicht weniger oder mehr als 13–15 Schritten ans Ziel zu gelangen. Zeit läuft!

Laubfall – Fall – ______________________________

____

______________________________ – Gartenlaub

3. Übung: Gelb, gelb, gelb sind alle . . .

Welche Wortverbindungen und Redewendungen fallen Ihnen zur Farbe »Gelb« in 3 Minuten ein?

Z. B.: Postauto – sich gelb und grün ärgern – ____________________

____

4. Übung: Wörtlich, allzu wörtlich!

a) Was ist eine falsche Behauptung? ____________________

b) Ureinwohner der Sahara? ____________________

c) Läßt sich nicht mit Worten ausdrücken? ____________________

d) Ein Tor, der um die ganze Welt läuft? ____________________

Wiederholung:
Erinnern Sie sich noch an die Melodie von gestern?

____
____
____
____
____

Scherzfragen:
Welchen Puter kann man nicht essen?
Welcher Vogel hat keine Federn?
Welche Kunden werden nicht bedient?

★★★

Suchen Sie zusammengesetzte Wörter, die neu zusammengesetzt eine andere Bedeutung ergeben.

Z. B.: Hausrat – Rathaus – ____________________

(Lösungen 42. Tag: S. 182)

»Glücklich sein: das heißt die Ungeduld nach dem Glück hinter sich haben.«

(M. MAETERLINCK)

1. Übung: Druckfehler

In jedem der folgenden Wörter steckt ein Druckfehler. Korrigieren Sie sie bitte. Zeit läuft!

Totel – Waster – Sickt – Irkan – Wet – Flascht – Heus.

2. Übung: Sinnlose Worte

Versuchen Sie, sich die »sinnlosen« Wörter möglichst schnell einzuprägen, indem Sie sich Bilder dazu machen.

Wuck – Dram – Malt – Satn – Hoda – Giwo – Läbe – Fatu – Äjat – Ropi

Rechnen Sie:

13 x 14 = ____   12 x 16 = ____   11 x 17 = ____

Decken Sie die Wortgebilde oben zu und schreiben Sie auf, an welche Sie sich noch erinnern.

3. Übung: Gedichte und Lieder raten

Aus welchem Gedicht stammt folgender Vers?

Kindchen, wie wir dich gefüttert hätten!
Früh am Morgen weißes Brot mit Honig,
frische Butter, wunderweiches Schmorfleisch,
mittags Gerstengrütze, gelbe Tunke.

4. Übung: Gedächtnistraining

Erinnern Sie sich noch an die Begriffe?

1 = Leuchtturm – 2 = Zwillinge – ______________________________

____

____

Wenn nicht, schauen Sie nach und wiederholen Sie. Dann verbinden Sie folgende Begriffe mit Ihren Zahlen-Symbolen zu Bildern:

Tinte – Fische – Fernseher – Trockner – Kaktus – Nachthemd – Glastür – Mehltüte – Gipsköpfe – Ölfarbe

Wiederholung:
Versuchen Sie, die Formen zu malen, die Sie sich gestern gemerkt haben.

Rätsel:
Dichter und Poeten benutzen ihn,
Schiffe brauchen ihn,
eine Stadt trägt seinen Namen?

★★★

Welche Wörter mit mindestens 4 Buchstaben stecken in dem Wort »Affenbrotbaum«?

Z. B.: Taufe – ______________________________________

____

(Lösungen 43. Tag: S. 183)

»Wer fertig ist, dem ist nichts rechtzumachen. Ein Werdender wird immer dankbar sein.« (GOETHE)

1. Übung: Lückentext

Lesen Sie diesen Lückentext möglichst schnell, indem Sie die Lücken mit den entsprechenden Selbstlauten füllen:

__n Sch_l_r z__gt d_m B_ldh___r _nd _k_d_m__d_r_kt_r J_h_nn G_ttfr__d Sch_d_w (1764–1850) v_ll_r St_lz __n_ Sk_lpt_r. »H_st_ d_t _ll__n_ j_m_cht?« w_llt_ Sch_d_w w_ss_n. »J_w_ll, H_rr D_r_kt_r.« – »N_, d_nn k_nnstd_ T_pp_r w_rd_n.«

2. Übung: Wörterspiel

Suchen Sie die passenden Silben, mit denen das erste Wort aufhört und das zweite Wort anfängt.

Z. B.: Ro (man) tel = Roman + Mantel

Or (________) te	Re (________) le
Be (________) ke	O (________) ster
Saf (________) ke	Di (________) ze
Ge (________) ung	Sam (________) er
Ro (________) a	Ro (________) al
Po (________) z	De (________) dis

Versuchen Sie, je 2 Begriffe in ein Bild zu bringen und sich zu merken.

3. Übung: Teekessel

Folgende »Teekessel« haben mehrere Bedeutungen! Notieren Sie jeweils mindestens zwei.

a) Atlas ______

b) Bank ______

c) Feder ______

d) Ente ______

Prägen Sie sich diese Teekesselchen gut ein!

4. Übung: Wörtersuche

Suchen Sie je 5 Wörter, in denen die obigen Teekessel enthalten sind:

Z. B.: Atlasseide – Bankverbindung – Federkiel – Entenbraten –

______

______

______

______

Wiederholung: **W**

Erinnern Sie sich an die Begriffe der 4. Übung vom 43. Tag? Notieren Sie wieder so viele, wie Ihnen einfallen.

______

______

Rätsel:
Mein Erstes schützt den Krieger,
wie's Zweite nennt die Stadt ihre Mitglieder.
Das Ganze kommt in Geschichten vor
und zwar mit recht viel Humor.

Ein indiskreter Reporter fragte den Filmschauspieler und Regisseur Orson Welles (1915–1985): »Warum haben Sie gestern mit Rita Hayworth zu Abend gegessen?« Worauf Orson Welles sehr liebenswürdig erwiderte: »Weil wir Hunger hatten!«

★★★

Notieren Sie Kunstwerke, in denen Kleidung eine wichtige Rolle spielt.

Z. B.: »Kleider machen Leute« von G. Keller – ____________________

____

____

(Lösungen 44. Tag: S. 183)

45. TAG

»Seinen Gedanken freien Lauf zu lassen, ist ebenso wichtig, wie sie zu sammeln.«

(CH. B. NEWCOMB)

1. Übung: Wörtersuche

Finden Sie möglichst schnell Wörter mit den gegebenen Anfangs- und Endbuchstaben. Zeit: 2 Minuten

F	______	d	J	______	n	A	______	g
H	______	l	E	______	m	W	______	r
T	______	e	E	______	d	P	______	h
H	______	g	D	______	s	M	______	o
A	______	t	S	______	t	K	______	t

2. Übung: Bildhafte Umschreibungen

Wie können Sie folgende Tätigkeiten bildhaft umschreiben?

Z. B.: sich retten = Kopf aus der Schlinge ziehen

a) etwas aufschieben ______

b) sich demütigst entschuldigen ______

c) selbständig etwas tun ______

d) frieren ______

e) etwas Falsches sagen ______

f) mehrere Möglichkeiten haben ______

g) erwachsen werden ______

F 3. Übung: Original und Fälschung

Suchen Sie 10 Fehler!
Zeit läuft!

4. Übung: Gegenstück gesucht

Um zu einem zusammengesetzten Wort das Gegenstück zu finden, braucht man oft nur die vordere Hälfte umzudrehen. (Morgenrot – Abendrot). Schwieriger ist es, ein Gegenstück zu finden, bei dem der vordere Teil und der hintere Teil des Wortes verändert werden müssen. Dann wird z. B. aus einem »Unterarm« ein »Überbein«.

Versuchen Sie, zu den folgenden Begriffen auch solche »Gegenstücke« zu finden.

Himmelskörper ______	aufgeben ______
Unternehmen ______	Weißwurst ______
Fußmarsch ______	Landnase ______

Wiederholung:
Erinnern Sie sich an die Teekessel von gestern?

Denkaufgabe:
Versuchen Sie, die senkrechten Punkte mit sechs geraden Linien zu verbinden – ohne abzusetzen. Dabei dürfen Sie die Punkte auch zweimal berühren.

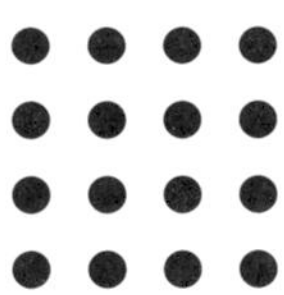

★★★

Versuchen Sie, lustige Gegenstücke zu finden (siehe 4. Übung).

(Lösungen 45. Tag: S. 184)

»Viele hätten es nicht nötig, sich wichtig zu machen, wenn sie sich ihrer Wichtigkeit sicher wären.« (H. Kruppa)

1. Übung: Gedächtnistraining

Prägen Sie sich die Einzelheiten des Cartoons genau ein (2 Minuten). Dann decken Sie ihn bitte ab und schreiben die Details auf.

»Ich glaube fast, du erschwerst mir die Arbeit absichtlich.«

2. Übung: Wörtersuche

Suchen Sie möglichst schnell Begriffe mit 5 Silben!

Z. B.: Gar-ten-blu-men-beet – ______________________________

____

____

3. Übung: Satzsuche

Welche Sätze verbergen sich hinter den Buchstabenreihen? Zeit läuft!

a) H_chm_t k_mmt v_r d_m F_ll.
b) Fr__ H_ll_ sch_tt_lt d__ B_tt_n.
c) D_s k_nnst d_ d__n_m Gr_ßv_t_r _rz_hl_n.
d) L_hrj_hr_ s_nd k__n_ H_rr_nj_hr_.
e) D_s _st k_lt_r K_ff__.
f) D_r br_v_ M_nn d_nkt _n s_ch s_lbst z_l_tzt.
g) R_d_n _st S_lb_r, Schw__g_n _st G_ld.

4. Übung: Grau, grau, grau sind alle . . .

Schreiben Sie auf, was Ihnen alles zu »Grau« einfällt.
Zeit: 1 Minute

Z. B.: Graue Theorie – ______________________________

____

Wiederholung: **W**
Welche bildhaften Umschreibungen von gestern wissen Sie noch?

Rätsel:

Mal ist es da, mal ist es fort,
kommt stets zurück zum alten Ort.
Im Sommer haben's viele gern,
drum kommen sie von nah und fern,
doch kommt der Herbst mit Sturmgebraus
lockt's nur den Unentwegten raus.
Es gilt als eine Urgewalt,
ist schon Millionen Jahre alt,
es bringt mal Fluch, mal Segen
und ist verwandt dem Regen.

Als Michelangelo (1495–1564) den auffallend schönen Sohn des Malers Francia kennenlernte, sagte er: »Deinem Vater gelingen die lebendigen Gestalten besser als die gemalten.«

★★★

Welche Wörter mit mehr als drei Buchstaben können Sie aus den Buchstaben des Wortes »Blasorchester« bilden?

Z. B.: Borste – Rast – ____________________________

____

(Lösungen 46. Tag: S. 186)

»Ein Fehler ist ein Sprungbrett für neue Ideen, die du sonst nicht entdeckt hättest.«

1. Übung: Wörtersuche

Welche Wörter mit der Buchstabenfolge »streif« am Anfang, in der Mitte oder am Ende fallen Ihnen in 3 Minuten ein?

Z. B.: Streifzug – ____________________

____

2. Übung: Gemeinsamkeiten gesucht

Mit welchem gemeinsamen Wort lassen sich die folgenden Begriffe zusammensetzen?

Z. B.: Leiter – Schlaf – Kurs – Kinder → »Wagen«

a) Acker – Ehe – Berg – Zimmer ____________

b) Kreuz – Trauer – Fahnen – Eisenbahn ____________

c) Wiesen – Haupt – Unter – Weide ____________

3. Übung: Formen merken

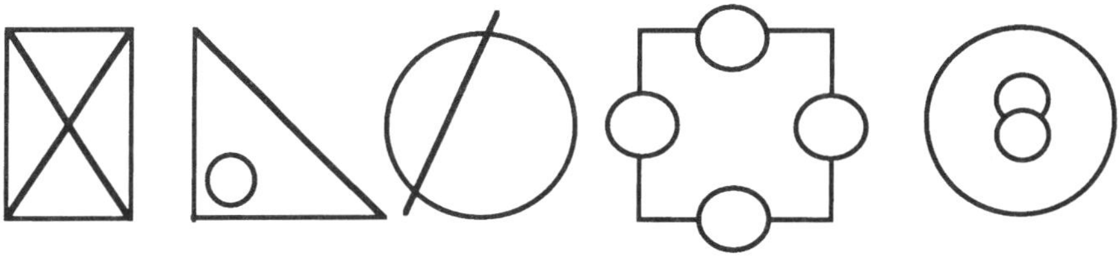

Prägen Sie sich die Formen gut ein! (2 Minuten).
Klappen Sie das Buch zu und malen Sie die Formen.

4. Übung: Vokale zählen

Lesen Sie die Anekdote möglichst schnell, zählen Sie alle Vokale und achten Sie auf den Inhalt. Zeit läuft!

Bei einem medizinischen Staatsexamen hatte der Internist ADOLF KUSSMAUL (1822–1902) einen Studenten vor sich, der vor lauter Aufregung keine Antwort herausbrachte. Schließlich fragte KUSSMAUL: »Gibt es in Ihrer Wüste denn gar keine Oase?« Da raffte sich der Prüfling zusammen und sagte herausfordernd: »Doch, aber es kommt immer darauf an, daß die Kamele sie finden.« KUSSMAUL war von der plötzlichen Schlagfertigkeit so entzückt, daß er den Aspiranten trotz schwacher Noten bestehen ließ.

W **Wiederholung:**

An welche Details des gestrigen Bildes mit dem Koch erinnern Sie sich?

Rätsel:

Der älteste Sohn einer kinderreichen Familie hat dreimal so viele Schwestern wie Brüder. Die älteste Tochter der Familie hat ebenso viele Brüder wie Schwestern. Aus wieviel Personen besteht die Familie?

> *Eine ältere Dame empfängt einen jungen Verehrer. Der sieht sich im Zimmer um, in dem Dutzende von Männerportraits hängen. »Ihre Ahnen?« – »Nein, Ihre Vorgänger!«*

★★★

In welchen Redewendungen wird etwas »verloren«?

Z. B.: den Boden unter den Füßen verlieren – ____________________

____

(Lösungen 47. Tag: S. 186)

»Wenn der Mensch sich etwas vornimmt, so ist ihm mehr möglich als man glaubt.«

(PESTALOZZI)

1. Übung: Wörterkette

Bilden Sie eine Wörterkette mit ca. 20 Wörtern. Die letzten beiden Buchstaben sind jeweils die ersten Buchstaben des neuen Wortes.

Z. B.: Monat – Attest – Staumauer – ______________________

____

____

Versuchen Sie eine neue Kette und kommen Sie zum Ausgangswort zurück.

2. Übung: Immer dasselbe

Die gesuchten Begriffe in den folgenden Rätseln beginnen alle mit dem gleichen Buchstaben.

Wir leben beschützt und behütet unter ihm.
Im Zorn steigt man jemandem drauf.

Findet man eine solche an seinem Auto,
gibt es meist ein großes Lamento.

Wenn der einen so richtig plagt,
schmeckt ein kühles Blondes besonders gut.

Nur noch wenige betuchte Leute haben einen,
höfliche Leute machen ihn noch.

3. Übung: Gedächtnistraining

Prägen Sie sich die Vogelbilder in 2 Minuten gut ein.

Dann schlagen Sie das Buch zu und schreiben auf, an welche Vögel Sie sich erinnern.

4. Übung: Buchstabensalat

In diesem Buchstabensalat sind 9 Fremdwörter versteckt, die es möglichst schnell zu finden gilt.

nnnbftgrmalheurmghfgfdgcdesghvkanapeehgfttdgvnbnmuooöz
ddrferhslöjkjklllklkjsarercvbbnnmmindigoluhgipabresertcgjoiijmzf
drsregraziehbftffgvbkjlkkfassonbchtretswegöpkliaysreddsdexothhf
fddfseafvgdiskontöbvgtrtfaunalguoirtplbpolfredjtfutcenterjhfdfdd
seafvbnjkhjgghnbbjbjhghgjhfsesavfdsddsrresaljgfuijnbtbvvedvjkm
ftgdvgvbvnbbarbierlutera

Wiederholung:
Erinnern Sie sich noch an die Formen von gestern? Malen Sie!

W

Denkaufgabe: *6 Schritte*
Gelangen Sie in jeweils 6 Schritten zu dem Wort »Salz«, indem Sie bei jedem Schritt einen Buchstaben verändern.

Fell ______________________________ Salz

Bild ______________________________ Salz

Pilz ______________________________ Salz

Herd ______________________________ Salz

★★★

Schreiben Sie Sätze oder eine Geschichte, die nur Hauptwörter mit »ee« enthalten. Ein »e« darf bei den übrigen Wörtern nur als »ei« oder »eu« auftreten.

Z. B.: Ein Meer von weißem Klee erfreut meine Seele.

____

(Lösungen 48. Tag: S. 187)

»Wer steilen Berg erklimmt, hebt an mit ruhigem Schritt.« (SHAKESPEARE)

1. Übung: Dichter und Gedichte raten

Aus welchen Gedichten stammen die folgenden Verse und wer hat sie geschrieben?

a) Es ist so still; die Heide liegt
im warmen Mittagssonnenstrahle,
ein rosenroter Schimmer fliegt
um ihre alten Gräbermale;
die Kräuter blühn; der Heideduft
steigt in die blaue Sommerluft.

b) Es tropft vorüber mir ins Meer des Nichts
Bald der, bald jener, einer nach dem andern.
Ein Blick auf seinen Sarg, vorüber schon.
Der Orgeldreher dreht sein Lied.

2. Übung: Entdecker und Erfinder finden

In diesem Buchstabensalat sind 10 Entdecker bzw. Erfinder versteckt. Versuchen Sie, diese so schnell wie möglich zu finden.

jhgftrdghhzgfranklinhjgtfgvbnmmmwattartdkjkjtrreegbtfrfrsenew
tonergatzuimfgjllovdfcdxsexycvbfcvbhfgfghmmdreaadfhklkuitrcv
bhgffdduhklkbhgalileihfdsrhjnbvfgdtdcfgjkuzzterweafhrtdtfdfcnb
uitdtfcgvhgztdresweafgzcfpascaltburdhgftrmendeloztrahbgdotzu
bvgrtrxfdssdsfgvhguztvbvghvzhgdfuopolouitzsaghtdrebecherkmj
ggvghvgfdffgcfsssahookezugturtfrsdsfggcfcdsboylefgulörtaergfdd
fgzhbhjbgvghghvhvgh

3. Übung: Gedächtnistraining

Interessiert Sie die Blindenschrift?
Für uns ist das Lesen der Zeitung oder eines Buches ganz selbstverständlich. Wer sein Augenlicht verloren hat, nimmt Informationen entweder über das Ohr auf oder über die Hände, über das Tasten und Fühlen. Die Blindenschrift wurde Anfang des vergangenen Jahrhunderts von zwei Franzosen (Ch. Barbier und L. Braille) entwickelt und ist ein Zeichensystem von erhabenen Punkten, die in dickes Papier geprägt sind. Haben Sie Lust, einmal ein paar Buchstaben zu lernen?

Versuchen Sie, sich die Punktbilder der Blindenschrift für die Buchstaben A–E einzuprägen.

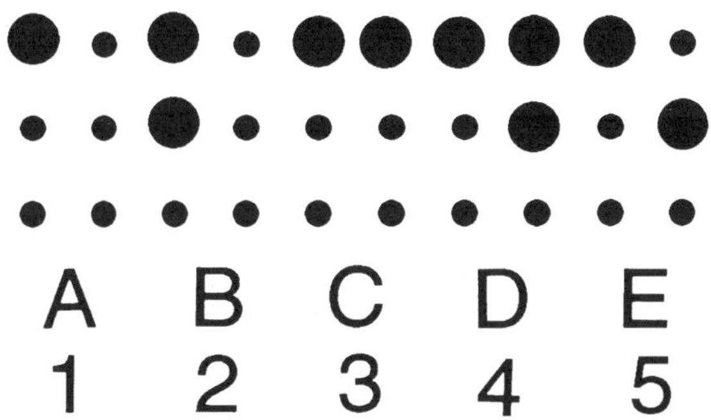

Decken Sie dann die Seite zu und schreiben Sie die Punktbilder auf, die Sie sich gemerkt haben.

4. Übung: Getreide

Welchem Getreide ordnen Sie die Ähren zu?

a) 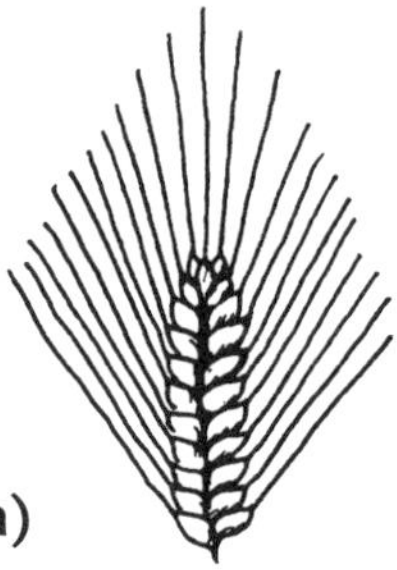 b) 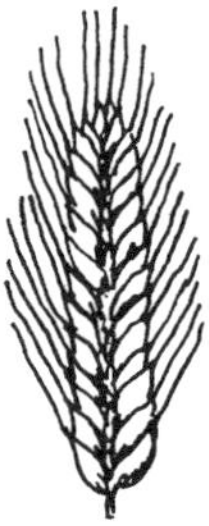 c) 

Denkaufgabe:
Ein Bauer hat in seinem Schafstall weniger als 700 Schafe. Treibt er seine Schafe nun zu zweien aus dem Stall, so bleibt eins übrig, treibt er sie zu dreien heraus, bleibt auch eins übrig. Genauso ist es, würde er sie zu vieren, fünfen und sechsen heraustreiben. Treibt er sie aber zu sieben heraus, so bleibt ihm keins übrig im Stall. Wie viele Schafe muß der Bauer wohl haben?

Herr Schroeder hat seine Kur hinter sich und packt die Koffer. »Hat die Kur gewirkt?« fragt ihn ein Bekannter. »Ja, das Moor hat seine Schuldigkeit getan, und ich kann gehen.«

★★★

Suchen Sie berühmte Persönlichkeiten, deren Namen mehr als 7 Buchstaben haben.

Z. B.: Beethoven – Michelangelo – ______________________

____

(Lösungen 49. Tag: S. 188)

»Was man nicht aufgibt, hat man nie verloren.« (SCHILLER)

1. Übung: Gedächtnistraining »Alter Hut«

Prägen Sie sich folgende Hutformen gut ein.

17. Jahrhundert

Rubens-Hut

Schweden-Hut

18. Jahrhundert

Dreispitz

Zweispitz

19. Jahrhundert

Biedermeier-Hut

um 1800

20. Jahrhundert

Zylinder

Weicher Filzhut

Klappen Sie das Buch zu und schreiben Sie auf, an welche Hüte Sie sich erinnern. Versuchen Sie, sie zu zeichnen.

2. Übung: Wörtersuche

Sie haben 2 Minuten Zeit, um möglichst viele Wörter zu finden, in denen die Buchstabenfolge »ost« steckt.

Z. B.: Post – Autostau – ______________________________

____

3. Übung: Lieder raten

Aus welchen Liedern stammen die folgenden Strophen?

a) Doch wenn die Vöglein singen, und wir dann froh und flink
auf grünem Rasen springen, das ist ein ander Ding!
Drum komm und bring vor allem uns viele Veilchen mit,
bringt auch viel Nachtigallen und schöne Kuckucks mit!

b) Und abends im Städtchen, da kehr ich durstig ein:
»Herr Wirt, mein Herr Wirt, eine Kanne blanken Wein!
Ergreife die Fiedel, du lust'ger Spielmann du!
Von meinem Schatz das Liedel, das sing ich dazu.«

4. Übung: Reimfindung

Ergänzen Sie bei dem folgenden Gedicht die fehlenden Reimwörter.

Wenn dich Leid und Kummer plagen,
wenn mal Lust und Freude flieh'n,
Heiterkeit an allen __________
ist die beste __________.

Warum gleich mit Steinen werfen,
wenn dir irgendwas nicht paßt,
Ärger ruiniert die __________,
die du dringend nötig ________.

Zwickt dich auch des Schicksal's ____________
mal von hinten, mal von ________,
dann zerspring nicht gleich in ______________
und zerplatze nicht vor __________.

Wer sich ärgert, kann nicht schlafen,
wer nicht schläft, bekommt die Gicht.
Denk, du seist beim ____________,
mach ein fröhliches ______________.

Wenn wir so die Welt durch____________,
heiter, fröhlich, unbe____________,
seht, dann ärgern sich die a____________,
und das ist doch auch was _________.

Rätsel:
Durch meinen Duft entzück' ich die Welt in jedem Jahr.
Man schätzt mich auch eines Zeichens bar.
Dann dring' ich aus der Seele in Lust und Leid zum Licht.
Bösen Menschen fehle ich, wie der Dichter spricht.

> *Hinweis in einer Behörde: »Sie müssen dreizehn Muskeln bewegen, um die Stirn zu runzeln und nur zwei, um zu lächeln. Warum anstrengen?«*

★★★

Fallen Ihnen Wörter ein, in denen »Opa« oder »Oma« versteckt ist?

Z. B.: Opal – Tomate – ____

(Lösungen 50. Tag: S. 188)

Lösungsteil

1. TAG

1. Übung: *Phantasie*
Z. B.: 1 = Baum – 2 = Zwillinge – 3 = Dreirad – 4 = Tisch – 5 = Hand

2. Übung: *Buchstaben schütteln*
fein – rein – Inge – Ruhe – Fuhre – Lure – Lire – Reh – frei – heil – Nil – neu – Gel – Ring – hing – Ei – Uhr – Ur – ein – eng usw.

3. Übung: *Pärchen*
a) Flaschenpost
b) Putzteufel
c) Zeitschrift
d) Wanderzirkus

4. Übung: *Silben zählen*
91 Silben

Denkaufgabe: Anna ist 18.

★★★

Z. B.: nicht aus Zucker sein – mit Zitronen handeln – seinem Affen Zucker geben – Zuckerbrot und Peitsche – der Apfel fällt nicht weit vom Stamm – für einen Apfel und ein Ei – die Butter vom Brot nehmen – alles in Butter – kleine Brötchen backen – jemandem Honig ums Maul schmieren – Bohnen in den Ohren haben usw.

2. TAG

1. Übung: *Wörtersuche*
Z. B.: Kartoffelbrei – Fensterscheibe – Glasbaukasten – Wetterfahne – Vogelbeerbaum – Waschmaschine usw.

2. Übung: *Phantasie*
Z. B.: 6 = Würfel – 7 = Zwerge – 8 = Achterbahn – 9 = Kegel – 10 = Zehen

3. Übung: *Bildhafte Redewendungen*

a) jemanden nicht aus den Augen lassen
b) jemanden übers Ohr hauen
c) mit der Wurst nach der Speckseite werfen
d) nicht auf den Mund gefallen sein
e) das Fähnlein nach dem Wind drehen
f) Kohlen aus dem Feuer holen
g) jemandem eine Zigarre verpassen
h) mit dem Strom schwimmen
i) niemandem auf den Fuß treten wollen
j) das Kriegsbeil begraben

4. Übung: *Gedichte raten*

a) »Um Mitternacht« von EDUARD MÖRIKE
b) »Der Feuerreiter« von EDUARD MÖRIKE

Denkaufgabe: 6 Tage

★★★

Z. B.: Weiler – Keiler – Seilende – Teiler – Heiler – Eisenkeile usw.

3. TAG

2. Übung: *Wörter wörtlich*

a) Strickleiter
b) Erfolg sau tor
c) norm ale
d) Nagelprobe
e) Tuchfühlung

3. Übung: *Phantasie*

Z. B.: 11 = Fasching (11. 11.) – 12 = Mittagstisch – 13 = Kleeblatt – 14 = Konfirmand – 15 = Mofa (Führerschein mit 15 Jahren)

4. Übung: *Ersatzwörter*

aufschneiden – hochjubeln – aufwerten – eine Schau machen – dick auftragen – viel Trara um etwas machen – den Mund sehr voll nehmen – angeben – Schaum schlagen – tüchtig auf den Putz hauen usw.

Scherzfragen: Baumkrone – Fingernagel – Augapfel

★★★

Z. B.: Dame/Edam – Tore/Rote – Remise/Misere – Meran/Marne – Meister/Strieme – Lampe/Ampel

4. TAG

1. Übung: *Buchstaben schütteln*
Rock – Glueck – Gent – Tour – Reck – Trocken – Treck – Rute – Gockel – Gurt – Korn – Kent – Lunte – Kuren – Colt – Leck – Mole – Molke – Ocker – Gurke – Nuckel – Norm – Locker – Orte usw.

2. Übung: *Buchstabensalat*
Schilfrohr – Lumpensammler – Ohrenschmerzen – Baukran – Eberesche – Eisenerz – Material – Bandnudel

Denkaufgabe: Keine, denn mit dem Wasserspiegel steigt auch das Schiff.

★★★

Z. B.: Nürnberger Bratwürstchen – Kieler Sprotten – Parmaschinken – Hamburger – Amerikaner – Berliner – Dresdner Stollen – Leipziger Allerlei – Lübecker Marzipan

5. TAG

1. Übung: *Buchstaben schütteln*
Laken – Lende – Ranke – Leder – Reder – Karl – Laden – Nadel – Land – Erde – Erle – Ende – Leer – Lade – Rand usw.

3. Übung: *Wörter wörtlich genommen*

a) Apfel-strudel
b) iden-tisch
c) niederschlags-arm
d) Erl-könig
e) Intelligenz-schicht
f) Neu-eingang
g) Tele-gramm
h) Ur-fehde

Scherzfragen: Winkelmesser – Fleischwolf – Stromnetz

★★★

Z. B.: (Ilse) Aichinger – (Ingeborg) Bachmann – Clara (Schumann) – (Annette von) Droste-Hülshoff – (Marie von) Ebner-Eschenbach – (Jane) Fonda – Greta Garbo – Hildegard (Domin) – Ilse (Aichinger) – Johanna (von Orleans) – Käthe Kollwitz – (Rosa) Luxemburg – Marilyn Monroe – Natascha (Kinski) – Olga (Tschechowa) – Patricia (Highsmith) – (Anneliese) Rothenberger – Sonja (Ziemann) – Tina Turner – (Trude) Unruh – (Suzanne) Valadon – (Helene) Weigel – Zarah (Leander)

6. TAG

1. Übung: *Redewendungen*
sich mit fremden Federn schmücken – einen Affenzahn draufhaben – das geht auf keine Kuhhaut. – auf der Bärenhaut liegen – Fischblut in sich haben – jemandem die Hammelbeine langziehen – jemandem auf das Hühnerauge treten

4. Übung: *Wörterkette*
Z. B.: Dreirad – Radmutter – Mutterwitz – Witzseiten – Seitensprung – Sprungtuch – Tuchmantel – Manteltasche – Taschenuhr – Uhrpendel

Denkaufgabe: Haushälterin – Flugzeugträger – Drehwurm

★★★

Z. B.: Klee – Modersohn-Becker – Henkels – Klinger – Papst Paul – Abraham – Gauguin usw.

7. TAG

1. Übung: *Aus eins mach viele*
Z. B.: Flasche – Zahl – Unze – Schale – Ufer – Ulme – zum Zeh – rasch – Schule – Rum – Rahm – Fuhre – fahre – Münze – Reh – Scherz – Lachen – Lure – Uhr – um – Laerm – machen – Fach –

Faser – Falz – Rune – zur – Schurz – schuf – Mus – Sau – schlau – Zaun usw.

2. Übung: *Zwillinge*

a) Borke
b) Kegel
c) Stein
d) Doria/Blitz
e) Fleisch
f) Schimpf
g) Knall
h) Haut
i) Mann
j) verraten

4. Übung: *Dichter und Gedichte raten*
»Frühlingsglaube« von LUDWIG UHLAND

Rätsel: Prasseln – Rasseln – Asseln

★★★

Z. B.: Anna arrangiert harte Ananas auf alten Auslagen. Auf den Bahamas adelt Abraham acht Aschaffenburger.

8. TAG

1. Übung: *Wörtersuche*
Z. B.: Bett-Tuch, Bass-Solo, Schiff-Fahrt, Müll-Lawine, Ball-Lager, Stoff-Falten

2. Übung: *Berühmte Zitate*

a) GOETHE »Wilhelm Meister«
KÖNIGIN LUISE VON PREUSSEN
NAPOLEON
b) Bibelwort, 5. Mose, 3.3
c) Bibelwort, Sprüche SALOMOS
d) PLINIUS – FRIEDRICH RÜCKERT – G. C. LICHTENBERG

3. Übung: *Konzentrationsspiel*
75mal »e«

4. Übung: *Bildhafte Sprache*
Weberknecht – Laufkatze – Bocksbeutel

Scherzfrage: Das »m«.

★★★

Z. B.: Der Barbier von Sevilla – Der Zauberlehrling – Der Glöckner von Notre Dame – Das tapfere Schneiderlein – Figaros Hochzeit

9. TAG

1. Übung: *Wörtersuche*
Z. B.: Zweifel – Zweig – Harzweise – Märzwein – Herzweite usw.

3. Übung: *Satzsuche*
Z. B.: Ottos ordentliche Oma mochte sonntags normalerweise monotones Orgelspiel.

4. Übung: *Gedichte raten*
a) »Nachtgedanken« von HEINRICH HEINE
b) »Das Spiegelbild« von ANNETTE VON DROSTE-HÜLSHOFF

Denkaufgabe:

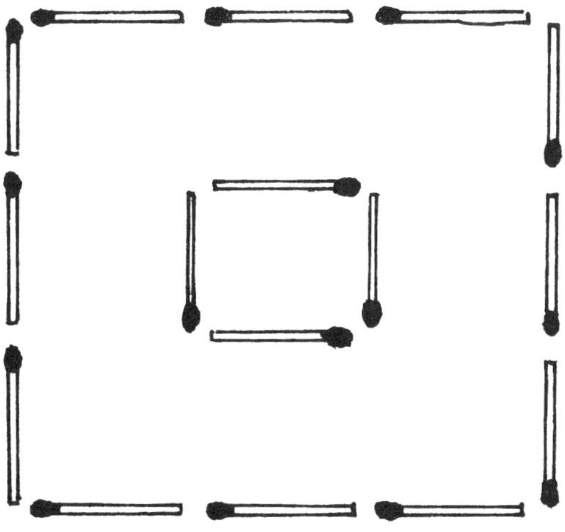

★★★

Z. B.: Seelefant – Seekuh – Seehund – Walroß – Meerkatze – Ziegenmelker – Grasmücke usw.

10. TAG

1. Übung: *Vorsilben*

a) Vor- **b)** Streit- **c)** Schutz-

3. Übung: *Ersatzwörter*

Z. B.: Quartier – Behausung – Unterkunft – Unterschlupf – Bleibe – Dach über dem Kopf – Zuflucht – Asyl – Residenz – heimatliche Burg usw.

4. Übung: *Wissensfragen*

a) Platin – Gold – Uran – Quecksilber – Blei
b) das erste Automobil vom Fließband von Ford
c) Dynamit
d) MARK TWAIN
e) ein dreiteiliges Bild

Denkaufgabe:

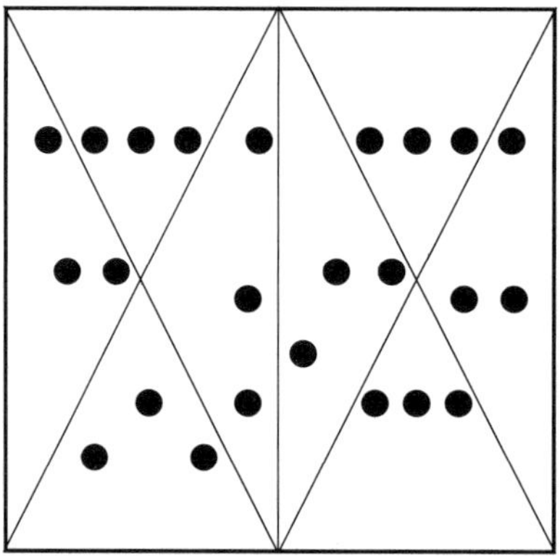

★★★

Z. B.: Akropolis – Berliner Mauer – Colosseum – Drachenfels – Externsteine – Funkturm – Golden Gate Bridge – Hamburger Hafen – Invalidendom – Jordangraben – Kreml – Louvre – Mailänder Scala – Niagarafälle – Orangerie/Paris – Petersdom – Quadriga/Brandenburger Tor – Römer – Sixtinische Kapelle – Tower – Uffizien/Florenz – Vatikan – Wartburg – Xantener Dom – Yellowstone National Park – Zwinger/Dresden

11. TAG

1. Übung: *Original und Fälschung*

2. Übung: *Wörtlich, allzu wörtlich*

a) Laufkundschaft
b) Osterode
c) Stoffwechsel
d) Gerichtskosten
e) Karaffe
f) Eckball
g) Stiftskirche
h) Innerei
i) Gerichtsverhandlung

3. Übung: *blau, blau, blau . .*

Z. B.: Bläuling (Nachtschmetterling) – Blaue Grotte (Meereshöhle bei Capri) – Blauer Engel – Blaukraut – Blaustrumpf – Blaubart – Blauer Montag – Blaue Blume (Romantik) – Blaues Band usw.

Scherzfragen: Schlaf – Aufschneider – Angabe – Müßiggang – Motor

★★★

Z. B.: Fass, Fach, Huhn, Hahn, Hans, Huf, Hass, nass, Nuss, schwach, wach, Schach, Schuh, schuf, Schaf, was usw.

12. TAG

1. Übung: *Ohne Punkt und Komma*

Mancher mag sich vielleicht wundern, warum E. T. A. HOFFMANN während seines Königsberger Studiums niemals in einer Vorlesung IMMANUEL KANTS gewesen ist, obgleich das Pflichtethos des kategorischen Imperativs dem späteren Kammergerichtsrat schon in seiner Jugend selbstverständlich war. HOFFMANN hatte das stolze Gedankengebäude des Philosophen immer bewundert. Von seinem schwierigen Gelehrtendeutsch hielt er aber nicht viel. »Weiß Gott«, erklärte der Dichter einmal seinem Freund LUDWIG DEVRIENT, »ich beherrsche ja immerhin vier Fremdsprachen, Lateinisch, Französisch, Englisch und Polnisch. Eine fünfte wollte ich nicht mehr lernen . . .«

2. Übung: *Lieder raten*

a) Im Frühtau zu Berge
b) Im Märzen der Bauer

3. Übung: *Zahlen – Wörter*

Z. B.: 1 = Tee – 2 = Noah – 3 = Mao – 4 = Reh – 5 = Löwe – 6 = Hexe – 7 = Kuh – 8 = Fee – 9 = Po – 0 = See

Nehmen Sie bitte Ihre Wörter oder mein Beispiel und prägen Sie sich gut ein, welche Zahl zu welchem Begriff gehört.

4. Übung: *Wissensfragen*

a) Konstantinopel, heute Istanbul
b) Neu-Amsterdam (1626)
c) Türkisches Reich bis 1922
d) am Vesuv in Italien

Denkaufgabe: auf den Kopf stellen: 999

★★★

Z. B.: Ursula und Uwe rudern mit ihrem Urahn in einem bunten Ruderboot ans Ufer und unternehmen unsagbare lustige und urige Untaten in der Umgebung der Utrechter Umgehungsstraße.

13. TAG

2. Übung: *Zahlen – Wörter*
10 = Dose – 11 = Tüte – 12 = Ton – 13 = Dom – 14 = Tor – 15 = Tüll – 16 = Taxi – 17 = Teig – 18 = Topf – 19 = Tube

3. Übung: *Brücken bauen*
Z. B.: Stand – Igel – Kalb – Zaun – Ballon – Staub – Amt – Sport – Regen – Pflaster usw.

4. Übung: *Gewürzkunde*
Z. B.: Zimt: Rinde des Ceylonesischen Zimtbaumes; Vanille: Schoten einer Orchidee in tropischen Gebieten in Baumkronen; Sternanis: Körner einer Magnolienart; Sesam: Körner – Sesamöl (Vitamin B, E, Eisen, Calcium); Safran: getrocknete Blütennarben der Safranpflanze (für 1 kg trockenen Safran 80 000 Blütennarben); Pfeffer: Pfefferstrauch (unreife Beeren eingelegt = grüner Pfeffer; unreife Beeren getrocknet = schwarzer Pfeffer; ausgereifte Beeren getrocknet und Fruchtschale entfernt = weißer Pfeffer); Muskat: Frucht des tropischen Baumes (Muskatnuß); Kardamom: gemahlene Kapselfrüchte der tropischen Pflanze; Ingwer: Wurzel; Koriander: Samenkörner einer dillähnlichen Pflanze; Nelken: getrocknete Blütenknospen; Anis: Samen.

Scherzfragen: auf der Landkarte – Glashändler – Alarm – Ofen – wenn er schweigt

★★★

Z. B.: Obergärtner, Übergang, Webergarn, Schrebergarten, Weibergetue, Räubergeld usw.

14. TAG

2. Übung: *Vegetation senkrecht*
Z. B.: Vaterfiguren – Elefantenzoo – Gänseei – Eichenblatt – Tatortvilla – Atemnot – Talsohle – Ideensammlung – Ofenecke – Nebennerv

3. Übung: *Wörter mit »ah«*

Z. B.: Autobahn – Fahrrad – Kahn – Wahn – Sahne – Draht – Grahambrot – Hahn – Jahr – Lahn – Mahnung – Nahe – Naht – Rahm – Stahl usw.

Denkaufgabe: Er füllt mit der 3-Liter-Kanne die 5-Liter-Kanne. Bei dem zweiten Gießvorgang bleibt 1 Liter in der Kanne zurück.

15. TAG

4. Übung: *Wörtersuche*

Z. B.: Flucht – Flechten – Fechten – Bohne – Boten – Beton – Floeten – Fehlen – Fohlen – Buchen – Loeten – Heben – Foehn – Lunte – Floehe – Nobel – Buehne – Lehen – Leben – Beten – Ueben – Nebel – Elfen – Buche – Heulen – Helfen – Hotel usw.

Rätsel: Atem

★★★

Z. B.: Adenauer – Brecht – Curie – Dietrich – Eisenhower – Freud – Gauguin – Heine – Iphigenie – Jesus – Karl der Große – Leander

16. TAG

1. Übung: *Ordnungsspiel*

1. gelbblühend: Nachtkerze, Hahnenfuß, Löwenzahn, Ackersenf; **2.** Zimmerpflanzen: Aralie, Weihnachtsstern, Alpenveilchen, Dieffenbachie, Zierspargel; **3.** Heilkräuter: Kamille, Klette, Mistel, Fenchel, Tausendgüldenkraut, Rizinus.

2. Übung: *Morgens früh um sechs . . .*

2 = Quai – Um 2 spazieren wir am Quai.
3 = Brei – Um 3 eß ich warmen Brei.
4 = Bier – Um 4 trink ich ein Glas Bier.

5 = Strümpf – Um 5 kauf ich ein Paar Strümpf.
6 = Hex – Um 6 kommt die kleine Hex.
7 = Rüben – Um 7 koch ich ein paar Rüben.
8 = Nacht – Um 8 sag ich gute Nacht.
9 = Scheun – Um 9 raschelts in der Scheun.
10 = Feen – Um 10 erscheinen mir die Feen.

3. Übung: *Buchstabenverwirrung*
Garnrolle – Turmfalke – Blinddarm – Buntstift – Taschentuch – Camping – Doppelpunkt – Manteltasche

4. Übung: *Konzentrationsspiel*
96 »e«

Denkaufgabe: 999

★★★

Z. B.: Abendmahl – Blaue Pferde – Chinesische Mauer – Dresdener Zwinger – Eiffelturm – Feuervogel – Goldenes Vlies – Hängende Gärten – Igel und Hase – Judenbuche – Kölner Dom – Louvre – Mona Lisa – Nofretete – Odyssee – Pygmalion – Quadriga – Rote Pferde – Schiefer Turm von Pisa – Taucher – Undine – Venus von Milo – Wahlverwandtschaften – Xantener Dom – Zauberlehrling

17. TAG

1. Übung: *Gesinnungswandel*
Z. B.: Chamäleon – Farbenwechsel – Konjunkturritter – Wetterfahne – Rückversicherer – Opportunist – Wendehals – sich von Saulus zu Paulus wandeln – Meinung wechseln wie das Hemd – mit fliegenden Fahnen ins andere Lager überlaufen usw.

2. Übung: *Wörtlich, allzu wörtlich*
a) Lokal-Termin
b) Kapell-Meister
c) Geh-Eule
d) Neu-Eingang

4. Übung: *Wörtersuche*
a) Dach
b) Rosen
c) Haupt
d) Garten

Scherzfrage: **a)** Schläfst du? – **b)** Floh

★★★

Z. B.: Flickenkorb – Frühstückstisch – Fernseher usw.

18. TAG

2. Übung: *Buchstabensalat*
7 2 1 3 5 4 6 9 8

3. Übung: *Wörtersuche*
Z. B.: Abende – Beeren – Caesar – Drache – Erfurt – Frosch – Geigen – Hantel – Inseln – Jordan – Kordel – Lasche – Masche – Nieten – Ottern – Prater – Qualle – Raster – Schuhe – Tasten – Undine – Voegel – Wellen – Xerxes – Yankee – Zahlen

★★★

Z. B.: Decke, Hecke, necken, Wecker, lecken, stecken, recken, anstecken, Zecke, Kleckern, Reckeinübung, Besteckeinsatz usw.

19. TAG

1. Übung: *Gold*
Goldalge = einzellige Algenart; Goldammer = Vogelart; Goldapfel = tropische Baumfrucht; Goldbarsch, Rotbarsch = Fische; Goldberg = Komponist; Goldbrasse = Art der Meeresbrassen; Golden Delicious = Apfelart; Goldene Aue = fruchtbares Tal; Goldene Bulle = Goldsiegel, Reichsgrundgesetz Kaiser Karls IV.; Goldene Hochzeit = 50. Jahrestag der Hochzeit; Goldener Bund = Zusammenschluß 7 katholischer Schweizer Kantone; Goldmann = Philosoph; Goldregen = Baum; Goldrenette = Apfelart; Goldhähnchen = Vogel; Goldhamster = Nagetier; Goldlack = Blume.

3. Übung: *Von Hase zu Wald*
Hase – Hose – hohe – hohl – Kohl – Wohl – Wahl – Wall – Wald

4. Übung: *Zahlengeheimnis*

a) G P M N
Z. B.: Glückliche Paare machen nichts.
b) V K M R SCH
Z. B.: Väter können mich rasch schocken.
c) P N T L M G
Z. B.: Peter montiert Teile lieber mit Gerd.
d) R SCH N T F R B
Z. B.: Richtige Schnelldenker notieren tagsüber freilich riesige Bemerkungen.
e) T N V SCH R M B X
Z. B.: Täglich niest Vera schon richtig munter beim Xylophonspiel.

Denkaufgabe: 2 Männer bekommen je 2 volle, 2 leere und 1 halbvolles Faß, der dritte erhält 1 volles, 1 leeres und 3 halbvolle Fässer.

★★★

Z. B.: Margarine, Magerquark, Milchreis, Mohnkuchen, Makkaroni, Mettwurst, Marzipantorte, Mohrenkopf, Maisbrot, Müsli, Maischolle, Marmelade, Mixed Pikles usw.

20. TAG

1. Übung: *»Vor«-Wörter*

a) Holz
b) Land
c) Dampf
d) Stock
e) Schul
f) Rechts

2. Übung: *Lieder raten*

a) »Ein feste Burg« von MARTIN LUTHER
b) »Ännchen von Tharau« von SIMON DACH

4. Übung: *Wörtersuche*

Z. B.: Bettkissen – Fettmasse – Messergriff – Nesselstoff – Fettpfanne – Schnellstrasse – Sossenlöffel usw.

Rätsel:

a) Der König im Schachspiel und der König im Kartenspiel

b) Sonnenkönig (Beiname Ludwig des XIV.) – Froschkönig – Zaunkönig – Wachtelkönig (Rallenvogel, kleine Wachtel) – Großkönig – Hochkönig (Gipfel der Alpen) – Winterkönig (Spottname Friederichs von der Pfalz)

★★★

Z. B.: Tasche, nasche, Asche, hetzen, Haken, Satz, Netz, Nase, Hase, Sache, echt, acht, Nacht, sacht, Hecht, Zahn, Hahn, Sahne, Kahn, Nahe, Naht, Kante, sank, haschen, Heck, Akte, Hacke usw.

21. TAG

2. Übung: *Thema Vogel*

a) Kommt ein Vogel geflogen; Alle Vögel sind schon da; Auf Adlers Flügeln getragen; Kuckuck, Kuckuck; Der Kuckuck und der Esel; Auf einem Baum ein Kuckuck saß; Wenn ich ein Vöglein wär usw.

b) Die sieben Raben; Kalif Storch; Fundevogel; Aschenbrödel usw.

c) Wachteln als Speise des Volkes Israel; Noah ließ einen Raben ausfliegen; Symbol der Taube als Heiliger Geist usw.

Denkaufgabe:

$$\begin{array}{r} 289 \\ +\ 764 \\ \hline 1053 \end{array}$$

22. TAG

1. Übung: *Wörtersuche*

Z. B.: Warnung – Antennen – Nachtbau – Dachmast – Zigarettenetui – Eisblume – Indianerjazz – Tonband – Unterboden – Natalia – Gastrow usw.

2. Übung: *Melodien merken*
Horch, was kommt von draußen rein?

3. Übung: *Konzentration*
23 »i«

4. Übung: Wissensfragen
a) Z. B.: Forelle, Flußbarsch, Hecht, Karpfen, Flußaal, Zander
b) Z. B.: Scholle, Thunfisch, Kabeljau, Hering, Rotbarsch
c) Eiweiß, Mineralstoffe und Vitamine
Seefisch enthält zusätzlich Jod.

Information: Durch eine aus 200 g Seefisch bestehende Mahlzeit werden ungefähr folgende Prozente des gesamten täglichen Bedarfs gedeckt von:
Eiweiß 50 % – Phosphor ca. 45 % – Eisen ca. 25 % – Jod 100 % – Vitamin A 100 % – Vitamin B_2 25 % – Niacin 60 %.

Denkaufgabe: Beide sind gleich lang!

★★★

Z. B.: Reigentanz, Bogenteil, Magentee, Morgentablette, Rogentier, Kragentasche, Agenten, Regenten, Wagentür usw.

23. TAG

1. Übung: *Fleißig wie eine Biene*
a) Eule
b) Turteltaube
c) Hund
d) Spatz – Dachs
e) Schwein
f) Kaninchen
g) Fuchs
h) Glucke
i) Pfau
j) Rabe
k) Elster
l) Esel
m) Hase
n) Löwe
o) Schaf
p) Lamm
q) Tiger

3. Übung: *»Rund ums Bett«*
Z. B.: Bettgeflüster – Bettjacke – Bettkasten – Bettlektüre – Bettnässer – Bettpfosten – Bettruhe – Bettumrandung – Bettzeug – Bettvorleger – Bettstatt – Bettschwere – Betty – Bettler – Bettag usw.

4. Übung: *Eins + Eins*

Z. B.: alleinstehend – Beinscheibe – Leinsamenöl – Weinschaum – Vereinsvorstand – einsam – gemeinsam – Feinstrumpfhose – Steinpilze – Gemeinsamkeit – Feinschliff – Nordseeinsel usw.

24. TAG

2. Übung: *Versteckte Gemüse*

Lieber Oliver, unsere Arbeit an den verkohlten Automaten war zeitraubend und teuer. Betrübe Dich nicht!

3. Übung: *Original und Fälschung*

4. Übung: *Obstsalat*

Steinobst: Pflaumen, Pfirsiche, Kirschen, Aprikosen, Mirabellen; *Kernobst:* Äpfel, Birnen, Quitten; *Beerenobst:* Holunderbeeren, Johannisbeeren, Himbeeren, Preiselbeeren, Erdbeeren, Trauben; *Schalenobst:* Nüsse, Eßkastanie; *Südfrüchte:* Zitronen, Apfelsinen, Grapefruits, Bananen, Ananas, Feigen, Datteln.

Denkaufgabe: Ein dreibeiniger Tisch kann nicht wackeln!

★★★

Z. B.: Hoffmann – Ziegler – Jenge – Wieland – Vischer – Seidler – Rinser – Schüller – Nast – Lengefeld usw.

25. TAG

1. Übung: *Druckfehler*
Rätsel – Brille – Worte – Bucht – Flechte – Zuber – Barbar – Regal

2. Übung: *Wörtersuche*
Z. B.: Atlanta – Alabama – Fallada – Armada – Barbara – Pharmaka – Lambada – Katanga – Kamtschatka – Katarakt usw.

3. Übung: *Lieder raten*
Am Brunnen vor dem Tore ...

Rätsel: **1)** Senkrechtstarter – **2)** Schwalbennester

26. TAG

1. Übung: *Wörtersuche*
Z. B.: Altersherz – Butterfly – Curryfix – Discoshow – Eruptiv – Felsenbau – Gänsemast – Hinterhaus – Innentür – Jugendtyp – Kimono – Lohengrin – Medium usw.

3. Übung: *Thema Perlen*
a) Wachs – Ton – Holz – Bast – Glas – Porzellan – Edelstein – Halbedelstein – Silber – Gold – Elfenbein – Horn – Bernstein – Korallen – Knochen – Perlmutt
b) »Gold und Silber lieb ich sehr«, »Im Frühtau zu Berge«, »Ich weiß nicht, was soll es bedeuten«, »Wohlauf in Gottes schöne Welt«, »Mich verlangt nicht nach Schätzen«
c) »Das Glasperlenspiel« von HERMANN HESSE, Bibel: »Die Weisheit ist edler als Perlen«

4. Übung: *Buchstabensalat*
Quarz – Opal – Gold – Achat – Silber – Calcit – Saphir – Steinsalz – Kupfer – Glimmer

Denkaufgabe: **a)** s – **b)** q – **c)** r

★★★

Z. B.: Klopstock, Jacobi, Kahlo, Schiller, Brockhaus, Krupp, Wolf, Weyland, Rückert, Logan, Schlegel, Riemer, Friedrich der Große, Stolberg, Stein, Silcher, Speyer, Schröder, Schramm usw.

27. TAG

1. Übung: *Thema Fische*

a) Salzwasserfische: Thunfisch – Hering – Kabeljau – Hai – Schellfisch – Rotbarsch – Seezunge – Sardine – Rochen – Stör – Scholle usw.
Süßwasserfische: Forelle – Karpfen – Flußbarsch – Hecht – Flußaal – Zander – Moränen – Felchen – Schleie usw.

b) Dorschleber – Lebertran

c) Dorschrogen – deutscher Kaviar
Störrogen – echter Kaviar

d) Zierfische: Korallenfisch – Rotfeuerfisch – Goldfisch – Guppy – Neonfisch usw.

e)

Märchen:	Vom Fischer und seiner Frau
Geschichten:	Jona und der große Fisch
	Des Petrus' Fischzug
Lieder:	Eine Seefahrt, die ist lustig ...
	Wenn das Wasser im Rhein ...
	Ich weiß nicht, was soll es bedeuten
	Jetzt fahr'n wir übern See ...

f) Fischer – Fischereifahrzeug – Fischereirecht – Fischerring – Fischmehl – Fischläuse – Fischkonserven – Fischvögel – Fischzucht – Fischwirtschaft – Fischratten – Fischsilber –Fischspeck – Fischvergiftung – Fischwanderungen usw.

3. Übung: *Zahlengeschichten*

Z. B.: Klavier – Gebirgsechse – Phantasiebenutzer – Bachton – Nachtelfen

4. Übung: *Ordnungsspiel*

a/6 – b/7 – c/11 – d/8 – e /9 – f/10 – 9/5 – h/2 – i/4 – j/1 – k/3 – l/13 – m/12

Denkaufgabe: Man füllt den Behälter mit Wasser. Petroleum schwimmt auf dem Wasser. So taucht der Docht hinein.

★★★

Z. B.: Silberdistel – Silberglanz – Silberfuchs – Silberfischchen – Silberbaumpflanze – Silberäffchen – Silbergras – Silberhorn – Silberklee – Silberregen – Silberpappel – Silberpapier – Silberstrich – Silberwurz – Silbersulfat – Silberjodid – Silberkraut – Silberlachs – Silberlinde – Silberlöwe – Silbermann – Silbermedaille – Silbermünze – Silberhochzeit usw. »Reden ist Silber, Schweigen ist Gold«

28. TAG

2. Übung: *Buchstabenspiel*

Z. B.: Kern – danke – Hand – Beruf – Bure – Harfe – Werk – Wand – Rand – Band – Bern – Tern – Ende – Besen – Wesen – Herd – Barke – Erker – Farbe – Fuhre – fahre – Barren – Beere – Rubens – Erben – Ufer – Unke – Rebe – Rabe usw.

3. Übung: *Lieder raten*

Im Märzen der Bauer
Es, es, es und es, es ist ein harter Schluß
Ich bin ein Musikante und komm aus dem Schwabenlande
Ein Jäger aus Kurpfalz
Es klappert die Mühle am rauschenden Bach
Das Wandern ist des Müllers Lust
Wir sind die lustigen Holzhackerbuben

4. Übung: *Berufe raten*

a) Hirte
b) Kleiderhüter
c) Netzemacher
d) Lastenträger
e) Teppichweber
f) Zeltemacher

Denkaufgabe:

a) Kamel + Kruste
b) Raten + Brause
c) Eier + Frau
d) Gast + Neid
e) Saufen + Bellen

★★★

Z. B.: Weiche, Leiche, Reiche, Teicheinsatz, Deiche, Bleiche, Bleichemikalie, Breichen, Eichen, gleichen, schleichen, Scheiche usw.

29. TAG

1. Übung: *Buchstabensalat*
Renoir – Monet – Picasso – Nolde – Mondrian – Miro – Matisse – Klee – Barlach – Dali – Feininger

3. Übung: *Einsilbigkeit von A–Z*
Z. B.: Axt – Bank – Chor – Dolch – Eis – Fell – Gold – Haus – Ich – Jagd – Kur – Last – Mast – Not – Ort – Pult – Quark – Rost – Stein – Tal – Ulk – Volt – Welt – X – Yacht – Zelt

4. Übung: *Wo steht es geschrieben?*
a) Bibelwort (MATTHÄUS 12,24)
b) TITUS LIVIUS, FRIEDRICH VON LOGAU
c) Bibelwort
d) GOETHE: »Faust«, LESSING, SCHILLER

Denkaufgabe: 4 Tage

★★★

Z. B.: etwas auf den Punkt bringen – das bringt doch nichts – jemanden auf die Palme bringen – etwas zu einem guten Ende bringen – etwas ins Wanken bringen – jemanden auf Trab bringen – etwas zur Sprache bringen – Scherben bringen Glück

30. TAG

3. Übung: *Ende gesucht*

a) Wurm
b) Maus
c) Halm
d) Ball
e) Brücke
f) Schein

4. Übung: *Teekessel*

a) Krone
b) Golf
c) Futter
d) Bogen
e) Zucht
f) Verband
g) Tau

Denkaufgabe:

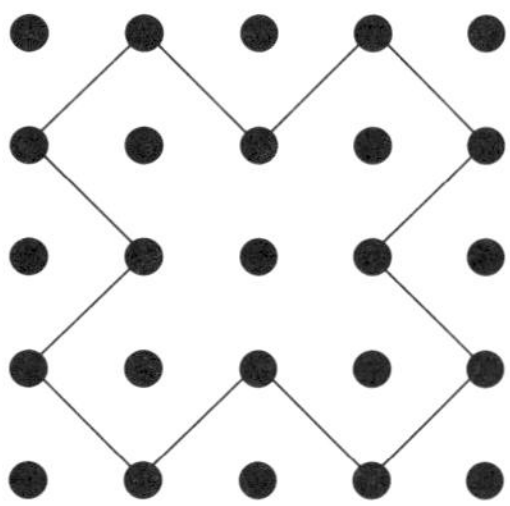

★★★

Wald-Ecke – Wal-Decke; Ur-Instinkt – Urin stinkt; Künzels Au – Künzel-Sau

31. TAG

1. Übung: *Buchstabensalat*

Warteraum – Sandgrube – Mausefalle – Zeigefinger – Schleiereule – Reithalle – Raupenschlepper

2. Übung: *Teekessel*

a) Holzwürmer – Regenwürmer – Ohrwürmer – Lindwürmer
b) Himmelssterne – gezeichnete Sterne – Davidstern – Zeitschriften-Name – Europasterne
c) mit Gras bewachsene Flächen – Nähen – Steptanz machen

d) Beginn des Tages – altes deutsches Feldmaß – der nächste Tag

e) päpstliches Siegel – männliches Rind – Umgangssprache für »Polizist«

4. Übung: *Alle »e« gesucht*
86 »e«

Rätsel: Standpauke

★★★

Z. B.:	Bank:	Sitzbank, Sandbank, Notenbank
	Reif:	gefrorener Tau, Armreif, Obst ist reif

32. TAG

1. Übung: *Hobbygaertner*
Z. B.: Tag – Raete – gehe – Teer – rege – Tor – rot – Ernte – Art – aber – ob – hob – horten – Robe – Rabe – re – Not – Narr – Hort – hart – Heer – rar – Bart – Borte – Beet – bete – Garten – Gerte – Ebro – Ebbe usw.

2. Übung: *Fremdwörter*

a) Apathie
b) Bigamie
c) Dialog
d) Eremit
e) Harmonie
f) Objekt
g) Immatrikulation
h) Nekrolog
i) Lithographie

3. Übung: *Versteckte Tiere*
Laufkatze – Grubenhund – Wasserhahn – Fleischwolf – Bremse

4. Übung: *Ordnungsspiel*
1/e – 2/f – 3/g – 4/h – 5/i – 6/k – 7/a – 8/b – 9/j – 10/d – 11/c

Rätsel: Hamburger

★★★

Z. B.: Nachtigall, Igel, Gartenschläfer, Schleiereule, Weißstorch, Turmfalke, Wendehals, Wechselkröte, Tagpfauenauge, Löffelente, Sonnentau, Enzian, Wollgras, Orchideen usw.

33. TAG

2. Übung: *Wörtersuche*
Marschausrichtung – Schausteller – Chaussee – Rauchaustritt – Hochhaussiedlung – Bachausstellung

3. Übung: *Sprichwörter*
- **a)** ich wohl, allein mir fehlt der Glaube.
- **b)** auf dem viele Narren tanzen.
- **c)** mein teurer Freund, ist alle Theorie und grün des Lebens goldener Baum.
- **d)** Im Schweiße deines Angesichts
- **e)** Die Sonne schien ihm aufs Gehirn,
- **f)** Liebe geht
- **g)** Die Gunst der

4. Übung: *Wissensfragen*
a) GEORGE SAND **b)** Australien **c)** Frau Holle

Rätsel: Schwert

34. TAG

2. Übung: *Ende gleich . . .*

a)	b)	c)
Telefonbuch	Schulmeister	Entlassungsfeier
Drehbuch	Weltmeister	Hochzeitsfeier
Kochbuch	Baumeister	Weihnachtsfeier
Gästebuch	Bademeister	Trauerfeier
Ringbuch	Waldmeister	
Wörterbuch	Handwerksmeister	

4. Übung: *Wissensfragen*
- **a)** Bau des Suez- und des Panamakanals
- **b)** VOLTAIRE
- **c)** süßer, weißer Wein
- **d)** HENRY VIII
- **e)** Bogenschießen

Rätsel: Morgenstern

★★★

Z. B.: bellen, schellen, prellen, Sellerie, stellen, Delle, Kelle, Welle, Zelle usw.

35. TAG

Rätsel: Aufgehen

2. Übung: *Silbenpuzzle*

a) Hexenkessel + Brosche
b) Musikverein + Liebeslied
c) Wassereimer + Kartenspiel
d) Waldsterben + Honigbiene
e) Lobeshymne + Freudenfeuer

36. TAG

1. Übung: *Wörterreise*

Kind – find – Fink – Funk

2. Übung: *Rot, rot, rot sind . . .*

Rote Ampel, (Liebe), Roter Sand (wandernde Sandbank vor dem Jadebusen), Roter Platz (in Moskau), Rotbart (Barbarossa Kaiser Friedrich I von Hohenstaufen), Roter Hahn (Feuer durch Brandstiftung), Rothaargebirge, Rotenburg (Stadt an der Fulda), Rotes Meer

3. Übung: *Anfang gleich – Ende gleich*

a)	b)	c)
Muttersprache	Schwäbisches Meer	Schimmelpilz
Muttermal	Wattenmeer	Giftpilz
Mutterwitz	Blumenmeer	Hautpilz
Mutterkorn	Weltmeer	Fußpilz

4. Übung: *Wissensfragen*

a) FLAUBERT
b) MOLIERE

c) »Heinrich VI.« – »Richard III.« – »König Johann« – »Heinrich IV.« – »Heinrich VIII.«
d) THOMAS MANN
e) Z. B.: Dreigroschenoper – Die Geschäfte des Herrn Julius Cäsar

Rätsel: sogenannter »Negerkuß«

37. TAG

1. Übung: *»u« und »e« gesucht*
7 »u« + 41 »e«

2. Übung: *Lieder raten*
a) »Abendlied« von MATHIAS CLAUDIUS
b) »Heidenröslein« von GOETHE

3. Übung: *Original und Fälschung*

Silbenrätsel: Bienenstock

★★★

Z. B.: Kran – Sankt – Tran – Rat – Kant – Not – Rist – Ritt – Saat – Sanktion usw.

38. TAG

1. Übung: *Wissensfragen*

a) DÜRRENMATT
b) LESSING
c) BÜCHNER
d) SCHILLER
e) SHAKESPEARE
f) ZUCKMAYER
g) GOLDONI
h) VON KLEIST

4. Übung: *Berufe raten*

Geigenbauer – Polizist – Tankwart – Drogist – Kapitaen – Ingenieur

Denkaufgabe: Man läßt die Eier auf dem Tisch kreisen: Gekochte Eier drehen sich länger.

★★★

Z. B.: Obertertia – Silbertanne – Übertrag – veralbert – Albert – Liberty usw.

39. TAG

1. Übung: *Dichter und Gedichte raten*

a) »Der wandernde Musikant« von JOSEPH VON EICHENDORFF
b) »Lied des Fischerknaben« von FRIEDRICH SCHILLER

3. Übung: *Wörtersuche senkrecht*

Silberstern
Tarantelei
Ostersonne
Lampenlicht
Pistazieneis
Eisenkleber
Rinderseuche
Seilbahnstopp
Teelöffel
Entenpo
Ingwerbrot
Natternbiss

4. Übung: *doppeldeutig*

Locken/locken – Gossen/gossen – Zapfen/zapfen – Streifen/streifen – Weisen/weisen – Schnallen/schnallen – Scheiden/scheiden – Schaben/schaben – Schlachten/schlachten – Pausen/pausen – Sagen/sagen

Scherzfragen: Weinblume – Flintenkorn – Fingernagel – Fleischwölfe – Bremsen

★★★

Z. B.: Goethe – J. der Täufer – Strauss – Hebbel – Heesters – Bach – J. ohne Land – Papst Johannes – Herder – Fichte – Winckelmann – Tischbein – Textor – Stein usw.

40. TAG

1. Übung: *Wörtersuche*
Z. B.: Hobby – Chrysantheme – Mystik – Myzel – Yacht – City – Pony – Xylophon usw.

3. Übung: *weiß*
Z. B.: Weißer Sonntag – weißer Schnee – Weißes Haus – weiße Zweige – Weißherbst – Weißblech – Weißer Berg – weiße Kohle (Strom) – weißes Blut (einige Heuschreckensorten) – Weißwurst – weiße Frau – Eiweiß usw.

4. Übung: *Anfang gleich – Ende gleich*

a) Viehfutter
Kleiderfutter
Studentenfutter
Kanonenfutter
Ofenfutter

b) Sitzplatz
Marktplatz
Sportplatz
Paradeplatz
Ankerplatz

c) Rennfahrer
Panzerfahrer
Fernfahrer
Busfahrer
Kraftfahrer

d) Mutterkorn
Gerstenkorn
Weizenkorn
Apfelkorn

Scherzfragen: Unrecht – Lampenfieber – Vorrat

★★★

Z. B.: Callas – Ebner-Eschenbach – Curie – Mutter Jesu – Stuart – Pickford – Fischer – Magdalena – Wigman usw.

41. TAG

1. Übung: *Wörtersuche*

Z. B.: Automobileinstieg, Buntpapierordner, Normalverbraucherin, Organisationstalentsuche, Aufbauwortschatzlexikon usw.

2. Übung: *Gedächtnistraining*

Das Wandern ist des Müllers Lust . . .

3. Übung: *Einsetzübung*

Nach dem Welterfolg des ersten Teils der Don-Camillo-Verfilmung trat bei den Dreharbeiten für die Fortsetzung ein kleines Mädchen auf Fernandel, den Hauptdarsteller, zu. Sie trug eine Puppe im Arm und erbat seinen Segen. Der Schauspieler sagte ernsthaft: »Ich bin doch kein richtiger Priester, ich spiele die Rolle nur.« – »Weiß ich«, sagte das Mädchen. »Ich will den Segen ja auch nur für meine Puppe haben.«

4. Übung: *Wissensfragen*

a) Hering
b) Sri Lanka
c) Bildhauer und Maler
d) Architekt
e) La Marseillaise

Rätsel: Großvater – Vater – Sohn

42. TAG

2. Übung: *Wörterkette*

Z. B.: Laubfall – Fallobst – Obstschalen – Schalentier – Tierfell – Fellbürsten – Bürstenhaar – Haarspangen – Spangenteil – Teilstrecken – Streckenzeit – Zeitspiel – Spielwiesen – Wiesenblumen – Blumengarten – Gartenlaub

3. Übung: *Gelb, gelb, gelb sind alle . . .*

Z. B.: Eidotter – Sonne – Briefkasten – Falschheit – Butterblume – das Gelbe vom Ei usw.

4. Übung: *Wörtlich, allzu wörtlich*

a) Perücke
b) Wüstling
c) Schwamm
d) Äquator

Scherzfragen: Computer – Spaßvogel + Pechvogel – Sekunden

★★★

Z. B.: Hundeschlitten – Schlittenhunde; Schuhleder – Lederschuhe; Kaffeefilter – Filterkaffee; Kuhmilch – Milchkuh; Topfblumen – Blumentopf

43. TAG

1. Übung: *Druckfehler*
Titel – Wasser – Sicht – Orkan – Weg – Flasche – Haus

3. Übung: *Gedichte und Lieder raten*
Kaschubisches Weihnachtslied

Rätsel: Kiel

★★★

Z. B.: Braut – Raum – Turm – Muffe – Raffen – Fort usw.

44. TAG

1. Übung: *Lückentext*
Ein Schüler zeigt dem Bildhauer und Akademiedirektor JOHANN GOTTFRIED SCHADOW (1764–1850) voller Stolz eine Skulptur. »Haste det alleine jemacht?« wollte SCHADOW wissen. »Jawoll, Herr Direktor.« – »Na, dann kannsde Töpper werden.«

2. Übung: *Wörterspiel*

Or (kan) te
Be (sen) ke
Saf (ran) ke
Re (gal) le
O (fen) ster
Di (wan) ze

Ge (dicht) ung
Ro (bert) a
Po (len) z
sam (tig) er
Ro (sa) al
De (kan) dis

3. Übung: *Teekessel*

a) Geographisches Kartenwerk – Riese der griechischen Sage – Seidengewebe – Gebirge – Halswirbel
b) Sitzgelegenheit – Geldinstitut – Sandablagerung in Flüssen
c) Vogelfeder – Metallspirale – Schreibgerät
d) Zeitungslüge – Kaltgetränk – Schwimmvogel

4. Übung: *Wörtersuche*

Geographieatlas – Atlasgebirge – Atlaskarte – Atlasverzeichnis
Bankbeamte – Holzbank – Fensterbank – bankrott – Bankraub – Bankwesen – Bankkaufmann – Bankhalter – Bankett – Bankert
Federkiel – Metallfeder – Federkernmatratze – Federlesen
Entenfleisch – Entenküken – Tangente – Rente – entehren – enteignen – Entente

Rätsel: Schildbürger

★★★

Z. B.: Des Kaisers neue Kleider – Kleider machen Leute – Lederstrumpf – Mädchen in Uniform – Das Halstuch – Ein Hauch von Nerz usw.

45. TAG

2. Übung: *Bildhafte Umschreibungen*

a) auf die lange Bank schieben
b) zu Kreuze kriechen
c) auf eigene Faust
d) eine Gänsehaut bekommen
e) ins Fettnäpfchen treten
f) mehrere Eisen im Feuer haben
g) die Kinderschuhe abstreifen

3. Übung: *Original und Fälschung*

4. Übung: *Gegenstück gesucht*

Erdgeist – abnehmen – Übergabe – Kopfstand – leichtfallen – Schwarzfleisch – Seezunge

Denkaufgabe:

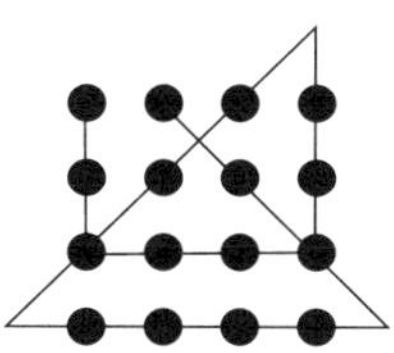

46. TAG

2. Übung: *Wörtersuche*
Z. B.: Kin-der-buch-au-tor; Fuß-ball-sta-di-on; Sitz-ge-le-gen-heit; Grund-schul-di-rek-tor usw.

3. Übung: *Satzsuche*
a) Hochmut kommt vor dem Fall.
b) Frau Holle schüttelt die Betten.
c) Das kannst du deinem Großvater erzählen.
d) Lehrjahre sind keine Herrenjahre.
e) Das ist kalter Kaffee.
f) Der brave Mann denkt an sich selbst zuletzt.
g) Reden ist Silber, Schweigen ist Gold.

4. Übung: *grau*
Z. B.: graue Eminenz – graue Theorie – graue Maus – graue Haare – graue Katzen – Grauspecht – Grautier – Grauwacke – Grauwerk – Graugans – Graue Schwestern – Graue Hörner – Graubrot usw.

Rätsel: Das Meer

★★★

Z. B.: Storch – Star – Schale – Schabe – Asche – Arche – Aster – Laster – Rose – Hose – Brot – Chester usw.

47. TAG

1. Übung: *Wörtersuche*
Z. B.: Streife – Streifband – Streifen – Streifdienst – Streifenwagen – Streifzug – Streiflicht – Streifschuß – Bastreif – Kometenstreif – Lichtstreif usw.

2. Übung: *Gemeinsamkeiten*
Mann – Zug – Grund

4. Übung: *Vokale zählen*
71 Vokale

Rätsel: 7 Personen – 2 Jungen, 3 Mädchen und die Eltern

★★★

Z. B.: verlorene Liebesmüh, den Kopf verlieren, das Gesicht verlieren, sein Herz verlieren, den Faden verlieren, etwas aus den Augen verlieren usw.

48. TAG

1. Übung: *Wörterkette*
Z. B.: Monat – Attest – Staumauer – Erde – Demontage – Gedächtnis – Istanbul – Bullauge – Geschirrspüler – Erle – Lederhosen – Enten – Engel – Elfen – Enzian – Anker – Erde – Demo – Monat

2. Übung: *immer dasselbe*
Dach – Delle – Durst – Diener

4. Übung: *Buchstabensalat*
Malheur – Kanapee – Indigo – Grazie – Fasson – Exot – Diskont – Center – Barbier

Denkaufgabe:
Fell – Feld – Held – Helm – Halm – Salm – Salz
Bild – Wild – Wald – Wall – Ball – Balz – Salz
Pilz – Pelz – Petz – Metz – Matz – Malz – Salz
Herd – Herz – Harz – Hatz – Latz – Satz – Salz

49. TAG

1. Übung: *Dichter und Gedichte raten*
a) »Abseits« von THEODOR STORM
b) »In einer großen Stadt« von DETLEV VON LILIENCRON

2. Übung: *Entdecker und Erfinder*
Franklin – Watt – Newton – Galilei – Pascal – Mendel – Polo – Becher – Hooke – Boyle

4. Übung: *Getreide*

a) Gerste **b)** Roggen **c)** Weizen

Denkaufgabe: 301

★★★

Z. B.: Michelangelo – Beauvoir – Schiller – Kokoschka – Hölderlin – Modersohn-Becker – Dürrenmatt – Eichendorff usw.

50. TAG

2. Übung: *Wörtersuche*

Z. B.: Post, Rost, Autostau, Apfelmost, Kosten, Posten, Frost, Hostie, Fotostativ, Kloster, Poster, Lostrommel, Moostierchen, Kostgeld usw.

3. Übung: *Lieder raten*

a) Komm lieber Mai und mache . . .
b) Der Mai ist gekommen

4. Übung: *Reimfindung*

Tagen – Medizin – Nerven – hast – Tücke – vorn – Stücke – Zorn – Fotografen – Gesicht – wandern – unbeschwert – wert

Rätsel: Flieder – Lieder

★★★

Z. B.: Europa, Propan, Resopal, Europalette, Autopanne, Leopard, Fideliopassage, Klopapier, Risottopastete, Kontopapier, Ohiopanorama usw.

Z. B.: Tomate, Koma, Roman, Pomade, Romadur, Thomas, Zoomanager, Slalomabfahrt, Elektromaschinen, Solomatador, Atomasche, Zoomapparat, Aroma, Automacher usw.

Register

Sternchenaufgaben finden Sie am Ende jeden Tages.

Hat Ihnen dieses Buch gefallen?
Hier sind 4 weitere Erfolgsbücher von Ursula Oppolzer:

Das große Brain-Fitness-Buch
192 Seiten, broschiert (145 x 215),
zahlreiche Abbildungen
12,90 € (D), ISBN 3-89994-020-2

Verflixt, 100 Gedächtnisspiele!
Mit großem Spielplan zum Ausklappen
208 Seiten, broschiert (145 x 215),
zahlreiche Abbildungen
12,90 € (D), ISBN 3-89994-065-2

Verflixt, wer war's?
Gedächtnistraining für Kids
208 Seiten, broschiert (145 x 215),
zahlreiche Abbildungen
12,90 € (D), ISBN 3-89994-039-3

Super lernen
Tipps und Tricks von A–Z
192 Seiten, broschiert (125 x 180),
zahlreiche Abbildungen
7,90 € (D), ISBN 3-89994-867-X